「新时代经济管理精品教材」

行为金融学

史金艳◎主编

BEHAVIORAL
FINANCE

清华大学出版社
北 京

内 容 简 介

本书对行为金融学的相关理论和应用进行了系统而全面的介绍,使读者全面掌握行为金融学的基本概念和理论,熟悉行为金融学的研究框架。同时,本书还介绍了行为金融学的前沿动态,以使读者了解和把握行为金融学的未来发展趋势。

本书在体系和内容的安排上,力求涵盖行为金融学基础理论、突出行为金融学应用。同时,注重各章篇幅的均衡,便于教学使用和学生理解。本书适合高等院校经济、金融及相关专业的学生学习使用,也可供相关研究人员参考使用。

本书封面贴有清华大学出版社防伪标签,无标签者不得销售。
版权所有,侵权必究。举报: 010-62782989, beiqinquan@tup.tsinghua.edu.cn。

图书在版编目(CIP)数据

行为金融学/史金艳主编. —北京: 清华大学出版社,2020(2024.8重印)
新时代经济管理精品教材
ISBN 978-7-302-54067-0

Ⅰ. ①行… Ⅱ. ①史… Ⅲ. ①金融行为—高等学校—教材 Ⅳ. ①F830.2

中国版本图书馆 CIP 数据核字(2019)第 241136 号

责任编辑: 张　伟
封面设计: 孙至付
责任校对: 宋玉莲
责任印制: 丛怀宇

出版发行: 清华大学出版社
网　　址: https://www.tup.com.cn, https://www.wqxuetang.com
地　　址: 北京清华大学学研大厦 A 座　　　邮　编: 100084
社 总 机: 010-83470000　　　　　　　　　邮　购: 010-62786544
投稿与读者服务: 010-62776969, c-service@tup.tsinghua.edu.cn
质量反馈: 010-62772015, zhiliang@tup.tsinghua.edu.cn
课件下载: https://www.tup.com.cn, 010-83470158

印 装 者: 三河市君旺印务有限公司
经　　销: 全国新华书店
开　　本: 185mm×260mm　　　印　张: 11.25　　　字　数: 233 千字
版　　次: 2020 年 3 月第 1 版　　　　　　　　印　次: 2024 年 8 月第 3 次印刷
定　　价: 39.00 元

产品编号: 083241-01

新时代经济管理精品教材

编 委 会

名誉主任　王众托
主　　任　朱方伟　叶　鑫
副 主 任　宋金波　陈艳莹　李先能
成　　员：
　　　　　王延章　王国红　王雪华　叶　鑫
　　　　　成力为　刘晓冰　朱方伟　曲　英
　　　　　孙晓华　闵庆飞　苏敬勤　陈艳莹
　　　　　宋金波　宋晓兵　李延喜　党延忠
　　　　　郭崇慧

前言

党的二十大报告指出:"高质量发展是全面建设社会主义现代化国家的首要任务。"金融是现代经济的核心,是国民经济的血脉,是国家核心竞争力的重要组成部分。金融强国建设与社会主义现代化强国建设密不可分,全面建成社会主义现代化强国离不开强大金融体系的关键支撑,金融强国的根本目的是服务中国式现代化。建设金融强国对金融从业者和金融学专业的学生提出了新的要求。

现代经济学发展的一个明显趋势就是越来越注重理论的微观基础,越来越注重对人类个体和群体行为的研究,尤其是在博弈论、实验经济学和行为经济学被主流经济学所接纳之后。行为金融学打开了标准金融理论所忽视的决策黑箱,从人类真实的心理和行为模式入手,研究在实际决策中,投资者的偏差和情绪等对投资决策的影响,进而在此基础上研究它们对金融市场整体的影响。

行为金融学是学生在学习和掌握标准金融学相关理论之后的专业拓展课程,本书将注重理论与应用相结合,以使学生全面掌握行为金融学的基本概念和理论,并运用所学基础理论对资本市场领域投资策略进行初步分析与应用。本书的特色体现在如下几个方面。

(1) 与国际和国内行为金融领域最新研究成果相融合。本书吸纳国内外行为金融领域最新研究成果,综合多种学术观点,提高教材使用者的思辨能力,并力求做到与原有理论体系保持逻辑上的一致性。

(2) 突出理论与应用相融合。本书的主体章节按行为金融理论基础与应用进行编排,在涵盖行为金融学、心理学基础、行为资产组合与定价理论等理论的基础上,从行为金融学的角度对证券市场异象作出解释,探讨投资者心理特征与金融泡沫的关系,掌握行为投资策略,重构教材的知识结构和能力结构体系,着力培养学生的行为金融学理论分析和应用技能。

(3) 广度与深度相融合。本书的内容安排上,遵循基础理论—现象解释—理论拓展—现实应用这一逻辑链条,涵盖了行为金融学领域的主体内容;纵向上,分析标准资产组合理论、资本资产定价模型这两大经典理论的局限性,并从行为金融的角度对其进行完善甚至重构,深化了行为金融学理论研究,提高了学生对行为金融理论的认识和理解。

韩雨衫、李青钰、李嘉婧在资料收集、录入方面做了许多工作。在本书的编写过程中参阅、直接或间接引用了国内外学者有关行为金融学的一些研究成果,在此一并表示感谢。

限于时间和水平,更由于经验不足,该书难免存在不足之处,希望广大读者给予谅解,并提出宝贵意见和建议。

编 者

2024 年 7 月于大连

目录

第一章 行为金融学导论 … 1
- 学习目标 … 1
- 第一节 标准金融理论 … 2
- 第二节 有效市场假说的理论困境和实践异象 … 4
- 第三节 行为金融学的产生与发展 … 15
- 第四节 行为金融学的主要内容 … 17
- 基本概念 … 26
- 思考练习题 … 26
- 自测题 … 27

第二章 行为金融学的心理学基础——信念 … 28
- 学习目标 … 28
- 第一节 过度自信 … 29
- 第二节 代表性偏差 … 32
- 第三节 保守性偏差 … 34
- 第四节 可得性偏差 … 35
- 第五节 锚定与调整 … 36
- 第六节 投资者群体行为和投资者情绪 … 38
- 基本概念 … 48
- 思考练习题 … 48
- 自测题 … 49

第三章 行为金融学的心理学基础——偏好 … 50
- 学习目标 … 50
- 第一节 后悔厌恶与处置效应 … 51
- 第二节 模糊厌恶 … 54
- 第三节 心理账户 … 55
- 第四节 前景理论 … 61
- 基本概念 … 67
- 思考练习题 … 68
- 自测题 … 68

第四章 证券市场异象及其行为金融学解释 … 69

学习目标 … 69
第一节 总体证券市场价格异象及其行为金融学解释 … 70
第二节 证券时间序列收益异象及其行为金融学解释 … 75
第三节 证券截面收益异象及其行为金融学解释 … 81
第四节 日历效应 … 83
第五节 封闭式基金折价 … 86
基本概念 … 91
思考练习题 … 91
自测题 … 92

第五章 投资者心理特征与金融泡沫 … 93

学习目标 … 93
第一节 金融市场泡沫 … 94
第二节 个体行为偏差与金融泡沫 … 99
第三节 机构投资者行为与金融泡沫 … 103
第四节 社会因素对金融泡沫的推动 … 105
第五节 金融泡沫的特征 … 107
基本概念 … 109
思考练习题 … 109
自测题 … 110

第六章 行为资产组合与定价理论 … 111

学习目标 … 111
第一节 标准资产组合理论及其局限性 … 112
第二节 资本资产定价模型及其局限性 … 119
第三节 行为资产组合理论 … 127
第四节 行为资产定价理论 … 130
基本概念 … 133
思考练习题 … 133
自测题 … 134

第七章 行为投资策略与应用 … 135

学习目标 … 135
第一节 投资策略的含义和类型 … 135
第二节 行为投资策略研究 … 140

  第三节　行为投资策略的应用案例 …………………………………………… 146
  基本概念 ……………………………………………………………………… 147
  思考练习题 …………………………………………………………………… 147
  自测题 ………………………………………………………………………… 148

第八章　行为金融学研究的前沿动态 ………………………………………… 149

  学习目标 ……………………………………………………………………… 149
  第一节　行为公司金融 ……………………………………………………… 149
  第二节　行为金融学研究方法的拓展 ……………………………………… 159
  第三节　行为金融学与其他学科的融合 …………………………………… 162
  基本概念 ……………………………………………………………………… 164
  思考练习题 …………………………………………………………………… 164
  自测题 ………………………………………………………………………… 164

参考文献 ……………………………………………………………………………… 165

第一章 行为金融学导论

学习目标

1. 了解现代标准金融体系的形成与发展。
2. 熟悉有效市场假说和资产定价的理论基础。
3. 了解传统金融学理论受到的质疑。
4. 掌握行为金融学的内涵。
5. 了解行为金融学与标准金融学的关系。

引导案例

众所周知,依赖阳光的相关产业在现代整体经济中所占的比重并不很高,因此气候变化对金融市场股票指数的直接影响应该是可以忽略不计的。然而,Saunders(1993)研究了1927—1989年的道·琼斯工业指数,以及1962—1989年的纽约证券交易所指数(NYSE)与美国证券交易所指数(AMEX),发现纽约的云量(光照的代理变量)与纽约股价指数波动存在负向相关性:当云量为100%时(此时85%是雨天),股指收益显著低于平均水平;云量为0~20%时(晴天),股指收益显著高于平均水平;云量为30%~90%时股指收益则没有显著波动。此外,Hirshleifer和Shumway(2003),Dowling和Lucey(2005)也发现了云量与股票收益之间的负相关关系。

气候和股指本该是两个相关性极弱的事物,气候对股票指数是如何产生显著影响的呢?投资者在这两个事件之间扮演了怎样的角色?气候变化会对投资者产生什么样的影响?这些问题的正确回答,以及从行为心理到金融投资决策,再到金钱观的培养,都有赖于对行为金融的学习。

本章将介绍行为金融学的发展历程与相关基本知识,为后续学习打下良好的基础。

资产定价是金融学研究的核心问题。标准金融理论是以理性人假设和有效市场假说为基础,研究投资者在最优投资组合决策和资本市场均衡状态下各种证券价格如何决定的理论体系。标准金融理论体系自20世纪70年代中期完全形成以来,备受理论界和实务界的推崇,从而占据了金融学理论的主流地位。然而,越来越多的证据表明,标准金融理论没有正确地反映投资者的实际决策行为和市场运行状况。行为金融学在对标准金融理论尤其是对有效市场假说的挑战和质疑的背景下形成。

第一节 标准金融理论

标准金融理论源于对资本市场的分析。较成体系的资本市场分析开始于20世纪20年代,自20年代至40年代,资本市场分析基本上由两大派所主宰:一是以Graham和Dodd为代表的基本分析派,其代表作为1934年出版的《证券分析》(Security Analysis),被誉为投资者的圣经。二是以Edwards和Magee为主的技术分析派,其代表作为1948年出版的《股市趋势技术分析》。到了50年代后,开始出现第三个分析学派——数量分析学派。其实,对资本市场的数量分析可追溯至1900年。Louis Bachelier在其《投机理论》(The Theory of Speculation)一文中,最早使用统计方法分析收益率。50年代,数量分析开始占据主导地位。1952年,Markowitz在其《投资组合选择》(Portfolio Selection)一文中提出了均值-方差投资组合理论(mean-variance portfolio theory),在研究方法上创立了衡量效用与风险程度的指标,确定了资产组合的基本原则,即投资者总是追求风险水平一定条件下的收益最大化或收益一定条件下的风险最小化。Markowitz的投资组合理论被认为是现代资本市场理论诞生的标志。

一、现代标准金融理论体系的形成与发展

1952年,Markowitz对风险问题进行了正规描述。他说明了分散投资降低风险的缘由,并在投资者理性预期的基础上提出了投资组合选择理论,发表了一篇名为《投资组合选择》的论文。在这篇论文中,Markowitz提出了均值-方差投资组合理论。这个理论考虑的是投资者如何由多种单一资产构造资产组合,并从所构造的资产组合中选择最优资产组合的问题。均值-方差模型的诞生标志着现代投资组合理论(modern portfolio theory,MPT)的开端,Markowitz因为这个理论而被誉为"投资组合理论之父",并荣获诺贝尔经济学奖。

在这之后,标准金融学中一个占有重要地位的理论有效市场理论有了初步成果。1959年,经济学家们根据Roberts和Osborne的研究成果提出了有效市场假说(efficient market hypothesis,EMH)。有效市场假说最基本的内涵就是:资产的市场价格可以迅速并充分地反映所有相关信息。例如,公司合并后股价应该上涨,如果市场是有效的,股票的价格就应该反映出公司合并这个信息,当公司合并的消息公布后,股价就应该较这个消息公布之前上涨一个幅度。这个价格的变化速度应该是迅速的,而不是迟迟不反应,价格的变化大小相对于信息价值而言应当是充分的,而不是反应过度或反应不足。

在这两个理论提出后的20年内,投资组合理论和有效市场理论就在原有的基础上相互影响向前发展着。1964年,Markowitz的学生威廉·夏普(William Sharpe)提出了单因素模型(a simplified model of portfolio analysis),简化了均值-方差模型的计算。使Markowitz模型更便于实际应用,并在Markowitz模型上有一定的突破,构建了著名的资本资产定价模型(capital asset pricing model,CAPM)。CAPM是一个非常著名的模型,它所解答的问题是关于资产在均衡条件下的定价问题,它给予资产的收益、风险以及二者关系的精确描述,被看作金融理论中的一块基石。它广泛应用于投资绩效评价、证券估

价、确定资本预算等领域中。威廉·夏普因此而获得诺贝尔经济学奖。

20世纪70年代初,有效市场假说发展成熟,有效市场假说假定投资者能够对可获取的信息迅速作出无偏的估计,资产价格充分反映所有的公开信息。从各个理论的基本内涵可以看出无论是充分利用套利机会还是作出无偏估计,每个理论都包含了理性人假设的观点。而资本市场的动态均衡和资产价格对信息的充分反应,则反映出有效市场假说的内涵。因而,我们可以认为理性人假设和有效市场假说是标准金融学的基本前提。Fama根据市场价格所反映的信息集将有效市场分为弱式有效、半强式有效、强式有效三种市场类型。

在1976年,投资组合理论又有新发展,Ross在因素模型的基础上突破性地发展了CAPM,提出套利定价理论(arbitrage pricing theory,APT),认为风险资产的收益不仅与单一因素之间,而且与多个共同因素之间有线性关系,从而从单因素模型发展为多因素模型。此后,Black、Scholes和Merton提出期权定价理论(option pricing theory,OPT)。由此,标准金融学已经发展成熟,并具备了一个比较完备的理论体系框架。

二、有效市场假说是标准金融理论的基石

(一)金融资产定价是微观金融学的核心问题之一

金融资产价格是由资金时间价值和风险共同决定的。标准金融学的资产定价方法有两类:一是均衡定价法,二是无套利定价法。

一般均衡理论是微观经济学的一个分支,寻求在整体经济的框架内解释生产、消费和价格。一般均衡是指经济中存在这样一套价格系统,它能够使:①每个消费者都能在给定价格下提供自己所拥有的生产要素,并在各自的预算限制下购买产品来达到自己的消费效用极大化;②每个企业都会在给定的价格下决定其产量和对生产要素的需求,来达到其利润的极大化;③每个市场(产品市场和要素市场)都会在这套价格体系下达到总供给与总需求的相等(均衡)。

当经济具备上述的条件时,就达到一般均衡,这时的价格就是一般均衡价格。一般均衡是经济学中局部均衡概念的扩展。在一个一般均衡的市场中,每个单独的市场都是局部均衡的。一般均衡的目标是经济效率最优,即经济福利最优。

由均衡定价法可知,市场中一般商品通常是通过均衡价格理论,假定消费者追求最大消费效用、生产者追求最大生产利润,且在一定条件下,存在一个一般经济均衡的价格体系,使得商品的供需达到平衡。作为特殊商品的金融资产的定价似乎也应遵循这一原则,但由于金融市场最主要的特征在于未来的不确定性,沿"均衡定价论"的道路前进步履十分艰难。所以得出一个精确的金融资产定价理论变得迫在眉睫,这时无套利思想应运而生。金融市场上实施套利行为变得非常的方便和快速。这种套利的便捷性也使得金融市场的套利机会的存在总是暂时的,因为一旦有套利机会,投资者就会很快实施套利而使得市场又回到无套利机会的均衡中。因此,无套利均衡被用于对金融产品进行定价。金融产品在市场的合理价格是这个价格使得市场不存在无风险套利机会,即在该种价格下金融产品的组合不会使投资者获得无风险利润,这就是无风险套利定价原理,简称无套利定

价原理。

无套利定价的基本方法是将金融资产的头寸与市场中其他金融资产的头寸组合起来，构筑起一个在市场均衡时不能产生不承受风险的超额利润的组合头寸，由此测算出该项头寸在市场均衡时的价值即均衡价格。该种价格会使得套利者处于这样一种境地：他通过套利形成的财富的现金价值，与他没有进行套利活动时形成的财富的现金价值完全相等，即套利不能影响他的期初和期末的现金流量状况。

无套利定价的关键技术是"复制"技术，复制是指用一组证券来复制另外一组证券，其要点是使复制组合的现金流的特征与被组合的现金流的特征完全一致，复制组合的多头（空头）与被复制组合的空头（多头）互相之间完全实现头寸对冲。

（二）有效市场是资产定价模型成立的前提条件

虽然资本资产定价模型的提出早于有效市场假说，但其假设条件（投资者追求期望效用最大化以及同质性信念假设）与市场有效性假说一致。如果市场是无效的，资本资产定价模型的基本假设也不成立。

证券市场的典型特征是不确定性和信息非对称性。CAPM、APT、Black-Scholes 期权定价公式等都是在存在不确定性而不存在信息非对称性假设下研究资产定价问题的。

有效市场假说则考虑了信息非对称对资产价格的影响，并指出：市场处理信息的能力非常强，交易者分散的信息形成了一个客观的可得信息集，并由此决定了投资者关于证券市场价格的市场信念。

具有理性预期的交易者是有效市场的"缔造者"，他们明察秋毫、无所不通，他们使有效市场消除了信息非对称。这样，有效市场假说下的资产定价理论就可以只考虑只存在不确定性而不存在信息非对称性情境下的资产定价问题了。所以说，有效市场假说是现代标准金融理论核心与基石。

第二节 有效市场假说的理论困境和实践异象

一、有效市场假说

标准金融框架中代理人是理性的，证券的价格等于其基本价值，是未来预期现金流的折现值，其中的预期是投资者根据正确的概率分布作出的，而且折现率也符合某种通常接受的偏好准则。实际价格反映基本价值的假说被称为"有效市场假说"。

Fama(1970)首次定义了这个理论概念。这一假说指出：证券价格总是完全反映了已有的信息。如果证券市场上的证券价格能够充分地反映所有有关证券价格的信息，则证券市场上的证券价格变化就是完全随机的，投资者不可能持续性地在证券市场上获取超额利润。也就是说，在有效市场中，作为建立在已有信息基础上的交易系统中的市场投资者，无论他是个人或是机构投资者，长期而言是无法取得超过市场均衡回报的超额收益的，他们不可能打败市场。

在随后的 10 多年里，有效市场假说得到了很多理论和实证上的支持，学术界对它的成立提出了强有力的论证,而且随后的证券分析等一系列金融应用工具都是建立在有效市场假说的基础上的。Jensen(1978)指出:"在经济学的定理中,得到的实证支持方面没有比有效市场假说更多的了。"

(一)有效市场假说的理论基础

有效市场假说的理论基础由三个逐渐弱化的假设组成:第一,假设投资者是理性的,因此投资者可以理性地评估资产价值;第二,即使有些投资者不是理性的,但由于他们的交易随机产生,交易相互抵消,不至于影响资产的价格;第三,即使投资者的非理性行为并非随机,而是具有相关性,他们在市场中将遇到理性的套利者,后者将消除前者对价格的影响。

第一个假设认为,有效市场假说是理性投资者相互竞争的均衡结果。如果投资者是理性的,他们能准确地将资产价格定为其基本价值(未来现金流的贴现值)。投资者一旦获得关于基本价值的任何信息,都将对已经获得的即使是少量的信息积极进行交易。这样一来,他们把信息迅速融入价格,同时消除了使他们产生行动的获利机会。如果这种现象与市场无摩擦、交易无成本的理想条件同时发生,价格必然反映所有信息,投资者从基于信息的交易中将不会获利。

第二个假设提出,并不因为投资者理性的假设不成立,有效市场假说就不成立。在许多情况下,虽然部分投资者非完全理性,但市场仍然是有效的。这是因为非理性投资者的交易是随机的。如果存在大量的非理性投资者,而且他们的交易行为是不相关的,他们的交易很可能相互抵消。在这样的市场中,非理性投资者相互交易,即使交易量很大,也不会影响资产价格。

第三个假设是根据投资者之间的交易相关性提出的。第二个假设的前提条件是非理性投资者的交易策略之间不具备相关性,这与实际情况不吻合,因此具有一定的局限性。但是有效市场理论认为,即使在投资者的交易策略相关时该理论也成立。假设某股票的价格由于非理性投资者的相关购买行为而高于基本价值,聪明的投资者一旦发现这一事实,会出售甚至卖空该股票而同时买入一个近似替代资产来规避风险。可替代资产的存在性和完全市场假设紧密联系,这对套利十分重要,因为它允许投资者从不同的金融资产中获得相同的现金流。如果存在替代资产,套利者执行交易,则肯定获得一个无风险的利润。套利者的出售结果使得资产价格回落至基本价值。如果套利足够迅速和有效,套利者相互竞争以获取利润,资产价格决不会远离基本价值。套利者也不能获得很大的无风险利润。因此只要资产之间具有相似的替代关系,即使部分投资者不理性或者他们的需求具有相关性,套利也可以将资产价格保持在基本价值的附近。

有效市场假说的理论推导逻辑性十分强,也十分全面。当投资者是理性的,市场根据定义是有效的。当有些投资者不理性时,大量的交易是随机的,因此他们对市场不形成系统的价格偏差。套利者的竞争保证了价格即使产生了系统性的偏差,也会回归基本价值。如果非理性交易者以非基本价值的价格交易,他们的财富将逐渐减少,最后不能在市场中生存。

(二)有效市场假说的三种形式

Fama(1970)将证券市场中的信息区分为三种类型,也由此引出了有效市场假说的三种类型。

1. 弱式有效

证券价格包含了以往价格的所有信息,如以往证券价格收益率。如果这是正确的,投资者就无法利用过去证券价格所包含的信息,评估错误定价的证券,获得超额利润。此时,技术分析将失效。假设投资者风险中性,这种形式的有效假说被简化为随机游走假说。

2. 半强式有效

证券价格包含了所有公开可获得的信息。这些相关信息不仅包括以往证券价格和收益率,还包括所有公开信息,如财务报告信息、经济状况的通告资料和其他公开可用的有关公司价值信息、公开的宏观经济形势和政策信息等。根据半强式有效市场假说,信息只要一公布,所有投资者会立即反应,从而使价格反映所有公开信息。因此,投资者不仅无法从历史信息中获取超额利润,还无法通过分析当前的公开信息获得超额利润。此时,基于公开资料进行的基本分析毫无用处。

3. 强式有效

强式有效是有效市场的最高形式。所有的公开信息和内幕信息都已经完全反映在当前的价格之中。这些信息包括所有相关历史信息及所有公开信息,还包括仅为少数人,如董事会、经理等所知的内部信息。如果强式有效市场假说正确,尚未公开的内部信息实际上早已泄露出来并反映在证券价格中。在这种情况下,投资者即使拥有内部信息,也无法获得超额利润。此时,资产组合经理会采取消极保守策略,只求获得市场平均收益率。事实上,这是一种无法达到的理想状态。

(三)有效市场假说的实证检验方法

有效市场假说的实证大体上可以分为两大类:一是一旦有影响证券基本价值的新信息冲击市场,证券的价格应该迅速并正确地对信息作出反应。"迅速"是指晚得到信息的人将不可能从中获利,"正确"是指这些信息引起的价格调整恰到好处,既不会反应过度,也不会反应不足。产生的初始影响既不可能形成价格动量,也不可能形成价格反转。二是因为证券的价格变动要服从于其基本价值的变动规律,那么在没有任何有关证券基本价值的信息的情况下,证券价格不应该对证券供给、需求或者其他因素的变动而有所反应。

Fama(1970)指出,根据价格对信息的迅速和正确反应得出的基本假设是,过时信息对赚钱,即获得风险调整后的超额利润没价值。利用过时信息,某种策略一段时间内获得了正的现金流并不能证明市场无效。为了获得超额利润,投资者必须承担风险,这些超额利润是对风险的报酬。计算报酬和风险需要一个合理的模型。检验市场有效性要充分考虑到这种有效性对风险和预期收益模型的依赖。这是后来金融理论实证检验中的主要争论所在。当研究发现了一个根据过时信息进行交易而获得超额利润的机会,不管是否有说服力,批评者总能找到各种辩护的理由,特别是风险未及时调整到位的借口,并且会立即提出相应的风险模型,认为超额利润是对风险的合理报酬。

1. 弱式有效的检验

检验弱式有效性通常使用的方法有:收益率的序列相关性检验、游程检验、过滤法则检验。

1) 收益率的序列相关性检验

收益率的序列相关性检验是检验今天收益率与过去收益率的直线关系。在检验的过程中,通常需要估计一个回归模型:

$$r_t = a + br_{t-1} + \varepsilon_t$$

式中,r_t 为时间 t 的收益率;a 为与过去收益率不相关的期望收益率;b 为今天收益率与过去收益率的相关性,假如 $t=0$,那么它表示今天收益率与昨天收益率的相关性;ε_t 为随机项,并且包含与过去收益率不相关的变量。

需要指出的是,也可以运用该模型来测试超额收益率的相关性,以检验弱式有效性。此时,r_t 表示在时间 t 的超额收益率。例如:Fama 和 Macbeth 使用不同的估计期望收益率的方法进行了一系列检验。他们使用资本资产定价模型来估计某一只证券的期望收益率,然后测试超额收益率(实际收益率减期望收益率)的相关性,并且发现实际上不相关。这表明实际收益率的偏差是随机的,符合弱式有效市场假设。Galai 使用布莱克-斯柯尔斯模型估计期权市场的期望收益率,然后检验超额收益率的相关性。同样,Roll 使用利率的期限结构估计国库券市场的期望收益率,然后检验超额收益率的相关性。他们都发现超额收益率不相关。

另外,也可以用随机游走模型来测试收益率的相关性,以检验弱式有效性。随机游走模型如下:

$$P_t = P_{t-1} + \varepsilon_t$$

式中,P_t 为时期 t 股票的价格或股市指数。由于后期股价或指数对前期股价或指数存在依赖关系,因此,为了消除这种影响,常用收益率代替价格或指数:$r_t = (P_t - P_{t-1})/P_t$ 即指数收益率。

ε_t 为白噪声序,$E(\varepsilon_t)=0$,$E(\varepsilon_t,\varepsilon_s)=0(t \neq s)$,$\text{Var}(\varepsilon_t)=\sigma_\varepsilon^2$。

如果收益率能通过白噪声检验,就说明股票价格具有随机游走特性,市场达到弱式有效。但该模型的要求过于苛刻,即随机误差项的独立同方差性要求太强。

2) 游程检验

检验股票价格的随机游走过程也可以通过游程检验来进行。它是通过测试价格变化的标志来对股票收益率的相关性进行检验的,可以避开随机游走模型对随机误差项独立同方差的苛刻要求,而且可以消除不正常观察数据的影响。价格上升用"+"表示,下降用"−"表示。同一标志的一个序列称为一个游程。假如价格变化之间呈正相关,那么就有更长的"+"或"−"序列,而不是频繁变化和更小的游程。

当样本足够大时,总游程数 R 趋于正态分布,那么:$Z = [R - E(R)]/\sigma_R^2$ 就服从标准

正态分布 $N(0,1)$，其中 $E(R)$ 为总游程数的平均值，σ_R 为总游程数的标准差。

$$E(R) = \frac{N + 2N_A N_B}{N}$$

$$\sigma_R = \sqrt{\frac{2N_A N_B (2N_A N_B - N)}{N^2 (N-1)}}$$

式中，N 为股价变动的总天数；N_A 为股价上升天数；N_B 为股价下降天数。

然后取一定的显著水平 $\alpha=0.05$（或 0.01），并求出临界值，如果计算出的 Z 的绝对值大于临界值，则拒绝假设，即 Z 不服从 $N(0,1)$ 分布，股市不具有弱式有效性；反之，股市达到弱式有效性。相关性检验和游程检验表明，在美国股市，今天的收益率与过去的收益率相关性很小。需要指出的是，虽然一些相关性可以观察到，但市场仍是有效的。投资者交易证券必须支付交易成本。这样，假如相关性很低，利用相关序列的潜在盈利就不足以弥补交易成本。Jennergren 和 Korsvold 测试挪威股市的有效性与高交易成本时也发现的确是这样的。

3）过滤法则检验

在一个有效的市场，只要没有新的信息进入市场，价格就围绕公平价格（价值）在阻力线和支撑线之间随机波动。假如实际价格大大背离公平价格，那么专家就会进入市场，进行证券的买卖，这将使价格保持在价格阻力线以内。然而，假如新的信息进入市场，那么就会形成新的均衡价格。如果是利好消息，价格将上升到一个新的均衡价格。当价格突破原有的阻力线时，投资者就知道有利好消息进入市场。如果投资者在这点买入证券，他们将从价格上升到新的均衡水平中获利。同样，假如利空消息进入市场，股价将下跌到新的均衡水平。如果当价格跌破支撑线时投资者出售股票，他们将避免股价大跌。如果此时他们卖空股票，就会从价格下跌中获利。过滤法则就是利用这种股票价格的行为规律来设置的一种投资策略，它是指当股价从以前的低价上升 $X\%$ 时买进股票，而当该股票的价格从随后的顶峰下跌 $Y\%$ 时，就卖空股票，$X\%$ 与 $Y\%$ 为过滤程度，在研究中通常取 $X\%$ 与 $Y\%$ 相等。

过滤法则是一个安排策略。它告诉投资者什么时候做多头，什么时候做空头。另一种简单的安排策略是买入并持有证券。这样，要分析过滤法则，就要对这两种策略进行比较。

Fama 和 Blume 对过滤法则进行了广泛的检验。他们发现，每次交易的平均收益是很低的，但长期看来，它优于买入并持有证券的策略。然而，即使减去低的交易成本，这些策略也是不能盈利的。这与弱式有效市场假说是相符的。

2. 半强式有效的检验

半强式有效的检验主要检验证券价格对公开信息的反应速度，信息集是所有公开的信息，如年收益公告、股票分割等。若该假设成立，则说明投资者不仅无法从历史信息中获取超额利润，而且也无法通过分析当前的公开信息获得超额利润。在半强式有效市场的检验方面，研究者主要是用事件研究法。所谓事件研究法，就是通过对某一特定事件发布前后的股价表现进行统计分析，研究股价在什么时候对该事件做出反应及做出何种反应，从而确定股价对公开信息做出的反应是否符合半强式有效假设。

事件研究法通常包括以下几个步骤。

(1) 收集有一个"惊奇"(surprise)宣告(事件)的公司的样本。使股价变动的事件称为宣告，它对投资者是一种"惊奇"。如宣告兼并等许多研究都可作为一次"惊奇"。而对有些研究如盈利宣告效应，它是更复杂的，这是因为，对这些研究需要确定"惊奇"的含义，它通常通过对宣告与预期水平(反映为专业分析家的平均估计水平)进行比较来确定。为了获得研究样本，首先要分离出一群公司，这些公司的宣告与预测的水平有显著性差异。由于正向和负向"惊奇"对股价的影响不同，因此，该群体又进一步分为两个群体，一个为正，另一个为负。

(2) 确定宣告的精确日期，并且定义该宣告日为0。近期大多数研究使用每天的资料，而早期的研究使用每月的资料使研究要困难得多，因为在一个月内，除研究的宣告效应外，还有许多其他的宣告效应。因此，为了检验市场有效性，使用尽可能小的间隔期测试宣告效应是非常重要的。

(3) 确定研究的时期。如果研究事件前后的60天，就应该把该事件发生日以前定义为$-30, -29, -28, \cdots, -1$，事件发生日定义为0，事件日以后定义为$+1, +2, +3, \cdots, +30$。

(4) 对样本中的每一个公司，计算研究时期每天的收益率，在该例中共用61天。

(5) 计算样本中每个公司在研究时期每天的异常收益率。异常收益率是指实际收益率减期望收益率。不同的学者使用不同的模型，如均衡模型、市场模型等，来测算期望收益率，还有的学者把市场指数收益率作为期望收益率。

(6) 计算样本中所有公司在研究时期每天的平均异常收益率。这是因为，在研究时期，其他事件也正在发生，而所有公司的平均可以减少其他事件的效应，由此更好地测试研究的事件。

(7) 每天的异常收益率通常被累加，计算出该时期从开始时的累计异常收益率。这是因为，事件研究常常面临信息泄露问题，从而使事件研究更加复杂。当关于一个相关事件的信息在正式公开发布之前，就已经发布给了一小群投资者时，信息泄露就会发生。如果是利好宣告，那么在正式宣告日之前，股价就开始上涨。这样，在宣告日的异常收益率就不能很好地表示信息发布的总体效应，而一个更好的指标就是累计异常收益率。在该例中，时期共61天，如第-20天的累计异常收益率等于第-30天到第-20天的每天平均异常收益率的和。

如果市场是半强式有效的，那么在宣告日而不是在其他日预期有一个异常收益率。然而，一些异常收益率通常发生在宣告日的前后几日。宣告日以后的异常收益率或许是由于市场无效，股价对信息的反应不迅速；或许是由于宣告在第0天发生得太迟甚至可能是收市以后，以至于宣告效应仅在宣告后的下一天反映在股票的交易与价格中。宣告日前的异常收益率有三个来源：第一，一个重要宣告将要发生，通常在宣告日之前就向公众发布，并且新闻也发布一个宣告将要发生。这样，信息就会传给分析家。在一个有效市场，这些信息会在宣告日之前就反映在股价中。第二，如果宣告可由该公司自由决定，以前的异常收益率就可能促使宣告发生，并且这种宣告的事件研究将显示出以前的异常收益率。例如，公司分割股票通常发生在股价大幅上升以后。股票分割的事件研究将发现在宣告日之前存在异常收益率。第三,宣告日之前的异常收益率可能反映已获得信息的人泄露了信息。

(8) 分析检验结果并得出结论。如果股价对特定事件的反应滞后,并存在超常收益,则说明市场不是半强式有效的。也就是说,如果市场是半强式有效的,在宣告之前进行证券的买卖(利好就买,利空就卖),投资者能获取累计异常收益,但在宣告之后进行证券的买卖不能获取累计异常收益。

事件分析的对象是与公司有关的多种重要消息事件,如盈利分红公告、公司的并购、新股发行与股票回购、管理人员报酬的变更等事件,如何对股价产生影响都被付诸过检验。例如,Keown 和 Pinkerton(1981)的一项研究是考察当有收购公告发布时,持有目标公司股票所获收益的情况。图 1.1 所示为收购消息发布前后持有被收购目标公司股票的人所获得的累计超额收益率。可以看出,在目标公司被举牌收购的公告正式发布前,其股价已经开始上升。因为可能被收购的消息已经在影响股价,而当正式公告发布时,股价迅速上升,反映出目标公司股票持有人获得了并购带来的超额收益。在公告发布后,股价并没有继续延续上升趋势,也没有出现往下回调的走势,这种现象表明,目标公司的股价及时对举牌收购的消息作出了回应,这与有效市场假说的半强式有效类型所说的情况相符。

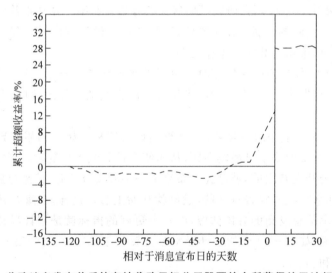

图 1.1 收购消息发布前后持有被收购目标公司股票的人所获得的累计超额收益率

此外,Firth 测试了关于宣告一个人或公司拥有一个公司 10% 的股权的有效性。他发现没有提前知道信息的投资者不能从价格上升中获利。从宣告后的第一笔交易到宣告后的 30 天,累计超额收益率会有一个轻微的下降。

总之,该实证表明英国的股票市场达到半强式有效市场。Davies 和 Canes 通过测试利用投资分析家的建议能否赚取超额收益,或这些信息是否已反映在股票价格中,来检验股票市场的半强式有效性。他们用市场模型来估计单个证券收益率与市场收益率的关系,然后,该方程用于在给定的实际市场水平的条件下估计每天的期望收益率,并算出超额收益率。经检验发现,信息的公布对收益率有显著性影响,投资者利用证券分析家的建议不能获取超额收益率。这与有效市场假说是一致的。Watts把红利的变化与以前的红利和盈利水平相关联。然后,把公司分成两类:一类是红利大于使用该模型预测的水平;另一类是红利小于使用该模型预测的水平。通过测试这两类公司的超额收益率来测试非预期红利变化的效应。Pettit通过不仅以红利"惊奇"为标准,而且以盈利变化为标准对公司进行分类,以处理这个问题。结论是市场能对新的信息迅速作出调整,投资者利用红利宣告不能获取异常收益。

3. 强式有效检验

对强式有效市场的研究主要集中在公司内幕人员、证券交易所的专家经纪人、证券分析家和共同基金的业绩上,通过测试他们从事交易能否赚取超额收益来检验强式有效性。

1) 内幕交易

公司内幕人员包括董事、高级职员、大股东、有机会获得公司内幕消息的其他公司职员和有关人员。研究表明,由于内幕消息有助于公司内幕人员较好地预测公司股票的价格趋势,因此公司内幕人员可以获取超额收益,但普通投资要求所有内部人登记他们的交易活动,并在内部人员交易正式概要(the official summary of insider trading)中发布这些交易活动。一旦概要出版,内部人交易就成了公开的信息。此时,如果市场是有效的,能充分及时地处理这些发布的信息,投资者就不能跟随内幕人员的交易活动获利,这与半强式有效性是相符的。Seyhum研究发现,在概要的发布日,跟随内幕人员的交易活动是没有价值的。尽管在概要报道内幕人员买入之后,股价有轻微上涨的趋势,但非正常收益率不足以弥补交易成本。这些研究表明,美国证券市场没有偏离半强式有效市场的特征,没有满足强式有效市场假说的要求。

2) 证券交易所的专家经纪人

研究表明,证券交易所的专家经纪人能获取超额收益,有时甚至比正常收益率高一倍多。这是因为,专家经纪人保留着限价委托买卖的"记事簿",他们由此可观察到供需双方的力量变化,比较准确地预测股票价格的近期走势,而且他们可以频繁地与其他专营股票的公司接触而获得许多内幕消息。这表明美国的证券市场没有达到强式有效市场。

3) 共同基金业绩

许多研究通过测试共同基金的业绩来判断强式有效性。评价共同基金的大多数研究采用了样本生存偏好,这是指,收集今天存在的共同基金样本,然后收集历史资料,提出研究时期经营较差的基金。由于大多数研究只注重生存下来的基金的业绩,这使业绩看上去比实际的更好。基金业绩对评估它们所采用的方式具有敏感性。当使用标准CAPM测算期望收益率时,小公司股票有超额收益率。因此,即使小公司股票基金的经理没有选择能力,当使用标准CAPM测算期望收益率时,这些基金也表现出高的超额收益率。有些研究不采用生存偏好,而是生存自由,并且用多指数模型测算期望收益率,以测试基金的业绩,如Elton、Gruber、Das and Hlavka发现,在把管理费用考虑进去以后,基金经理的业绩还不如一个消极指数组合的业绩,该组合与评估的基金有同样的风险,而且,这个业绩的差别与他们所要的管理费用相关。因此,总的来说,共同基金经理不能赚取足够的收益来弥补他们所要的管理费用。

（四）有效市场假说的缺陷

1. 理论基础缺陷

1）投资者完全理性的假设

投资者并不像理论模型中预测的那样理性，而是具有某种情绪(sentiment)，许多投资者在决定自己对资产的需求时受到无关的信息影响。与理性假设不同，现实世界的人其实是有限理性(bounded rationality)的，如果有效市场理论完全依赖于个人投资者的理性，那么投资者的非理性心理将对有效市场假说形成致命的挑战。

2）非理性交易者对市场不形成影响的假设

Kahneman 和 Riepe(1998)指出，人们的行为偏差其实是系统性的。许多投资者倾向于在相同的时间买卖相同的证券。如果噪声交易者通过"流言"或者跟从他人的决策而决策，这种状况将更加严重。投资者情绪实际上反映许多投资者的共同判断误差。个人投资者不是唯一的非理性投资者。在西方发达的金融市场中，大量的资金由代表个人投资者和公司的共同基金、养老基金的专业管理人员控制。他们也会产生与个人投资者一样可能的误差。同时，他们又是管理他人资金的代理人员，这种授权实际上带来了决策中更大的偏差。Falkenstein 指出，专业管理人员可能选择与他们的评估业绩标准一致的资产以减少比标准低的风险；同时他们也倾向于选择其他管理人员所选择的资产以避免落后；在年末，他们会不约而同买入最近业绩好的投票，抛掉业绩差的股票以使得基金的业绩看上去好一些。但是这些决策实际上偏离了资产价值的最大化，只是一种"饰窗效应"(window dressing)。这时基金的偏差行为实际上也是具有系统性和群体性的。

3）套利抵消非理性投资者偏差的假设

有效市场假说的最后一道防线是基于套利的有效市场。如果套利能够抵消非理性投资者的偏差，市场依然有效。但实际市场的套利是有限的，也是有风险的。套利的有效性取决于是否存在近似的替代资产。问题在于替代资产很少是理想的，而且常常是非常不理想的，这使得基本面风险无法得到全部消除。即使我们能够找到理想的替代资产，套利仍然会受到限制。

De Long 等(1990)提出了噪声交易者风险，即套利者为了利用误价反而在短期内加剧了误价的风险。套利者会面临那些最初低估其做多资产的悲观的投资者因为越来越悲观，从而使价格下跌更深的风险。当然，如果价格最终趋向于基本价值，长线套利者就会不太在意噪声交易者风险。即使短期内误价加剧，他们也能对短线损失等闲视之，期待误价最终得到矫正。噪声交易者风险的重要性在于，它迫使套利者对冲掉可能带来潜在的急剧损失的头寸。很多进行套利的人(如专业的投资组合经理人)，并非经管他们自己的钱，而是替别人理财。即 Shleifer 和 Vishny(2001)所谓的"智力与资本的分离"。这种代理的特性会造成严重的后果。由于缺乏评估套利者策略的价值的专业知识，投资者可能会简单地按照回报来评估套利者的价值。如果套利者试图利用某种误价而使误价在短期内加剧，并造成账面损失，投资者可能会断定套利者不能胜任，并抽回资金。非但不能渡过短期损失的难关，而且套利者可能还不得不过早地套现，而这可能正是投资的最佳时机。债权人要求套利者偿还贷款会加剧这种困难局面。

另一种套利限制就是履约成本,包括套利者在贯彻套利策略时要支付的一般交易费用,如交易佣金等。套利可能受到限制的一个确定的原因是,即使存在误价,套利者也常常无法确信误价是否真的存在。考虑这个问题的一种方式是,我们假设套利者在寻找有吸引力的机会时要依赖一种基本价值的模型,而该模型可能是错误的。至此,有效市场假说的理论基础受到了挑战。

2. 检验缺陷

有效市场假说本身并不具备良好的可检验性和可预测性,因为任何检验都必须信赖于有关预期收益的模型,所以检验的结果与模型的设定密切相关。很多试图对有效市场假说进行检验的模型都会遇到联合假设问题:预期收益模型的建立以市场有效为假定前提,而检验市场有效性时,又先假设预期收益模型是正确的。有市场有效性前提的预期收益模型是无法检验市场有效性的。

以最为常用的资本资产定价模型和套利定价模型为例,如果市场有效性不成立,资本资产定价模型和套利定价模型就不成立。但反过来并不能因为资本资产定价模型和套利定价模型导出的结论与市场有效性不符而否定市场有效性,因为资本资产定价模型和套利定价模型本身有可能是错误的。基于上述原因,Fama(1991)论述了市场有效性是不可检验的。Hawawini 和 Keim(1995)曾试图对这一问题进行客观全面的研究。他们采集了不同国家、不同时期的金融数据,与不同的资产定价模型进行比较,得出的结论却自相矛盾,最终不得不回到 Fama 的论述:现有金融手段无法验证是资产定价理论有错误还是市场无效。

二、有效市场假说悖论

(一)同质信念与交易动机

在有效市场中,交易者对未来的世界具有相同的信念,这导致市场均衡状态下,交易者持有相同的证券组合:市场组合。这在均衡定价理论的资本资产定价模型的证明中早已得到验证。市场均衡状态下,交易者持有市场组合的数量取决于他们对待风险的相对态度,即交易者交易的动机是风险偏好而不是信念差异。这与我们的日常观察不一致,在现实中,交易者异质信念是证券交易的主要原因:看涨者会买入证券,看跌者会卖出证券。

(二)无交易定理

同质信念下,后验信念的差异完全归结于私人信息的不同,当交易的唯一动机是信息优势时,Tirole(1982),Milgrom 和 Stockey(1982)证明了理性预期均衡状态下不会有交易发生。具有理性预期的交易者会认为交易对手愿意交易的原因在于其拥有比自己有优势的信息,自己处于不利的交易地位,所以不会与之发生交易。也就是说,交易者的唯一交易动机是信息优势,这就是由同质信念导致的著名的无交易定理。

（三）格罗斯曼-斯蒂格利茨悖论

格罗斯曼-斯蒂格利茨悖论（Grossman-Stiglitz paradox）证明，由于信息成本的存在，市场效率和竞争均衡是不相容的，价格不可能是充分显示的。因为，如果价格是信息有效的，就不会有人花费成本来收集信息并承担前期风险；而如果没有人去获取信息并据此决定其需求，新信息就不能被汇集或是以最快的速度体现到资产的价格中，于是价格就不会是信息有效的。该悖论也可以表述为：如果市场完全收集了市场参与者的私人信息，市场参与者的需求将不再依赖他们自身所拥有的信息，但是，市场（价格体系）又怎么可能完全收集到所有个人的信息呢？

（四）来自经验研究的市场异象

1. "赢者的诅咒"与"新股折价之谜"

"赢者的诅咒"指在任何形式的拍卖中，由于拍卖品的价值是不确定的，赢得拍卖品的中标者出价高于其他竞标者，但他很可能对拍卖品估价过高，支付了超过其价值的价格，从而赢得的拍卖品的收益会低于正常收益甚至为负。例如，某一特定的土地（或其他商品及资产）存在很多种投标价格，且投标者们对土地价值的估计基本上都是正确的，如果每个投标者的报价皆是他对土地价值的估计，那么，最高报价者通常很可能就要为这块土地支付超过它所值的价钱。

"新股折价之谜"就是"赢者的诅咒"在股市中的体现。新股的市场价值具有不确定性，发行公司须设定发行价格并按发行价销售新股，投资者根据发行价格认购，如果认购过度，则须按比例配售。潜在投资者之间存在信息不对称，潜在投资分为有信息群和无信息群。有信息的投资者对新股有充分的信息，他们认购预期市场价值大于发行价格的新股；而无信息群则容易遭受所谓"赢者的诅咒"式的损失。

认识到这种可能性，他们就只认购定价相对较低的新股，而且很多人将没有积极性参与新股认购。如果发行公司不降低发行价格，信息较少的投资者就将不进入新股市场，许多新股发行就会失败，总之，为了吸引广大的无信息群参与认购新股，新股发行价格就必须低于正常价格。

2. 各种股市可预测性现象

Ball 和 Brown（1968）的经典文献最早发现了盈余公告后的价格漂移现象，该现象又称为盈余惯性。盈余惯性的存在意味着价格并没有迅速对盈余公告作出反应，而是经过一段时间调整后才将盈余信息融入股价，这显然有悖于有效市场假说。Fama（1998）在反驳历年来发现的各种有违"有效市场假说"的异象后，也不得不承认盈余惯性至今仍是一个难以否定的异象。Basu（1977）发现市盈率可以预测股票收益。Banz（1981）的研究发现"小公司效应"的存在，即投资于小公司股票可以使投资者获取长期收益的一种现象。也有学者发现了周一的平均回报率比其他交易日要低得多；1月的收益率明显高于其他月份；收益率在星期一为最低，星期五为最高，即存在"周一效应""一月效应""周末效应"等日历效应。

这些异象成为对有效市场假说的有力挑战,它们是有效市场理论所无法解释的。普遍存在的各种市场异象不断引发人们多角度地进行新的思索。其中最为重要的突破就是对标准金融理论中关于理性人假设的突破,也由此诞生出行为金融学研究。

第三节 行为金融学的产生与发展

Markowitz 于 1952 年发表的《投资组合选择》一文被视为现代金融理论的开端,随着资本资产定价模型、套利定价模型、期权定价模型等的提出,金融理论得到了迅速发展。20 世纪 70 年代以来,以有效市场假说为基础,以资本资产定价模型和现代资产组合理论为基石的标准金融理论确立了其在金融领域的正统地位,成为当代金融理论的主流。有效市场假说也因此成为现代金融理论的重要基石。

自 1980 年以来,随着金融学研究的深入,越来越多的被称为标准金融学"未解之谜"的、与标准金融理论解释不一致的现象被揭露出来。一些典型现象如:Mehra 和 Prescott 首先提出的股票溢价之谜,即美国股票市场历史的总体收益率水平高出无风险收益率的部分很难由经典金融学理论的定价模型来解释;封闭基金之谜,即平均来说在市场中交易的封闭式基金单位价格低于基金单位的净值,并且这个差距随时间产生很大波动性,而费用、对基金管理人业绩的预期以及税收等理性因素都不能完全解释这一现象;投资者倾向于推迟出售处于亏损状态的股票,同时过早卖掉处于盈利状态的股票的"处置效应";投资者倾向于购买过去表现最好或是最差的股票的"极端"行为;等等。上述"未解之谜"使许多学者意识到,仅仅依赖标准金融学的假设和分析框架无法更加真实地描述和解释投资者的行为。

事实上,金融学理论要解决两个重要问题:第一,通过最优决策模型解释什么是最优决策;第二,通过描述性决策模型讨论投资者的实际决策过程。

在解决第一个问题方面,经典现代金融理论取得了很大的成功。同时,如果人们的实际决策过程就是最优决策过程,即人们确实是完美理性的经济人并依据相关分析框架进行决策,或金融市场确实是由这些理性经济人的行为所主宰,则经典现代金融理论也同时提供了一个关于投资者实际决策过程的很好的描述性模型。但是,如果人们的实际决策过程并不是(或在很多情况下并不是)如最优决策模型所描述的那样,则用最优决策模型作为描述性决策模型将不能正确地描述和讨论投资者的实际决策过程,从而不能对金融市场的实际运行状况给予合理的解释。因此,要进一步研究和解释金融市场与投资者的实际状况,必须把分析建立在投资者的实际决策过程的基础上,这就是行为金融学要解决的问题。

行为金融学的发展历史大致可分为以下三个时期。

一、行为金融研究早期

行为金融学的研究最早可以追溯到 19 世纪的两本书——法国学者 Gustave Le Bon 的《乌合之众:大众心理研究》和 Charles Mackay 的 *Extraordinary Popular Delusions and the Madness of Crowds*。目前,这两本最早阐述行为金融学思想的著作仍被许多投资者认为是投资市场群体行为领域的经典之作。

Burrell 在 1951 年发表的题为《以实验方法进行投资研究的可能性》的文章提出构造实验来检验理论的思路，由此开拓了应用实验将量化的投资模型与人的行为特征相结合的金融新领域。

Bauman 于 1969 年发表的《科学投资分析：是科学还是幻想》，更加明确地批评了金融学科片面依靠模型的治学态度，并指出金融学与行为学的结合应是今后金融学发展的方向。Slovic 于 1972 年发表的《人类判断的心理学研究》为行为金融学理论作出了开创性的贡献。他们的研究可视为现代意义上的行为金融理论的开端。但由于该理论产生时标准金融理论的有效市场假说占据统治地位，这一时期的行为金融研究并没有引起太多关注。

二、心理学行为金融时期

1960 年至 20 世纪 80 年代中期的行为金融的研究以 Stanford 大学教授 Tversky 和 Princeton 大学的 Kahneman 为代表人物。这一时期的研究成果的取得主要采用了许多心理学中的研究方法，因此被称为心理学行为金融时期。

Tversky 的研究工作大都集中于风险心理研究。他研究了人类行为与投资决策经典经济模型的基本假设相冲突的三个方面：风险态度、心理账户和过度自信，并将观察到的现象称为"认知偏差"。

Kahneman 和 Tversky 于 1979 年共同提出了前景理论（prospect theory），这成为行为金融学研究史上的一个里程碑。前景理论成为行为金融研究中的代表学说。前景理论认为投资者对收益的效用函数是凹函数，而对损失的效用函数是凸函数，表现为投资者在投资账面损失时更加厌恶风险，而在投资账面盈利时，随着收益的增加，其满足程度增加速度减缓。前景理论解释了不少金融市场中的异常现象。

但是，当时的研究并没有引起人们对行为金融研究的足够重视。这主要是由以下两个原因造成：由于当时有效市场假说风行一时，人们普遍认为研究人的心理、情绪对金融研究是"不科学的"，金融理论界都崇尚数学方程，因而有意回避心理学的研究；两个代表人物 Tversky 和 Kahneman 都是主攻心理学研究，广泛采用了许多心理学中的研究方法。现在人们普遍认为 Tversky 和 Kahneman 是真正研究行为金融学的第一代核心人物。

三、金融学行为金融时期

行为金融学成为一个引人注目的学派，大约是 20 世纪 80 年代中期以后。该时期的行为金融的研究进入黄金时期，取得突破性发展。

芝加哥大学的 Thaler、耶鲁大学的 Shiller 成为研究行为金融学的第二代核心人物。这种局面的形成主要有两个原因：一是大量的证据表明现有的金融理论不完善，不足以解释实际中的问题，市场中存在大量的异象引起了金融学家的注意；二是 Kahneman 和 Tversky 提出的前景理论得以进一步发展并得到广泛认可。2002 年诺贝尔经济学奖颁给 Kahneman 则反映了主流经济学对行为金融理论的反应和认可，也反映了经济学发展的另一方向。

为了与第二时期对比,将第三时期称为金融学行为金融时期。这个时期的行为金融学研究注重在如何完善投资策略方面把心理学研究和投资决策结合起来。20世纪90年代大量的学者纷纷投身于行为金融的研究之中,取得了大量的研究成果。1999年,《金融分析家》杂志在该年度的最后一期出版了行为金融理论专刊;2001年,由Shefrin任主编的三卷本《行为金融学》论文集出版;2002年,诺贝尔经济学奖颁给Kahneman。

行为金融学的意义在于确立了市场参与者的心理因素在决策、行为以及市场定价中的作用和地位,否定了标准金融理论关于理性投资者的简单假设,更加符合金融市场的实际情况,因此它的产生是对标准金融理论的一个巨大推动。

第四节 行为金融学的主要内容

一、行为金融学内涵

作为一个新兴的研究领域,行为金融学的研究边界还在不断扩大,理论框架还有待完善,至今没有一个为学术界所公认的严格定义。但是,不少学者提出了自己的看法。

Thaler(1993)将行为金融称为"思路开放式金融研究",只要是对现实世界关注,考虑经济系统中的人有可能不是完全理性的,就可以认为是开始研究行为金融了。

Russell J. Fuller(1997)从三个层次定义了行为金融学:①行为金融是传统经济学和金融学与心理学和决策科学的综合体;②行为金融试图解释实证研究发现的与传统金融相悖的金融异象;③行为金融研究投资者在决策时是如何系统性地出错的,或者说研究投资者是如何犯心理错误的。

Lintner(1998)把行为金融定义为"研究人类如何解释以及根据信息做出决策"。

Olsen(1998)认为行为金融学并不是试图去定义理性的行为或者把决策打上偏差或错误的标记,行为金融学是寻求理解并预测市场心理决策过程的系统含义。

Statman(1999)在对行为金融学进行总结时提出,行为金融学与现代主流金融学本质上并没有很大的差异,它们的主要目的都是试图在一个统一的框架下,利用尽可能少的工具构建统一的理论,解决金融市场的所有问题。

Hsee(2000)认为,行为金融学是将行为科学、心理学和认知科学上的成果运用到金融市场中产生的学科。它的主要研究方法是,基于心理学实验结果提出投资者决策时的心理特征假设来研究投资者的实际投资决策行为。

李心丹(2004)认为行为金融学是以心理学和其他相关学科的成果为基础,并尝试将这些成果应用于探讨和解决金融问题的科学。并综合以上学者的观点,提出行为金融学主要有如下几个特征:①以心理学和其他相关学科的研究成果为依据;②突破了传统主流金融理论只注重用理性投资决策模型对证券市场投资者实际决策行为进行简单测度的范式;③以人们的实际决策心理为出发点,研究投资者的投资决策行为规律及其对市场价格的影响;④使人们可以更加透彻、真实地了解和刻画金融市场。

饶育蕾(2003)认为行为金融学就是基于心理学实验结果来分析投资者各种心理特

征,并以此来研究投资者的决策行为及其对资产定价影响的学科。行为金融学是行为理论和金融分析相结合的研究方法与理论体系。它分析人的心理、行为以及情绪对人的金融决策、金融产品的价格以及金融市场发展趋势的影响,也是心理学与金融学相结合的研究成果。

易宪容(2004)认为行为金融学就是以金融市场中投资人的真实行为为基础,研究人们在面对不确定性时如何进行资源的时间配置的科学,并以此来了解和预测投资人心理决策过程与运作机制,解释为什么个人在某些情况下是风险偏好者,在某些情况下又是风险规避者。

综上,行为金融学是从投资者在决策过程中的实际心理出发,研究投资者的投资决策行为及其对市场价格的影响的学科,并以投资者投资决策时的心理因素为假设基础,建立起相应的投资决策模型。

二、行为金融学与心理学的关系

(一)行为金融学与行为心理学的关系

1. 行为与行为科学

行为被认为是有机体适应环境的不同方式及其组合,这些行为可以是人类的,也可以是其他动物的。广义的行为科学包括研究人的行为以及动物的行为的一系列学科,如心理学、社会学、社会人类学以及在观点和方法上与之类似的其他学科的部分。狭义的行为科学,即管理学科中的组织行为学,以工作环境中个人和群体的行为为研究对象,并运用心理学和社会学学说对这些行为进行分析与解释,以便优化工作环境,使每个人既能实现公司目标,又能为实现个人目标而有效工作。

2. 行为心理学

行为心理学(behavioristic psychology)是心理学发展过程之中的一个重要流派,行为心理学也称"行为主义"。行为心理学的先驱是1904年诺贝尔医学奖获得者Pavlov。他在实验室里系统地研究了条件反射,发现几乎不能产生任何特定反应的刺激,只要与能够产生特定反应的刺激配对出现,就能够控制该反应。如果一个人经常在某个特定环境中遇到具有较大压力的事件,其躯体就会出现紧张性反应,如血压升高、心跳加快等,并逐渐形成条件反射。即使没有压力事件,只要一进入这个特定环境,这个人就会出现紧张反应。1913年美国心理学家Watson所发表的《行为主义者心目中的心理学》(*Psychology as the Behaviorist Views It*)一文是行为主义正式诞生的标志。Watson认为心理学不是意识的科学,而是一门研究人和动物行为与活动的自然科学。他认为心理学的最终目标是预测和控制人的行为,刺激和反应是行为的基本共同因素,任何行为都可以分解为刺激和反应两个单元,都可以进行客观的观察和测量。行为心理学具有以下特点。

(1)行为心理学认为人的行为是可以预测和控制的。通过对行为的研究,既能预测已有的刺激引起的反应,也能预测引起某种反应的先前刺激。因此,随着把行为降低到刺激反应水平,人的行为就能有效地加以理解、预测和控制了。

（2）行为心理学强调环境对人的行为有重要影响。行为主义研究个人行为如何受群体环境中各种有关力量的影响。群体压力、群体规范、群体中的人际关系与信息沟通，都能使个体行为发生变化。行为主义摒弃了人的内在心理过程与个性心理特征对行为的影响，而从外部环境或人的生理结构中寻找影响反应的刺激。刺激可以是外界环境中的一个简单的事物，如声、光、热、电，也可以是整个情境。有什么样的环境和刺激，就会有什么样的行为和反应。

（3）在研究方法上，行为心理学采用了实验、观察、调查等实证方法。行为科学研究的对象是人的行为，而人的行为是人内在心理活动的外在表现。由于人的心理活动在行为主义之前主要是通过内省进行研究的，而行为心理学则通过观察、实验、调查来了解和掌握个体行为，因此更加可靠。行为主义者反对内省，怀疑内省的精确性，认为内省不能通过客观的观察予以证实。所以，客观的实验、观察与调查才是行为研究的必要基础。行为心理学的实验方法对于心理学后来的实验研究以及审美观经济学的出现均产生了较大影响。

行为心理学对心理学的发展产生了重要影响，以至称为"行为革命"，并且逐渐影响到了社会科学工作中众多学科的发展，出现了行为政治学、行为法学，在管理学和社会学等学科内产生了重要的行为主义流派，在经济学和金融学领域内则出现了行为经济学和行为金融学。

就研究方法而言，心理学和金融学均运用实证研究的方法，但是心理学的实证方法在检验理论和假设的时候不仅采用自然观察的方法，而且还大量运用实验室实验进行观察和检验；而传统的经济学和金融学则主要是通过对经济现象和金融现象、经济数据和金融数据的自然观察与统计分析进行理论和假说的检验，通过演绎推理的方法得到主要的理论。行为金融学的发展借鉴了心理学的实验室实验的方法对金融决策和金融市场、金融行为进行实验室实验，从而拓宽了金融学的边界，深化了对于金融决策、金融市场和金融行为的认识；而心理学的具有科学实验性质的研究方法则始于行为主义的刺激反应实验。Tversky 和 Kahneman 所进行的判断和决策实验基本上是行为主义的实验方法。正是在此意义上行为金融学才是名副其实的"行为"金融学。

（二）行为金融学与认知心理学的关系

心理学家认为心理学的研究对象主要是个体的行为以及精神过程。目前所知的最早的心理学论述是公元前 350 年亚里士多德所写的《论记忆与回忆》，而现代心理学的产生一般以 1879 年威廉·冯特（Wilhelm Maximilian Wundt，1832—1920）在德国莱比锡大学创建世界上第一个心理学实验室作为标志。冯特通过内省法研究人们的感觉和经验，把复杂的心理经验分解为简单的组成部分，他和他的追随者的心理学体系被称为构造主义学派。1890 年，美国心理学家威廉·詹姆斯出版了《心理学原理》一书，对内省法提出了批评，强调人类本性之中非理性的一面，研究情绪如何影响信念、身体如何影响智力等问题，被称为机能主义。而对构造主义心理学和内省方法进行更为彻底的抨击的则是前文所介绍的行为心理学家 Watson。此后，心理学还出现了以弗洛伊德为代表的心理分析学派和以他的学生荣格为代表的格式塔心理学。格式塔心理学认为人们对物体的知觉是整体的，不是各部分的复杂总和，人们是在一个单一的整体之中感知事物的。20世纪中叶出现了以马斯洛为代表的人本主义心理学，其对人的需求层次进行了分类。差不多同时，认知心理学产生了。

行为主义抛弃了对心理过程的研究，而不少心理学家认为很难用环境刺激和反应之间的条件联结来解释许多心理现象，人类行为的复杂性和多样性是行为主义机制所难以解释的，这是认知心理学产生的原因之一。1956年哈佛大学的乔治·米勒（George Miller）的论文《神奇数字7加上或减去2：我们处理信息能力的局限》提出了人类的记忆广度是以7为主的5~9个组块，人类具有通过压缩信息来记忆更多信息的能力。这篇论文是认知领域的一大突破。1967年奈瑟尔（Ulric Neisser）出版了《认知心理学》。他认为认知心理是指感官输入被转化、简化、加工、储存、恢复和使用的所有过程。认知心理学的重要概念包括：感官、神经码、认知码和记忆。感官包括眼睛、耳朵、鼻子和皮肤，用来接收外界刺激；神经码对接收的刺激进行编码；认知码将接收的刺激转换为将来可以被激活的能量；记忆则是认知码的存储、恢复和重建过程。认知心理学的许多研究成果对于行为金融学的发展产生了很大影响。

自从现代心理学成为一门独立学科以来，就一直有心理学家试图将心理学的研究成果运用于包括经济现象在内的社会现象的研究。1902年法国心理学家盖布里埃尔·塔尔德（Gabriel Tarde）出版了《经济心理学》一书。1920年国际应用心理学协会在日内瓦成立，现在该协会有认知、评估、组织、教育、健康、法国、政治和经济等16个分会。其中经济心理学分会的领域包括了消费、销售、投资、储蓄、赌博和金融市场等内容。20世纪40年代密歇根大学的美国心理学家乔治·卡托纳（George Katona）率先将"态度""情感"和"期望"等词汇引入经济学。到20世纪60年代国外许多大学已经开设了经济心理学课程。20世纪70年代，Tversky和Kahneman在判断和决策领域进行了一系列研究，发现了经济决策的一系列偏差。Kahneman因这些研究获得了2002年诺贝尔经济学奖。他的获奖理由是把心理研究的成果与经济学融合到了一起，特别是在有关不确定状态下人们如何作出判断和决策方面的研究。至此，经济心理学和金融心理学已经是枝繁叶茂、硕果累累了。金融心理学在共享经济心理学的基础的同时，更为注重对金融市场、投资者行为的心理研究，是对金融现象和金融行为的心理学研究，是心理学的分支学科。

人们在运用实证研究方法对金融学的理论假说进行检验的过程中发现了大量与主流金融学的观点不一致的现象，如封闭式基金的折价现象、证券投资收益率的自相关、投资者的风险偏好反转等现象。这些现象在传统的金融学框架内难以自圆其说，传统金融学理论的解释能力受到了挑战；而心理学的许多研究结论，特别是认知心理学的许多研究成果却有助于对这些现象进行解释。通过引入心理变量、引入人的行为特征、放宽理性人假设等前提条件建立起来的金融学模型和理论表现出了较强的解释与预测能力。因此，行为金融学是对传统金融理论假设进行修正，将常人而不是理性人的行为分析融入传统金融理论之中，以提高金融学对金融现象的解释力和预测力。

通过把心理学的研究结论和研究方法直接用于分析与研究传统的金融领域的问题，形成了一个金融学知识的新来源。因此，行为金融学是运用心理学，特别是认知心理学的成果探讨和分析金融现象，解决金融问题的学科。

（三）行为金融学与社会心理学的关系

社会心理学的专题研究,开始于19世纪下半期。1860年出现了拉察鲁斯和斯坦塔尔关于民族心理学的系列论文;此后,塔尔德的《模仿律》、西格尔的《犯罪的群众》、勒邦的《群众心理学》等著作陆续出版,为社会心理学的形成奠定了基础;1908年,英国心理学家麦独孤和美国社会学家罗斯分别出版了社会心理学专著,这标志着社会心理学已成为一门独立的学科。

第一次世界大战以后,美国心理学家奥尔波特和德国心理学家默德开创了实验社会心理学方向。虽然用实验方法研究社会心理学问题,可以上溯到1898年特里普利特关于社会促进的实验研究,但真正开创、推广这个方向的是奥尔波特和默德。在他们之后,实验社会心理学才开始在西方特别是在美国成为社会心理学研究的主流。

奥尔波特的著作《社会心理学》问世以后,社会心理学进入一个快速发展时期。1928年,瑟斯顿提出了态度测量法,把由托马斯和兹纳涅茨基开始、成为当时社会心理学研究中心的态度研究提高了一步;1934年,莫雷诺提出了社会测量法,用以测量群体内人际吸引和排斥问题;1938年,勒温把场论引进社会心理学,提出了个人生活空间或场的概念,认为行为是个人特点和情境因素相互作用的函数。20世纪40—50年代,在第二次世界大战和勒温的影响下,社会心理学主要研究群体影响和态度问题。

20世纪50年代,阿施等人开展顺从的研究。以霍夫兰为首的耶鲁学派发表了一系列有关说服的研究。费斯廷格提出了认知失调理论,这个理论成为60年代的研究中心。到了70年代,由海德的《人际关系心理学》一书奠定了基础的归因理论成了研究重点。80年代以来,认知社会心理学和应用社会心理学日益受到重视。

人们的一些社会心理特征可以很好地解释金融市场中热点频繁出现的现象,市场泡沫和金融危机的发生也与此有着密切的关系。

作为群体中的一员,人们容易受到群体情感的感染,倾向于采取与群体行为相近的行为,甚至在一定程度上放弃自己的偏好与习惯,并忽略自身可获得的信息,而对于个体来说这些行为往往是不可思议的。

以下是一些典型的社会心理学现象。

1. 认知的系统偏差

认知的系统偏差(systematic biases)指社会特有因素对人的信念与决策产生重要的影响。不同背景的人由于文化差异、收入差异、地域差异等,可能会形成若干个具有不同信念的群体,群体内部无明显差异,但不同群体之间存在系统差异。也就是说,人们的认知受到整个系统因素的影响,也受到自身所在群体的因素的影响。

2. 信息串流

信息串流(information cascades)指人们在决策时都会参考其他人的选择,而忽略自己已有的信息或可获得的信息。信息串流理论刻画了大量信息在传播与评估中的丢失现象。

Stasser等通过心理学实验证实人们在相互交流时,交流最多的是共同知识,私有信息得不到交换,即认知过载(cognitive overload)。Shiller 指出人们由于注意力的限制,只能关注那些热点信息,并形成相似的信念,而人们的交流以及媒体的宣传使得这些信念得到进一步加强。Kuran 和 Sunstein 刻画了这种集体信念形成的过程,即可获得性串流(availability cascades)。Bikhchandani、Hirshleifer 和 Welch 构造信息串流形成的模型,解释了为什么非常少的信息就可以引起社会潮流或时尚。

3. 羊群效应

羊群效应(herd behavior),也就是从众行为,是人类社会中的一个非常普遍的现象。信息串流从认知的角度刻画了群体认知的偏差,而羊群效应则是从情感的角度出发,刻画群体的行为。

在一个群体中,人们彼此模仿,彼此传染。通过相互间的循环反应刺激,情绪逐渐高涨,人们逐渐失去理性。这种行为往往都是难以预测和控制的,并会对社会潜藏极大的破坏性。通常通过两种形式产生影响:第一,通过情绪传染。当人们有共同的态度、信息时,情绪传染更有可能、更迅速。第二,通过行为传染。当情绪激动之后,由不断激发的情绪引发的行动也不断升级,并进一步刺激人们的情绪。这种现象与羊群受惊时的表现非常相似,因而称之为羊群效应。

三、行为金融学与标准金融学的关系

(一) 经济学研究中的行为研究——经济人假设

经济人假设是公认的经济学最重要的理论假设之一,称为经济学的理论基础。对经济人思想的最初阐释可见于 Adam Smith 的《国富论》,从该著作的论述中,可以大致归纳出经济人思想的三层含义:①经济人是自利的,即追求自身利益是驱动人的经济行为的根本动机;②经济人行为是理性的,即他能根据自己的市场处境判断自身的利益,并使自己的谋利行为符合从经验中学到的东西,从而使所追求的利益尽可能最大化;③如果有良好的法律制度为基础条件,在"无形之手"的调节下,经济人追求个人利益最大化的自由行动会无意识地、卓有成效地增进社会的公共利益,二者之间存在一致性。

经济人假设包含了人是理性的假定,且 Smith 所言的理性中夹杂着历史、社会、道德等因素,然而,他没有将最大化假设扩展到消费者行为,同时又简单地将产出最大化等同于理性最大化,也没有对经济人追求个人利益最大化的行为如何增进社会的公共利益最大化进行精确的论证。随后的学者进一步发展了 Smith 的经济人假设,1884 年,John Stuart Miller 在《论政治经济学的若干未决问题》中,第一次明确提出了经济人假设,分析了将经济人抽象出来的必要性,并充分阐述了经济人的内涵是从人类行为的各种动机中抽象出的经济动机,其中最重要的又是财富最大化动机,所谓经济人,就是会算计、有创造性、能够寻求自身利益最大化的人。可见,这一时期的经济人无论是从心理学角度上还是从方法论的意义上,都有着道德的约束。

经济人假设在新古典经济学家那里得到了继承和发展。新古典经济学家认为,在理想情况下,经济行为者具有完备的、单一的或内在一致的偏好,具有完备的信息和无懈可击的计算能力,且在经过深思熟虑之后,他会选择那些能更好地满足自己偏好的行为。即经济人不仅追求最大利益,而且还拥有完备信息。对消费者的效用最大化和生产者的利润最大化原则的分析,进一步发展了经济人假设。在经济人的理性问题上,新古典经济人偏离了 Smith 关于经济人理性阐述的范围,理性行为被看作旨在发现达到最大化的最佳方案的选择行为,且进一步要求选择符合一系列的理性公理,特别是在数学化的一般均衡论和主观预期效用理论中,经济人获得了非同寻常的理性。新古典经济人在古典经济人的基础上再次抽象掉了心理学和伦理学的因素,使经济人成为彻底的经济分析工具。

(二) 行为经济学对经济人假设的扬弃

对经济人假设的各种非议和诘难,自其诞生以来就从没停止过。如 19 世纪的德国历史学派的发难和 20 世纪 40 年代的"利润最大化原则"的挑战,这些争论修正了经济人的某些表述,使经济人的内涵更为丰富。然而,行为经济学这一新兴的研究领域则从根本上对经济人假设提出了挑战。

1. 行为经济学承认经济人中的自利,它同时认为人的本性中有利他和公平的一面,追求的是幸福最大化

行为经济学学者认为在很多情况下,人会表现出有限自利(bounded selfishness)的行为。人们不是 100% 的自利,这已成为科学的事实。传统经济理论也没有排除利他,但是他们强调自利为基本的动机。因为预期个体不会对公共事务做贡献(除非这样会提高他们的个人福利),所以传统经济学理论预言免费搭便车的行为会常见于日常生活中。但事实与此相反,人们经常会采取无私的行为,许多人有利他的一面,他们愿意为公共事务作出贡献。如研究发现,在 1993 年,73.4% 的美国家庭捐款给慈善事业,款额相当于家庭收入的 2.1%。也有 47.7% 的人从事志愿者工作,这些志愿者从事志愿者工作的平均时间是每周 4.2 小时。同样,在商业界,企业捐款给慈善机构或陷于困境的企业也很常见。三位德国经济学家 Gueth、Schmittberger 和 Schwarze 还通过将著名的"最后通牒游戏"设计成实验,证明了人们在追求私利的同时也会兼顾公平的原则。人们关注财富分配的公正性,有时甚至愿意以减少总的待分配财富量为代价来追求财富分配上的公平性。行为经济学认为,人是有限自利的,快乐是人类行为的终极目标。

2. 行为经济学否定了经济行为者具有完备的、单一的或内在一致的偏好

经济学为了保证个人选择的理性行为,提出完备性、传递性和决定性等公理。然而,心理学家以大量的实验证实了行为者的偏好并不符合这些公理,偏好并不总是稳定的,即存在"偏好颠倒"。最先发现这一现象的学者是 Slovic 和 Lichtenstein,他们在反复实验的基础上发现,当面临是以大概率赢得适当数量的钱还是以小概率赢得大额的钱时,绝大多数被试者选择前者,即较安全的方案。但对上述两个方案进行最低定价时,绝大多数被试者对后者的定价却高出前者。Tversky 和 Thaler 于 1990 年进行了一个类似的实验,证明了人们在面对经济问题选择时,偏好同样并不总是稳定的,是在进行选择的过程中体现出来的。决策者的偏好倾向于多样化并且可变,它的形成与改变受社会、参照群体以及大众传媒的影响。偏好反转对经济学中偏好公理的违背,是行为经济学在实验基础上对经济人假设的进一步的审视。

3. 行为经济学对经济人假设中的完全理性提出了挑战

行为经济学认为人是有限理性的。诺贝尔经济学奖得主 Simon 最先提出"有限理性"这一概念,有限理性行为在很大程度上是"主观上是理性的,但客观上做不到"。Simon 的有限理性,将"客观上做不到"的原因归结为外部环境的条件约束或信息处理者本身的局限性所导致的信息不完备。行为经济学除了认可上述原因外,更多的是从认知偏差及行为偏差带来的心理决策特征的角度来对其加以诠释。

事实上,人们在认知过程中会尽力寻找思维捷径,竭力节省认知能量。行为经济学的创始人 Kahneman 和他的合作者 Tversky 提出人们在估计不确定事件的概率和效用时,会依赖于代表性(representativeness)、可得性(availability)及锚定(anchoring)等几种典型的启发式偏差。这些偏差有时可以帮助人们快速地作出准确的判断,但有时也会导致判断偏差,而且研究表明,这种对理性的偏离是系统性的,并不会因为统计平均而消除。Kahneman 和 Tversky 阐释了在不确定条件下进行判断与传统经济理论所假定的理性发生系统偏差的原因和性质,同时也指出了这种偏离理性的心理和行为也是有章可循、可预料的,进而从根本上打破了传统理论所规定的理性。

经济学意义上"理性"一词的深刻内涵还集中体现为:在确定性条件下对理性的刻画表现为效用函数的最大化,不确定性条件下表现为预期效用的最大化,偏离最大化原则就属于非理性。预期效用理论是人们在不确定性条件下进行决策时,理性预期、风险回避和效用最大化的理性行为的模型化描述。心理学实验已发现了对预期效用理论的背离。Kahneman 和 Tversky 提出了前景理论,该理论的关键部分包含心理学的重要特征。前景理论提出了价值函数和权重函数以替代预期效用和主观概率,主体行为追求一个以权重函数进行加权的价值(效用)之和的最大化。价值函数有三个特征:决策者不是从总财富的角度考虑问题,而是从财富增量的角度来考虑问题;价值函数是 S 形的,对收益呈凹性,反映人们在收益时,表现为"风险厌恶",即在确定性收益与非确定性收益中偏好前者,对损失呈凸性,反映人们在损失时,表现出"风险寻觅",即在确定性损失与非确定性损失中偏好后者;收益变化的斜率小于损失变化的斜率,决策者对损失的敏感性大于对收益的敏感性。前景理论中的权重是客观概率的函数,也有三个特征:对小概率通常权重过度(overweighted),即赋予较大的权重,而对大概率,则赋予较小的权重;各互补概率事件决策权重之和小于确定性事件的决策权重,即存在"亚确定性";逼近确定性事件的边界时,权重常被忽视或放大。前景理论揭示了在不确定条件下人们的决策行为具有对理性偏离的倾向。

(三) 行为金融学与金融学的关系

标准金融学和行为金融学的争论被视为当今金融经济学家面临的最重要的理论问题。标准金融学的研究者偏向于定价行为的理性化。标准金融学的提倡者始终批评行为金融,认为行为金融缺乏对金融市场行为的可以计量的预测。但是,标准金融学本身几乎也没有类似的成功案例。同时,行为金融学的提倡者通过分解理性选择模型中的信息、效用和交易成本来批评"理性化"行为的效果。

标准金融研究者宣称，行为金融模型运用了不受精密数学约束的模棱两可的非理性假设，从而导致那些模型缺乏可检验金融市场行为的新的预测；而行为金融研究者则批评标准金融学不能产生有意义的可预测成功，因为它的精确复杂模型不能分辨可测量的经济变量。双方都指责对方模型有太多的灵活性，以至于任何事都可以用二者的模型解释。在行为模型中运用选择心理偏见来解释，在标准模型中通过信息资产的假设、效用方程、交易费用来解释。

行为金融学并不试图完全推翻以往的理论，它只是在开拓金融学的研究思路和方法，以求完善和修正金融理论，使其更加可信、有效。客观上，它把"人"重新放入研究的视野，把实验的方法带入金融学，并且对整个经济学的最基本假设进行了一种革命式的检讨和前提性的反思，使人们的眼界豁然开朗，启发了大众对既有经典理论的质疑和继续研究。因此未来最有可能的趋势是行为金融与新古典金融理论的融合。Barberis 和 Thaler 指出：一种新的、可以包容两者的理论或许将结束"理性范式"与"行为范式"的争论。Hirshleifer(2001)也指出，"随着时间的推移，我相信纯粹的理性范式将被范围广泛得多的心理范式所取代；在新范式中，完全理性只是一个特例。"

四、行为金融学的研究对象

标准金融学把金融投资过程看作一个动态均衡过程，根据均衡原理，在理性假设和有效市场的基础上，推导出证券市场的均衡模型。行为金融学针对标准金融学的理性人假设而代之以有限理性的人，针对预期效用理论而代之以前景理论，挑战有效市场理论。

在现代经济学，特别是组织经济学中，包括契约理论、交易成本理论等，都可以看到有限理性的影子，如 Simon、Williamson 等组织经济学家都应用了有限理性的概念；同样，在现代金融理论中也可以看到有限理性的反映，如有效市场假说也承认，起初证券市场并不止有理性投资者，而是由理性投资者和一部分不那么理性的投资者构成。如此看来，有限理性并非行为金融学或者行为经济学所独创，而是对原有的关于有限理性的定义及其运用的重塑。因为尽管在组织经济学和有效市场假说中有限理性初见端倪，但那只能被视作狭义的有限理性。与行为金融学的有限理性不同。这种狭义的有限理性指的是一些对最优化决策的附加性限制条件，如计算成本、无法具有对所有将来可能产生结果的完全预测性、无法记录详细的过程等。它仅仅是简单地被用作一个限制条件，而并没有被融入模型的构建中，没有被转化为关于人们有限的信息处理能力和认知能力等基本前提假设，更没有因此而得出对于最优化决策的影响与启示。类似地，在有效市场假说中，完全理性的分析框架正是建立于更加弱化的狭义有限理性基础之上的：①假设投资者是理性的，因此投资者可以理性地预测资产价值；②即使有些投资者不是那么理性的，可是由于他们的交易随机产生，交易可以相互抵消，不至于影响资产的价格；③即使不那么理性的投资者的非理性行为并非随机，而是具有相关性，他们在与理性投资者的市场竞争过程中，不仅将被逐渐淘汰，而且自始至终市场价格均由理性投资者所决定。

显然，狭义有限理性的共性就在于：它被看作是外生的，是一个附加的限制条件，对最终的结果或最优决策过程不产生本质影响。因此实质上，所谓狭义的有限理性与完全理性并无多大差别。在上述理论中，它们甚至等同起来。

行为金融理论将自己置于一个广义的有限理性框架之下。广义的有限理性不再仅是一个外生变量，也并不简单地涵盖狭义有限理性的内容，而是涉及更广泛和复杂的包括社会心理学、认知心理学等学科在内的领域，认为心理决策偏差特征是人所固有的，而且这种对理性的偏离是系统性的，并不会因为统计平均而消除。个体在决策过程中并不能有意识地察觉到这些心理决策偏差对其决策行为的影响而作出修正，其决策的结果往往不符合根据客观概率规律（贝叶斯法则等）进行推理的结果，带有很大的主观性。从而人的非理性的主观决策过程导致了某种非理性的决策判断结果。

因此行为金融的研究对象自然而然地可归纳为三个层次：①有限理性个体和群体行为；②非有效市场；③投资者套利策略。这三者的逻辑关系如图1.2所示。

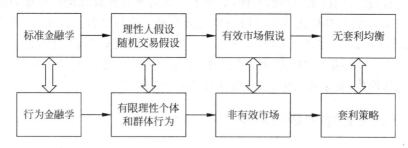

图 1.2　标准金融与行为金融研究对象对比

有限理性个体和群体行为是非有效市场的原因，而投资者的套利策略之所以能获得超额回报是由于它们利用了市场的非有效性。从图1.2可以看出，行为金融学三个层次的研究正好与标准金融理论研究的三个层次形成一一对应关系：有限理性与理性人假设相对、群体行为交易和随机交易相对；非有效市场和有效市场相对；投资者套利策略与无套利原则形成对比。

基本概念

标准金融学　有效市场假说　有效市场假说悖论　行为金融学

思考练习题

1. 现代标准金融理论体系的构成是什么？
2. 为什么说有效市场假说是现代标准金融理论的核心与基石？
3. 行为金融学对标准金融学产生了哪些质疑？
4. 结合已有研究成果谈谈行为金融学的内涵是什么。
5. 行为金融学的发展经历了哪些时期？各个时期有什么特点？
6. 心理学对行为金融学的发展起到了哪些作用？
7. 行为经济学对经济人假设的扬弃体现在哪些方面？

8. 行为金融学和标准金融学的关系是什么？
9. 行为金融学的研究对象是什么？

 自测题

第二章 行为金融学的心理学基础——信念

学习目标

1. 了解过度自信的概念及其表现形式。
2. 了解代表性偏差、保守性偏差及可得性偏差的概念与应用。
3. 了解锚定的概念及其在金融市场中的应用。
4. 掌握羊群效应的含义及其市场效应。
5. 掌握投资者情绪的概念及其度量方法。

引导案例

中国航油公司(以下简称"中航油")成立于1993年,注册于新加坡,并于2001年在新加坡交易所主板上市。经过几年的发展,公司净资产增长了700多倍,市值增长4倍,成为资本市场的明星。为了对石油现货风险进行规避,经国家有关部门批准,中航油自2003年开始做油品期货套期保值业务,但其显然远远超出了套期保值的范围。

2004年1月,公司领导人陈久霖看跌石油价格,抛售石油看涨期权,买入看跌期权。但世界石油价格反转上扬,使公司账面出现浮动亏损580万美元,公司决定延期交割合同,即买回期权以关闭原先盘位,同时出售期限更长、交易量更大的新期权。2004年6月,随着油价持续升高,公司的账面亏损额增加到3 000万美元。公司决定再延后到2005年和2006年才交割,交易量再次增加。2004年10月,油价再创新高,公司交易盘口达5 200万桶石油,账面亏损增大。10月10日,面对严重资金周转问题的中航油,首次向母公司呈报交易和账面亏损。账面亏损高达1.8亿美元,另外已支付8 000万美元的额外保证金。11月8日到25日,公司的期权合约继续遭逼仓,实际亏损达3.81亿美元。12月1日,在亏损5.5亿美元后,中航油宣布向法庭申请破产保护。

为什么陈久霖在石油价格第一次反转上扬时、油价第二次创新高时都没有及时完成交割,而是仍然坚持自己的看跌判断?是为了避免资产损失带来的后悔,还是他过于相信自己的判断能力,高估自己的成功机会?

本章将会带领读者学习投资者在决策过程中容易出现的心理偏差、投资者情绪与思维等,进一步了解心理学与行为金融之间的联系。

传统的金融范式是寻求用理性模式理解金融市场。"理性"一词有两层含义:首先,人们的信念(belief)是正确的,当收到新的信息时,人们会按照贝叶斯法则来校正其信念;其次,根据他们的信念,在与 Savage 的"主观预期效用"(SEU)概念相一致的意义上,人们作出正常的可以被普遍接受的选择。

心理学研究表明,人们在处理大量信息时,并不能轻易完成传统金融理论所要求的对问题进行最优处理,而是经常使用经验法则。行为金融学借助于大量有据可依的实验证据,用心理特性取代了理性假设。这些实验数据涉及人们在形成信念过程中的偏差,信念成为行为金融学的两大基础性研究内容之一。

信念是自己认为可以确信的看法,是对某人或某事信任、有信心或信赖的一种思想状态。其内在产生因素是人们对基本需要与愿望的思想情感意识,外在表现为人们在行为中所具有的特定评价和行为倾向。金融学中的信念通常被认为是一种主观概率,是对不确定性事件的概率估计。本章将对心理学家已经掌握的人们如何形成信念进行归纳总结。

第一节 过度自信

一、过度自信的概念及其表现形式

Gervais、Heaton 和 Odean(2002)将过度自信定义为,认为自己知识的准确性比事实中的程度更高的一种信念,即对自己的信息赋予的权重大于事实上的权重。心理学家研究发现,过度自信会导致人们高估自己的判断、低估风险和夸大自己控制事情的能力。

研究发现过度自信可以通过下列形式表现出来。

1. 拙于校准

对被访者概率的校准的研究发现,人们倾向于高估其知识的准确性。Clarke 和 Statman(1999)的研究证明了人们存在过度自信,校准能力很差,即拙于校准。他们告诉被访者,道琼斯工业平均指数(DJIA)不包括再投资红利,在 1998 年收于 9 181 点,请被访者回答,如果它包括 1896 年以来的所有再投资红利,在 1998 年应该是多少,要求被访者给出最佳估计以及 90% 置信区间的最低和最高临界值。如果被访者校准得好,90% 的人将发现正确答案位于其最低和最高猜测之间。但结果表明,正确答案 52 230 落到所有被访者的预测区间之外。在大多数情况下,人们最高的猜测太低,最低的猜测太高,校准得不好,存在过度自信。Fischhoff、Slovic 和 Lichtenstein(1977)的研究发现,人们认为肯定发生的事件实际上只有约 80% 的可能发生;人们认为不可能发生的事件实际上却有约 20% 的可能发生。

许多职业领域的人都存在这样的过度自信,如临床心理学家、内科医生及护士、投资银行家、工程师、企业家、律师、谈判代表及管理者在其判断中都表现出过度自信。

这些文献中可以确定的结果是,人们在回答极端问题时倾向于过度自信。过度自信在校准中的一个例外是:当人们回答简单问题时,倾向于信心不足,且当任务的可预测性很高或重复执行某一反馈快速、清晰的任务时,人们倾向于擅于校准。例如,熟练的桥牌玩家、赛马下注者及气象学家都是善于校准的。

2. 好于平均水平

拙于校准只是过度自信的表现形式之一。Greenwald(1980)发现人们有不现实的正向自我评价。多数人将自己看作好于一般人且多数人眼中的自己好于别人看到的自己。他们对自己前景的评价高于对其同行的评价。

例如,一个美国学生样本,平均年龄22岁。当对其驾驶安全进行评价时,82%的人判断自己处于最高的30%的那组。Cooper、Woo和Dunkelberg(1988)发现,2 994名新的企业主中的81%认为他们的企业有70%或者更多的成功机会,但只有39%的人认为那些与他们企业相当的企业成功的可能性与自己是一样的。人们高估其对过去肯定成果的贡献,与想起和失败相关的信息相比,更容易想起和成功相关的信息。当人们预期一个必然的结果且结果随后确实发生时,他们常高估自己对这一结果的作用程度,这可能导致判断偏差。

3. 控制幻觉及不现实的乐观主义

控制幻觉(illusion of control)及不现实的乐观主义是过度自信的另一表现形式。Langer和Roth将控制幻觉定义为:对个人成功概率的期望值不适当地高于有根据的客观概率。Weinstein给出了一个类似的定义,控制幻觉是对未来生活事件不切实际的乐观的现象。

当控制幻觉与事件的可预测性联系起来时,就产生了过度自信。人们过分相信自己的能力,这是一种系统歪曲感知的错误来源。一个人越相信自己,过度自信的风险就越大。在信息不完全时,自信通常与人们的知识无关。当人们只有关于事件的一些表面知识时,就认为自己已经控制了该事件,这种控制需要也能产生过度自信行为。

自我归因偏差(self-attribution bias)促成了控制幻觉。如果人们成功了,就认为这是自己的功劳;如果某事变坏了,就责备其他人或不利的环境。人们在相当长的一系列成功之后,就处于强烈的控制幻觉之中,认为好像在任何事情上都能获得成功。

后见之明偏差与控制幻觉相关。后见之明偏差是指许多人容易高估其在事件发生之前对事件结果的了解或怀疑。后见之明帮助个人构建一个对过去决策似乎合理的事后法则,使其对自己的决策能力感到自豪。由于人们不愿承认自己对特定情形几乎没有控制能力,喜欢认为自己实际上在当时就知道了要发生的一切。在后见之明的情况下,个人认为已发生的事件比发生前看到的,更为不可避免。以后见之明看现实,比先见之明更显然。受后见之明偏差影响,适当地应用当前后见之明到过去的先见之明上,发现已发生的事件比实际情况更易预知。例如,在1987年美国股市"黑色星期一"之后,Shiller(2000)随机调查了一些投资者,问他们是否在当天就知道股市在什么时候会发生反弹。当天购买股票的个体投资者中的47.1%回答"是";在机构投资者中,47.9%回答"是"。也就是说,当天进行交易的投资者当中,近一半的人知道当天会发生什么。在所有受访的投资者中,大部分在当天根本没交易,但也有29.2%的个体投资者回答"是";28.0%的机构投资者回答"是"。这显然是矛盾的。

二、金融市场中的过度自信

1. 金融市场中的交易者过度自信的原因

许多文献预期金融市场中的交易者过度自信的最重要的原因是,人们通常是过度自信的,特别地,人们对于其知识的准确性是过度自信的。前面提到的过度自信的例外情况一般不适用于金融市场。多数买进和卖出金融资产的人尽量选择那些将比同类资产有较高收益率的资产。这是一项困难的工作且人们恰好在该工作中表现出了最大的过度自信。

在证券市场中校准一个人的信念比较困难而且速度缓慢,所以更容易产生过度自信。当反馈快且清晰时,校准就会很快。但实际情况是,证券市场中的反馈通常较慢且有噪声,甚至可能在反馈的速度与清晰之间有一种互换,因此短期交易者得到的是迅速但有噪声的反馈,长期交易者得到的是清晰但迟滞的反馈。Shefrin 和 Statman 提出且 Odean 证实了投资者愿意卖出赢者而持有输者。如果投资者以实现的收益而不是以收益的增加为基础评判其最初的买进决策,则通过持有输者,他们将断定自己作出了不是很差的决定。进而,来自损失的反馈将比来自盈利的反馈延迟,进一步推进了正向自我评价。

选择性偏差(selection bias)也可以使这些积极参与金融市场活动的人比一般人更过度自信。那些对其未来前途过度自信及认为自己交易能力较高的人更可能寻觅工作或者在自己的账户上交易得更活跃。

残存偏差(survivorship bias)也可能导致市场参与者的过度自信。没有取得成功的交易者可能失去工作或选择退出市场;仍在市场中的没成功的交易者平均控制的财富少于成功的交易者。如果交易者高估了自己对其成功起作用的程度——如人们通常所做的——则成功的交易者可能变得过度自信,更多的财富将由过度自信的交易者控制。Gervais 和 Odean(1997)认为这种自我提高的偏差(self-enhancing bias)造就了富有的交易者,他们没有被从市场中逐出的危险,而变得更为过度自信。不是过度自信使他们更富有,而是变富的过程使他们过度自信。

2. 金融市场中的交易者过度自信的结果

过度自信会导致投资者高估信息的准确性和其分析信息的能力,从而会导致错误的投资决策:频繁交易和冒风险。

在进行股票交易时,交易者过度自信的结果是交易过于频繁,也就是过度交易。过度交易者通常是采用短线的交易方法,对获利的要求不高,只要有少量差价就卖掉持有的股票。过度交易经常是在不仔细进行评估的情况下发生,在大多数情况下不是对实质因素的反应,而是对噪声的反应。噪声相对于影响股价的实质因素而言,只能使股价产生短时间的波动,不会对股价产生太大影响,依据噪声进行交易的风险远远大于收益,获利的机会极低,因而过度交易会降低投资者的回报。

Odean(1998)针对某折扣经纪商所属的 1 万名随机客户 1987 年 1 月到 1993 年 12 月的交易记录,检验了客户的交易利润是否足以抵消其交易成本。他发现投资者买进的证券不仅没有以足够抵消成本的盈利胜出投资者卖出的证券,而且平均来看,投资者买进证券没有胜出其卖出的证券,认为投资者的过度自信导致了过度交易,并据此提出应该尽量降低交易频率的建议。

过度自信的投资者会错误判断它们所承担的风险的水平。过度自信的投资者可能不会很好地分散投资组合,因为他们非常相信自己选择了正确的股票。除此之外,他们也看不到对冲风险的必要。过度自信的投资者将在其认为会盈利的投资策略上投入大笔资金,但是却低估甚至忽略风险的存在。

Daniel、Hirshleifer 和 Subrahmanyam(1998)用过度自信解释了金融资产收益的可预测性。李心丹、王冀宁、傅浩(2002)运用某证券营业部投资者交易数据库中7 894位个体投资者在1998年7月至2001年11月间的交易数据,得出了我国个体投资者总体上存在过度自信的结论。

第二节 代表性偏差

一、代表性的概念及其导致的偏差

代表性(representativeness)是指人们在不确定的情形下,会抓住问题的某个特征直接推断结果,而不考虑这种特征出现的真实概率以及与特征有关的其他原因。

在很多情况下,这是一种非常有效的方法,能帮助人们迅速地抓住问题的本质,推断出结果。但 Kahneman 和 Tversky 的研究结果表明,代表性有时也会造成如下严重的偏差。

1. 忽视事件的基本比率

忽视事件的基本比率(base rate neglect),即在描述性信息的基础上,人们通常无视基本比率而顺从于描述。为了说明这个问题,Kahneman 与 Tversky 给出一个事例:

Linda,31岁,单身,性格外向,非常聪明,主修哲学。在学生时代,她非常关心歧视和社会公正问题,而且还曾参加反核示威活动。

当被问及"A. Linda 是银行出纳"和"B. Linda 是银行出纳,并热衷于女权主义运动"哪个更具可能性时,许多人的选择是"B. Linda 是银行出纳,并热衷于女权主义运动"。这是一种非理性的判断。由简单集合理论可知,两个集合的交集从来不会大于两者中的一个。判断 Linda 为第二种类型的人忽视了基本比率:银行职员要多于既是银行职员又是女权运动积极支持者的人(图2.1)。人们为什么会作出这样的非理性选择呢?代表性对此给出了一种简单的解释:对 Linda 的描述听上去更像是在描述一位女权主义者(这就是女权主义者的代表性),这导致人们选择 B。说明,在认知过程中,人们夸大了代表性的作用。

Kiell 和 Stephan(1997)在货币市场上的研究也表明,专家们也不能避免地忽视事件的基本比率。他们要求被试者评估下列描述的可能性(每一选项的人数占总人数的百分比用括号中的数字给出):①美国经济显示出过热的第一个迹象[41%];②美国通胀率在上升[44%];③央行尽力降低利率[26.9%];④美国经济显示出过热的第一个迹象,接着通胀率上升,央行尽力降低利率[35%]。可以看出,被试者认为④比③更有可能。

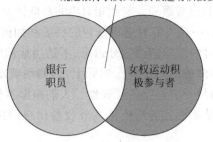

图 2.1　维恩图

2. 忽视样本容量

按照大数定律,大样本随机变量独立观察值的概率分布集中在随机变量预期值附近,并且随着样本规模的增加,样本均值的方差逐渐趋于 0。当样本规模接近于总体时,样本中某事件发生的概率将渐近于总体概率。然而,一般情况下,人们误认为大数定律既能应用于大样本,也能应用于小样本,样本大小对概率判断的影响不敏感。样本统计量与总体参数的相似性不依赖于样本大小,小样本和大样本有同样的代表性,小样本的均值与大样本的均值有近似相同的概率分布,小样本均值也有一个集中在随机变量预期值附近的分布。这种忽视样本容量,认为小样本也会反映总体特征的信念,被 Rabin 称为"小数定律"(law of small numbers)。

为了证明小数定律,Tversky 和 Kahneman(1971)做了一个心理学实验。受试者被告知这样的事实与问题:已知一个小城的所有 8 年级学生的平均智商是 100,随机选择 50 名 8 年级学生,考察他们的智商,第一个学生的智商是 150,请估计这 50 名学生的平均智商。结果显示,绝大多数受试者相信平均智商仍是 100。这显示受试者对小样本属性存在过度推断。

小数定律的另一个例子是篮球场上的"热手"现象。篮球运动员有时连投皆中,这似乎无法用随机性来解释,他们认为此时是"热手"现象在起作用(运气来了!)。而实际上,"热手"现象并不存在,不过是人们根据小样本误判总体分布的又一个例子。

在人们确实事先知道数据生成过程的情况下,小数定律会导致一种"赌徒谬误效应"(gambler's fallacy effect)。虽然人们知道事件发生的客观概率,但在主观上对已发生的小样本事件作出了错误估计,往往夸大了小样本对总体的代表性,高估了未发生事件出现的概率。例如,如果一枚完好的硬币连续 5 次掷出正面,第 6 次的结果是反面的概率多大?正确的结果还是 1/2。概率论表明,下次投掷出现正面和反面的机会是相同的。然而,人们认为不仅整个序列,而且序列的某一部分都可以表示整个随机过程的基本特征。有代表性的思考模式是正面和反面出现的次数一样多。在这种代表性模式的作用下,人们认为连续几次正面后,出现一次反面极有可能,就会认为反面该出来了,于是预测第 6 次的结果是反面。但实际上,同一事件重复发生对随机过程并不具有代表性。而且,反面将出现的概率是 1/2,如果游戏继续进行足够长的时间,反面才更可能出现,以与 5 个正面相平衡。但是实际上,每次投掷都独立于以前的投掷。要想公平,投掷必须无限进行下去。如果每次投掷都需支付费用,当某个参与者已没有资本可以支付费用时,投掷就停止,则此时偏离可能没有被纠正,只是被缓和。与此相对应的是低估大样本对总体的代表性。

赌徒谬误源自两种混淆:一是人们对随机过程的特征和如何预测这些过程未来行为缺乏直接理解。赌徒谬误是对回归均值的过分追求,不适当地预测会发生反转,预期反转比实际更为经常发生,导致预测的回归过度。实际上,回归均值暗含了更靠近均值,而不是满足均值定律,跑到均值的另一面。二是代表性。人们根据事件的代表性程度,建立其预测和概率判断。代表性的结果模式的特征是高低收益出现的次数相同。但是,概率相同不等于实际出现次数相同。

二、代表性在金融市场中的应用

代表性在金融领域中有许多应用。Maital(1986)进行了一个实验,让参与者购买价格完全随机的股票,发现大多数被试者在长期下降趋势后,预期价格上升,相应地平均持有股票时间更长。

在处理盈利数据时完全有理由相信,投资者会受制于小数定律。如果一名投资者看到企业多期都获得丰厚盈利,那么在小数定律作用下,他将会相信自己正在关注的企业是一个盈利高速增长的公司。所以,该企业很有可能继续在未来获得盈利的高速增长。

另一个代表性发挥作用的例子是人们经常错误地把好公司认为是好股票。投资者认为,一方面,好公司是那种在获得盈利方面非常成功的公司,高盈利反过来会带来高的股票收益。另一方面,差的公司获得的盈利也差,所以股票收益也会令人失望。投资者都力图避开差公司股票而偏好好公司的股票。可是,盈利遵循平均变量规划,就长期而言,公司的经营状况和股价表现将向均值回复,所以好公司很可能会变为一般性公司,而差公司也同样如此。

第三节　保守性偏差

保守性偏差是指人们的信念一经形成,就将长期固守,新信息对原有信念的修正往往不足。主要是人们不愿意搜寻有悖于其信念的证据,即使人们发现与其信念相悖的证据,也超乎寻常地对其加以怀疑。一些研究已经发现一种称为"确认偏差"(confirmation bias)的更有力的影响,即人们一旦形成先验信念,他们就会有意识地寻找有利于证实其先验信念的各种证据。

一些经济学家将保守性偏差用于解释对经济新闻作出的不充分反应。Shefrin(2000)讨论了保守性偏差在金融学中的应用。他认为,当新的信息出现时,金融分析师们总是在最开始的时候进行一部分的概率修订,然后要经过很长时间才能够完成对新概率的正确估计。

保守性偏差似乎与代表性偏差相矛盾,因为它们分别对应于人们对信息的反应不足和反应过度。对此,Barberis 和 Thaler(2001)认为保守性偏差和代表性偏差实际上是统一的。如果人们认为新信息具备代表性,他们就会高估新信息所包含的内容,出现"代表性偏差";反之,如果人们认为新信息不具备代表性,则他们会忽略新信息,出现"保守性偏差"。

Hirshlerfer(2001)认为环境因素会影响不同的判断偏差的产生。例如,稳定环境会驱使人们倾向于保守主义,而变化的环境则使人们倾向于出现代表性偏差。因此,在运用行为模型解释金融现象时应当给出合理的心理环境。

第四节 可得性偏差

一、可得性偏差的概念

可得性(availability)偏差是指人们在判断某一事件发生的概率时,通常会在记忆中搜寻与之有关的信息,但并非所有的记忆都能够照原样恢复,越是近期的且突出的事件影响就越大,并且会扭曲估计值。

Plous(1993)提出了一个可得性发挥影响作用的事例:引起美国人死亡最主要的原因是什么?是飞机失事还是被鲨鱼吃掉?大多数人认为受到鲨鱼袭击比飞机坠毁的可能性更大。鲨鱼袭击确实比飞机坠毁更引人注意,也更容易给人留下深刻印象。但飞机失事造成的死亡机会是受到鲨鱼攻击的机会的3倍。

另一个事例是 Kahneman 和 Tversky(1973)提出的。他们问人们如下问题:在一篇典型的英语课文中,是以字母 K 开始的单词多,还是 K 排第三位的单词多?在他们选出的152个人中,105个人认为 K 排在第一位的单词多。可是实际情况是,K 排在第三位的单词是排在第一位单词的2倍!人们用第一个字母做索引,所以更容易想起它们。

二、可得性偏差的影响因素

如果回忆发挥着举足轻重的作用,那么那些影响可得性的因素也会导致判断的扭曲。这些因素有四种:近期性(recency)、显著性(conspicuousness)、鲜活性(vividness)和情感上的相合性(affective congruence),除了主观频率用以将特定事件发生的例证储藏为记忆外,这四类因素不受实际发生频率的影响。

1. 近期性

人类的记忆可被想象为储藏室。很显然,最近发生的、在头脑中印象深刻的事件很容易被回想起来,而那些发生越久远的事件越不容易想起。当人们刚刚听到飞机失事的消息后,很可能会高估飞机坠落的可能性。

2. 显著性

已有研究指出,引人注意的致死原因明显会被高估,而一般性的死亡原因,则会被大大低估。如上文中,Plous(1993)提出的典型事例中,鲨鱼袭击更引人注意,而相比之下,飞机失事造成死亡则不太引人注意。

3. 鲜活性

具体、动人或易于形象化的信息比抽象的数据对人们的影响大(Nisbett,1976)。例如,一名进口商人需要购进美元,但具体不知道什么时间合适。他研究了大量刊载乏味预测内容的报纸,也请教了技术分析人士,想知道是马上购进还是再等一段时间。报刊上的预测和技术分析人士都认为,美元价格还会继续走低,所以进口商决定再等等看。一个朋友在不久之后打电话给该进口商,用非常鲜活的语言说,如果他再推迟购买,将遭受大约10万欧元的损失。这种可怕的说法推动进口商马上购进美元。一种两方面专家都认可的乏味的看法,"败"给了一则简单但鲜活的消息,也导致进口商放弃原有的决定。

4. 情感上的相合性

储存在记忆中的任何实际经历总伴随着与当时相称的心境。如亲人的突然死亡总是与非常痛苦的心境联系在一起,而小孩的出生总是伴随着非常高兴的心情。情感上的相合性是指与某种记忆相连的特定心境在出现同样心境时易于被接受的一种现象(Schwarz 和 Bohner,1990)。与股票投资者有关的是:当有所收获、心情不错时,往往作出乐观的预测;而当遭遇霉运、心情不佳时,又往往把当前的市场形势看坏。

三、可得性偏差在金融领域的应用

可得性偏差在金融领域的应用可以体现在股票的选择上。人们在选择股票时会有一些限制约束他们的选择,如要避免指数风险,流动性风险也要密切关注。但还是可能会受到报纸甚至是经纪人研究提出的应尽力避免选择股票的影响。

对投资者来说,最新收到的信息、报纸头版头条的信息都是容易记下来的信息。Gadarowski(2001)研究了股票收益与新闻报道之间的关系,他发现在新闻报道中排位越高的股票随后的表现越差。

第五节 锚定与调整

一、锚定的概念

锚定是指人们在判断过程中,倾向于把对将来的估计和已采用过的估计联系起来,同时易受他人建议的影响。人们通常以一个初始值为开端进行估计和调整,以获得问题的答案。

Kahneman 与 Tversky(1974)认为,当问题被提出时,无论起始值被设定为什么数据,都会对人们的回答产生影响。他们描述的幸运转轮实验就清晰地表明:人们过多地受到无意义的初始值的约束与左右。

在一个幸运转轮实验中,要求被试者对非洲国家在联合国中所占席位的百分比进行估计。由于分母是100,事实上只需要对分子进行估计。首先,要求被试者旋转摆放在其前面的幸运转轮,随机地选择一个在0和100之间的数字,然后暗示被试者该数字比实际分子数是更高或更低,然后再让被试者确定他们的估计值。

Kahneman 与 Tversky 发现,被试者估计值明显受到幸运转轮随机产生的数字的影响。例如,当幸运转轮停在10的位置时,被试者对分子值的平均估计值为25;而当幸运转轮停在 65 的位置时,被试者对分子值的平均估计值则达到 45。由此可见,尽管被试者知道轮盘产生数字的随机性,而且他们对该数字也做了调整,但他们还是将最终估计值锚定在这一数字的邻域内。

Northcraft 和 Neale(2001)曾在研究中证实,在房地产交易过程中,起始价较高的交易最后达成的成交价显著地高于起始价较低的交易最终达成的成交价。

此外,当人们被要求做定量评估时,往往会受到暗示的影响,如以问卷形式进行调查时,问卷所提供的一系列选项可令人们对号入座,从而使人们的回答受到选项的影响。

二、锚定导致的偏差

1. 不充分调整

Slovic 和 Lichtenstein(1971)指出,无论初始值是问题暗示的还是粗略计算出来的,随后的调整通常都不够,即存在不充分调整。以下例子就是一个很好的明证。

在一个实验中,学生被要求在 5 秒钟之内对一个算术结果进行估计。其中一组学生得到的算式是:$8\times7\times6\times5\times4\times3\times2\times1$;而另一组学生得到的算式是 $1\times2\times3\times4\times5\times6\times7\times8$。之所以限定在这么短的时间,主要是为了不让被试者有充足的时间进行计算,只能依赖估计和调整来推断结果。

结果表明,第一组降序的估计均值为 2 250,而第二组升序的估计均值为 512。事实上,正确答案是 40 320。由此可见,被试者在对问题做了最初的几步运算后,就以初步获得的值为参照来调节整个算式的估计值,因此降序的估计值要高于升序的估计值。而且,两组学生的估计值都远远低于真实值,说明这种调整是不充分的。

2. 对联合和分离事件评估时的偏差

在一个实验中,被试者获得一个机会对两个事件中的一个下赌注。这一实验用到了以下三种类型的事件。

简单事件:从一个 50% 是红球、50% 是黑球的缸中拿出一个红球($p=0.50$)。

联合事件:从一个 90% 是红球、10% 是黑球的缸中可放回地连续取出 7 个红球($p=0.48$)。

分离事件:从一个 90% 是黑球、10% 是红球的缸中 7 次可放回抽取中至少获得一个红球($p=0.52$)。

在对简单事件和联合事件下赌注时,绝大部分的被试者对联合事件下赌注,而不对简单事件下赌注。在对简单事件和分离事件下赌注时,被试者喜欢对简单事件下赌注,而不喜欢对分离事件下赌注。这种选择模式说明了人们倾向于高估联合事件的概率并低估分离事件的概率。

对联合事件评估的偏差普遍地存在于按计划进行的工作中。一项工作的成功完成,如一个新产品的推出,是由很多环节和部件所组成,每一个环节和部件都有成功与失败的可能性,即使每个环节成功的概率都很高,但如果事件数量很大,成功的总概率会很小。高估联合事件概率的一般趋势导致在估计某一计划将成功或某一项目将按时完成时无端的乐观。一个复杂系统,任何关键部分出问题时都会发生故障。即使每部分出现问题的可能性都很小,如果考虑到许多部分时,出问题的总概率会很高。由于锚定,人们倾向于低估复杂系统出问题的概率。

三、锚定在金融市场中的应用

锚定效应在证券市场中可以表现为对股票价格的锚定。在判断股票的价格水平时,最可能的锚定数字是记忆中离现在最近的价格,因此使股价日复一日地趋同。过去的股价可能成为股价发展势头逆转的原因之一。另外,还有股价指数在最近达到的顶峰和最近的整体水平,投资者对这些数字的锚定可以用来解释其非同寻常的行为。

对单个股票而言,价格的变化也会受到其他股票价格变化的锚定,市盈率也会受其他公司市盈率的锚定。这种锚定现象有助于解释一些金融市场的难题,如美国投资者在20世纪80年代普遍认为日本股票的市盈率太高,这是因为他们以美国股市的市盈率为参照系数。而到了20世纪90年代中期,许多美国投资者不再认为东京股市市盈率过高,尽管其市盈率还是比美国的要高。因为20世纪80年代末,东京较高的市盈率已成为其比较参照的参考系数。这也可以解释为什么不同的股票会一起涨跌,可以解释为什么不同行业但总部设在同一国家的企业比同一行业但总部设在不同国家的企业有更加相似的股价变动趋势。

锚定还会导致货币幻觉。货币幻觉是指人们在决策中经常对通货膨胀率没有作出足够的调整,并混淆了货币的名义数量和真实数量。Shafir、Diamond 和 Tversky(1992)已通过实验表明,人们倾向于依据问题是以名义数量的形式还是真实数量的形式而对同一问题给出不同的答案。在问题中所给的数量也像锚定一样产生作用。货币幻觉影响人们在认知、情绪上处理通货膨胀的方法。Shafir、Diamond 和 Tversky 认为,虽然人们能指出怎么为通货膨胀做调整,但这不是他们通常的思维方法,通常的方法是根据账面价值来考虑,所以账面价值驱动着人们的情感反应。

第六节　投资者群体行为和投资者情绪

一、个人与群体

1. 个人离不开群体

现代人类具有合群的本能。久居闹市的人有时想去过独居、安静的生活。然而,一旦退隐到深山老林过与世无争的生活,他们通常又会感到孤独焦虑和抑郁。孤独是个人在质或量上不满意其群体关系的一种心理状态和主观感受。一个独居的人未必有孤独感;而非独居者仍然会有孤独感。

每个人对于孤独的归因不同。有人将孤独归为内部因素,如自己的性格孤僻、气质不佳、外表不漂亮、贫困等;有人将孤独归为外部因素,如生活在大都市,就业于大公司,种族或性别不平等,等等。一般而言,将其归为外部因素者比将其归为内部因素者更容易克服孤独的感觉。

2. 个体对群体的适应

1）模仿

心理学中的模仿，是指在没有外界控制的条件下，个体效仿他人的行为举止而引起的与之相类似的行为活动。其目的是使自己的行为与模仿对象的相同或者相似。

模仿可以分为自发的模仿和自觉的模仿。其中，自发的模仿为无意识的模仿；而自觉的模仿为有意的模仿，可以进一步分为适应性模仿和选择性模仿。

2）暗示

暗示（suggestion）是指在无对抗态度条件下，用含蓄、间接的方法对人的心理和行为产生影响，使人无意识地接受一定的意见和信念，或按一定的方式行动。暗示可以借助言语的形式，可以由人或情境施授，也可以用手势、表情或其他暗号。其特点在于暗示实施者不需说理论证，只是动机的直接"移植"；暗示接受者则不进行分析批判，只是盲从、附会地接受。对暗示机制有各种不同的解释：俄国生理学家巴甫洛夫认为暗示乃是人类最简单、最典型的条件反射；别赫捷列夫认为暗示是每个人固有的现象，属于人类心理方面的正常特性。

在金融市场上，股市的流言、所谓媒体投资专家的意见等，会对投资者产生暗示作用。

3）从众与众从

从众（羊群效应）是指个体在社会群体的压力之下，放弃自己的意见，转变原有的态度，采取与大多数人一致的行为。从众（羊群效应）不同于顺从。顺从是指受到群体压力而表现出符合外界要求的行为，但内心仍然坚持自己的观点和意见，仅仅作出表面上的顺从；而从众行为则是群体成员在真实的或现象的群体压力下其行为或信念及其伴随的行为方式发生出自内心的自愿的改变。

众从是指群体中多数人受到少数人意见的影响而改变原来的态度、立场和信念，转而采取与少数人一致的行为的现象。影响众从行为的条件在于少数派内部与多数派内部。大量的实验结果揭示出产生众从行为的少数派内部特征有：①一致性。少数派成员的态度和行为只有保持一致性才具有影响力。一致性是指少数派成员不仅意见一致，而且其行为在时间上前后一致，能坚持到底。②独特性。少数派成员的行为能体现出与众不同，有新奇性，但必须符合时代精神的发展。③权威性。当少数派由权威人物组成，或有权威人物参与时，其影响力更大。在人们的心目中，权威占有很大优势，当权威人物站在少数派立场上时，"名片效应"的作用增加了少数派意见的可信度。产生众从行为的多数派内部特征是：多数派成员内部意见分歧，缺乏群体凝聚力，对所遇到问题的真实情况不明确等。

二、金融市场中的羊群效应

1. 金融市场中羊群效应的含义

金融市场中的羊群效应是指投资者在信息环境不确定的情况下，行为受到其他投资者的影响，模仿他人决策，或者过度依赖于舆论（市场中压倒多数的观念），而不考虑自己信息的行为。

羊群效应在个人投资者、机构投资者和整个市场层面都会出现。由于羊群效应涉及多个投资主体的相关性行为,对于市场的稳定和效率有很大影响,也和金融危机有密切的关系。因此,羊群效应引起了学术界和政府监管部门的广泛关注。

2. 金融市场中羊群效应产生的原因

羊群效应是一个很复杂的现象,其形成有许多原因,其中包括人类的从众本能,人群间沟通产生的传染,信息不确定,信息成本过大,对报酬、声誉的需要,对集体的忠诚,社会中存在禁止偏离群体共同行为的机制(如社会准则、法律和宗教),组内成员面对同一公共信息集合(如经纪交易所、受欢迎的投资专家的推荐),羊群中的人具有同一偏好,等等。较有代表性的原因有以下几种。

1) 从众的本能

从众心理(conformity)指人们具有的与他人保持一致、和他人做相同事情的本能。研究发现,这种心理特征并不是人类所独有的。在自然界中,动物也具有明显的从众行为。例如,动物在居住地域选择、交配、觅食等方面存在模仿的行为。自然界动物群体的这种一致行动的趋向性是长期进化而形成的,具有一定的进化优势。人类的这种心理特征也是一种进化过程中的产物,是与生俱来的。在人类社会中,群体行为确实具有一定的优点,集体狩猎成功的概率大于单独狩猎成功的概率,和别人做相同的事可以节约大量时间和精力。但是人们同时也观察到在某种条件下出现的羊群效应却存在局限性。

2) 通过人群中的沟通产生了传染

羊群效应是经常接触、经常交流的人群中的现象。人类学家认为,群体内信息的传递机制包括谈话分析(talking analysis)和社会认识(social-cognition)两种方式。在长期进化的过程中,人类形成了以集体为单元共同行动、共享信息的机制,这种机制具有一定的进化优势。但同时,它也存在不恰当之处,最主要的方面是它限制了自由思想的交流,也对某种话题产生了限制。人们在谈话时有情绪的反映,并试图保持礼貌。羊群效应的产生可能是因为沟通方式对人的思考能力和回忆的限制使得群体行为发生收敛。

3) 对报酬、声誉的需要

从经济学的角度来研究某种行为,最直接的原因是获得某种报酬。羊群效应的产生一个很重要的原因就是报酬(payoff)或者声誉(reputation)的需要。由于提高声誉的目的最终是提高报酬,因此,其实可以将两者理解为同一原因。这种羊群效应的根源是代理关系的存在,即决策者自己并不是所投资的资产的所有人,他们趋向于使自己(代理人)的利益最大化而不是使被代理人的收益最大化。证券投资基金经理就是一个典型的例子。基金管理者所管理的资产的所有权并不属于自己,这种委托-代理关系的存在很容易导致下面涉及的声誉羊群效应。"共同承担责备效应"(blame sharing effect)的存在导致了羊群效应。如果某决策者逆流而动,一旦他失败了,这一行为通常被视为其能力不够的表现,并因此而受到责备;但是如果他的行为与大多数人一致,即使失败了,他会因看到其他许多人与他有相同的命运而不那么难过,而他的上级(委托人)也会考虑到其他的人也同样失败了而不过分责备他。这样,决策者具有与别人趋同的愿望,以推卸自己应承担的决策错误的责任。决策者模仿他人的选择,而忽略自己的私人信息。虽然这种行为从社会角度看是无效率的(这里的无效率表现在因羊群效应的存在,信息和决策之间的联系被削弱),但从关心个人职业声誉的决策者的角度来看却是理性的(这里的理性是指决策者的行为符合自己的最大利益)。

4) 信息不确定或者信息成本太高

信息不确定能够导致羊群效应。投资者如果能掌握市场中的所有信息,那么他不必通过观察他人的决策来决定自己的决策。但是由于金融市场是完全开放的,而且不断有信息流入市场中,信息变化速度很快,信息变得十分不确定。此时投资者容易产生跟风行为,而且市场条件变化越快,羊群效应越容易产生。信息成本过高也将导致羊群效应。在理想的市场中,信息是无成本的,人们可以获得任意想获得的信息。但是在实际市场中,信息却是必须付出成本才能得到的,有时,这种成本太大,以至于投资者虽然认为该信息具有一定的价值,但是该价值并不一定超过必须支付的成本。在这种情况下,投资者采取一种他们认为的"简捷"方式,从他人的交易行为中获取信息,这样很容易导致羊群效应。

3. 金融市场中羊群效应的分类

按照参与羊群效应是否可以获得经济利益增加,羊群效应可分为:理性羊群效应,即可增加经济利益的羊群效应;非理性羊群效应,即不能增加经济利益、机械理性或不完全理性的羊群效应。

按照是否有明显的模仿和跟从行为,羊群效应可分为:真羊群效应,即市场参与者对他人行为有明显的模仿或跟从的羊群效应;伪羊群效应,即由于市场参与者恰巧拥有相似的投资决策或相同信息而采取了相似的行为,如利率变化。伪羊群效应是共同信息被有效利用而产生的行为相似结果。

按照投资者的决策次序,羊群效应可分为:序列性羊群效应,即每个决策者决策时都模仿前面投资者的投资决策,其特点为行为持续性较强;非序列性羊群效应,即投资主体之间的模仿倾向是相同的,当模仿倾向较强时,市场崩溃,其特点为行为一致性较高,如恐惧时的抛售;随机性羊群效应,即相互联系的一群人相互产生影响,形成一个组,但组与组之间的决策相互独立,其特点为板块的联动性。

4. 羊群效应的市场效应

1) 羊群效应对市场稳定性的影响

对于羊群效应对市场稳定性的影响,学术界持有两种不同的观点。一种观点认为,羊群效应对市场具有稳定作用。该观点认为机构投资者可能在恰当的时候基于同一基本信息交易,这样机构投资者的羊群效应通过加速价格调整过程而让市场更有效,即机构投资者的羊群效应不一定带来价格波动。另一种观点认为,羊群效应对市场具有非稳定作用。该观点认为投资者之间行为的模仿、传染可能放大外来的股价波动冲击,使价格偏离基本价值,甚至产生价格泡沫或导致市场崩盘。

2) 羊群效应的效率

一般来讲,效率在经济上指的就是投入与产出的关系。因此,金融效率就是指金融部门的投入与产出,也就是金融部门对经济增长的贡献之间的关系。金融效率是一个综合性很强的指标,有很多种分类方法。按照不同金融机构在经济中的作用,我们可以将其划分为宏观金融效率、微观金融效率和金融市场效率三种。其中,金融市场效率包括货币市场效率和证券市场效率,以信息融入价格的速度与程度来衡量。对金融市场效率的考察可以从市场的规模、市场的结构和市场的成熟程度多个角度来分析。

如果投资者的羊群效应表现出很强的信息加总能力,使所有的信息都能以正确的方式进入决策,那么这种羊群效应是有效率的羊群效应。而对于群体中的投资者而言,如果信息只能被利用一部分,而另一部分信息被忽视了,则认为该羊群效应是无效率的羊群效应。

5. 从众、众从与股市波动周期

在股市周而复始的波动中,人们的群体性起了至关重要的作用。市场趋势得到加强时,是从众心理在起作用;在市场反转时,是众从心理在起作用。从众—众从—从众—众从……周而复始,循环不断,构成了股市波动的重要动因。

众从心理作用使原有投资者群体行为逐渐发生变化,从一端走向另一端,使得反映原有群体行为的理论已经不再适用于现有的群体行为,该理论也就走向了末路。因此,当某种股市价格变化规律被普遍采用之后,就会失去效力。如周末效应理论、小公司效应理论等。

6. 投资者羊群效应(从众)程度的度量

度量羊群效应(从众)程度最常用的方法之一是基于分散度的度量。

设资产组合 S 中共有 n 只股票,r_i 是股票 i 的收益率,$\bar{r}$ 是 n 只股票的平均收益率。资产组合 S 的收益率的分散度定义为

$$D_S = \sqrt{\frac{\sum_{i=1}^{n}(r_i - \bar{r})^2}{n-1}}$$

该指标通过量化个股收益率偏离资产组合收益率的一致程度来刻画羊群效应的关键特征。当羊群效应存在时,分散度应该变小。当整个市场行为完全由羊群效应决定时,价格应该一致移动,分散度为 0。

用分散度来测度羊群效应具有一个最大的优点,需要的数据容易获得,而且计算方法简单,这是其他羊群效应测度所不具有的。但是它也存在一个缺陷,即它是对投资者羊群效应的一个很保守的测度,低估了羊群效应的程度。只有当大多数投资者对于所有股票都表现出强烈的羊群效应时,大多数股票的收益率才可能表现出趋同性。

三、投资者情绪

1. 情绪的概念及特征

情绪对于我们如何看待这个世界有一种广泛的影响。股评人士在解释股价暴跌时,他们的回答中总是会出现所谓的心理因素。这些所谓的心理因素指的就是难以解释而且难以完整理解的情绪。在证券市场上,股票价格的变化会导致人们产生各种各样的情绪,像高兴、害怕这样的情绪会使股票价格上涨、下降或走向极端。人们已经普遍接受了在股票市场上存在的各种各样的情绪,如乐观和悲观,反应过度和反应不足,市场心态、悲观主

义、忧郁情绪等,并将它们用于解释和说明市场上股票价格的变化。

理性的偏离可以用一些外部因素来解释,如获得信息的途径限制和认知能力的限制。心态和情绪可以影响认知能力与功能,但它们也可以被模型化,作为对决策特别是对信息处理的直接的特殊影响。当情感和情绪被用于解释金融行为时,它们所表达的通常是负面效应。这与现代对情感的研究结论相反。现代研究认为,情感的作用是积极的。情绪也是如此,但是对情绪可能存在的积极作用认识更加深刻,特别是乐观情绪在金融市场中的积极作用。一定限度的乐观和悲观都可以对一个人产生积极的效果。情绪既可以用于描述一个证券交易所的发展,又可以描述投资者的行为。股市经常被形容正处于某一特定的情绪,如乐观或悲观。例如这样的标题:"昨天,证券交易所陷入悲观的气氛之中"。这时,对情绪的形容来自对总体行为的观察,同时人们也试图找到对情绪变化的合理解释。Schachter 等(1986)系统阐述了情绪效应的假说。如果牛市使人乐观,人们将更多地谈论股市,为成功而得意,此时人们也比在熊市期间更愿意进行交易。

市场层次的情绪被形容为股价变动的模式,它可以从两方面影响未来交易者行为。它容易传染,使更多的投资者都产生相应的情绪并对其后的行为产生影响。或者,研究者发现,很多具备某些情绪特征的投资者会进一步受到影响。悲观的情绪会引起恐慌,而乐观的情绪则会激发信心,使人们不再瞻前顾后。

个体层次的情绪表现在很多不同方面。第一种观点认为,它是一种相对短期且程度较轻的状态。第二种观点认为,情绪是用特定方式感觉并行动的一种暂时倾向。例如做事情时心情糟糕。第三种观点认为,情绪指个人性格中持久的情绪状态。Bagozzi 等(1999)为定义那些模糊的情感概念进行了艰苦的努力。他们指出情绪的持续期比情感要长,而强度要小。短暂的和持久的情绪都与特定事件存在不确定的联系。情绪的主要特征是情绪和许多情感一样并不与行动的倾向直接相关。个人的情绪状态可能会影响其对过去事件和新信息的解释。当事件模糊不清和非常复杂时,当存在相互矛盾的数据使得解释不唯一时,这种影响就会更加强烈。如果情绪是短暂的,那么这种影响就比情绪是持久的时候要更轻微。

Kaufman(1999)认为情绪化是有限理性的来源。当人们的觉悟水平很低时,他们经历沮丧、忧郁或者无聊,这些情绪化状态有损决策质量:由于投入信息采集和问题处理中的力量太小,注意力更多地集中在手头工作之外的事务,记忆由于多余的想法而阻塞或者用于思考工作之外的事情,需要的和实际的激励之间的不平衡引发了压力,自主性活动(如心跳、肌肉特征等)处于较低水平。

当觉悟处于低水平时,某种提升,如由沮丧向兴奋或由无聊到兴奋的转变,会使人们付出更多的努力收集信息和处理问题。同时,自主性活动提高——心率加快,肌肉强度加大——大脑集中于手头的工作,短期记忆得到改善,这些因素提高了决策质量(在投资领域,决策可能意味着更高的回报)。一直上升到最优觉悟水平,在这一水平上,情绪通过帮助人们建立应对变化的策略在人们行为中发挥着积极的作用。

如果情绪化的强度超过了最优觉悟水平,决策的质量显著降低,觉悟的边际产出为负。这样的行为往往不充分理性,因为情绪使得偏好不再规则且又破坏人们决定最优结果的能力。伴随过高觉悟水平的绩效下降可能源于为决策付出的努力减少了。高强度的情绪化阻塞了短期记忆,使逻辑或者推理思维过程紊乱,使部分身体及功能失控(如手部颤抖、恶心或头痛),阻塞关于利益和成本的理性思考,促使侵犯和暴力行为的发生。

很容易想象,那些把睡觉之外的大多数时间都花在用电脑买卖股票的交易者可以在不同的觉悟水平下操作。交易损失的沮丧和轻松获利的极度喜悦都肯定会影响判断与决策。Kaufman 认为有限理性可以分解成两部分:一部分来自认知限制,另一部分来自情绪觉悟的极限。两部分都包含信息处理的限制,但原因不同。他认为可以通过学会处理情绪化觉悟来保持自控力,他用飞行员作为例子,他们接受训练来适应危险情况下产生的压力。对于证券市场的专业交易人员可能也是如此。

需要指出的是,有时候,人们会把非理性和情绪化等同起来,任何非理性的经济行为都被归咎于情感和情绪。实际上,这就忽略了情绪也可能带来理性的行为,而非理性行为也可能是其他因素造成的,如信息不充分。在 Jevons(1871) 和 Bohm-Bawerk(1888) 这样的古典经济学家的著作中,我们可以发现这样的观点:真正导致非理性的因素是认知能力的局限而不是情绪。后来随着那些理论经济学家热衷于以理性假定为基础的复杂计算,这样的观点被逐渐淡忘,直到西蒙(1955)提出了有限理性理论,才重新引起经济学家们的重视。行为学承认那些基于心理学现象的感觉,但是反对任何基于主观感觉的观点。近些年来,对信息处理和存储的研究使得人们对情感的作用有了更加深入的理解。认知心理学已经承认感觉对行为的重要影响并开始致力于从认知的角度描述感觉和情绪(西蒙,1990)。

一般认为,情绪是由决策主体的心态和信心决定的,而信心主要表现为过度自信,前文已述,下面将从投资者心态阐述情绪对投资决策的影响。

2. 心态对投资的影响

1) 投资者的心态描述

人类的心态可以被描述为乐观和悲观。对于某些人而言,心态会更多地表现为一个人稳定的个性特征,如我们常常说某人永远是那么乐观。但从长期来看,乐观和悲观并不是稳定的性格特点,它们通常可以根据内部或外部环境而迅速发生变化。人们在一段时间表现为乐观的心态,而在另一段时间由于一些事件的影响而悲观。就股票市场而言,悲观性格根深蒂固的人很可能不会进入股市。而那些经常(过分)乐观的人不去思考消极影响的可能性,也很少愿意去构想未来的任何细节,他们往往会在过度投机或亏损之后不久就顺理成章地出局。谨慎的悲观主义者(defensive pessimists)可能比乐观主义者拥有更好的前景,因为他们需要计划有效的行动以消除对未来的焦虑和不确定性的影响。

2) 心态影响认知过程

心态可以影响人类认知过程中对信息的处理。一方面,积极的心态如乐观会导致较少的信息处理而且更容易使人充满信心。另一方面,消极影响则传递这样的信号:环境出现了问题,从而促使人们对其进行系统的处理,甚至要面对危险的形势。当人们精心地处理信息时,他们的心态可能会影响这一过程。

3) 心态偏差

凯恩斯(1936)提出的"空中楼阁理论"包含了有关心态对投资影响的描述,他对企业家们对新型公司投资所持有的非理性乐观表述了自己的观点,并称之为"动物精神"(animal spirits)。他把"动物精神"定义为一种自发的乐观,使企业家盲目地根据自己的观点去进行投资。这些企业决策者虽然尽可能地作出理性的选择,但经常会受到情绪波动及环境变化的影响。在其理论中,凯恩斯在评论1929年股市暴跌时认为,股市崩溃所带来的悲观和失望的气氛打击了投资积极性,投资者由于被套牢,表现为继续持有证券,更加节制奢侈,也更愿意偿还债务。同时,伴随着票面价值的暴跌而产生的心理阴影使储蓄增加,这一点隐含着对价值标准或未来值的判断。

当人们乐观时,他更愿意花钱而不是存钱,这是不争的事实。当人们为将来感到担忧时,他们就会在可能的情况下为将来进行储蓄。对于宏观层次也是如此,如国家的整体经济。消费者情绪指数(index of consumer sentiment)能够有效地反映出乐观—悲观的变化。当人们为了获得预期收益而进行商品交易时,如果一个国家的人选择的是20年后的预期值,而另一个国家选择的是10年后的预期值,那么前一个国家不会比后一个国家富有。但是毫无疑问,个人会感到更加富有。例如他们在货币增值一倍时会比在货币贬值一倍时更愿意购买一辆新车。因为他们没必要再用正常收入去进行储蓄,他们的消费水平得以提高。他们往往不会考虑到他们的钞票价值,也没有想到要对自己的现有收入进行储蓄。这也就解释了在股价上升时,特别是迅速上扬时,市场乐观程度加剧和消费物价指数上升的原因。Katona(1975)、Carroll等(1994)以及Berg和Bergstrom(1996)对不同国家的很多研究表明,消费者情绪指数与总储蓄存在负相关。

4) 证券市场中的心态影响

在牛市中,投资者往往表现为过度乐观,股价上升促使他们不经深思熟虑就选择新的投资对象。投资者们会感到他们有闲置的资金,愿意冒更大的风险或者干脆根本不再像从前那样去计算风险的大小。Schachter等(1986)通过对纽约证券交易所的观察得到结论,当投资者在股价上涨中获利时,他们就会更加独立行事,更加轻易地选择股票;当股价下跌造成损失时,他们就会更具依赖性,并对社会公众的引导持怀疑态度。

Thaler和Johnson(1992)提出的"既得收入效应"(the house money effect)揭示了乐观心态对投资的影响。他们发现,在某些情况下,先前的收益使投资者表现为过度乐观,从而提升了他们在下一步冒险投机的意愿,而这样的冒险在此之前是不会被接受的。这一发现与经济学理论认定先前的收益或损失对于决策没有影响的论述是相互矛盾的。他们的结论认为,投资者先前的收益、损失以及成本确实影响决策,而这一过程是通过情绪的改变实现的。

一个明显的例子是1999年全球网络科技概念公司的股价持续大幅增长,其中很大的原因是市场投机意愿的增强,而这又是因为在较早前的股价普涨中投资者得到了收益而变得过分乐观;另一个原因恐怕是那些在股价普涨中遭受损失的所有者在股价盘整时积极寻求更高的回报。在纽约证交所和一些欧洲证券交易所,随着投机泡沫的不断膨胀,在2000年科技股开始暴跌。

5) 决定心态的市场因素

除了有些研究调查影响消费者情绪指数变化的因素之外,很少有研究去调查影响乐观—悲观心情的因素,而这样的心态又会影响股价的变动。通常假定,股市中的事件特别是基本面的变化是乐观或者悲观变化的主要原因。在商业媒体的专家给出的特定解释中,关注焦点是与股票相关的事件,当然还有更广泛的影响利率的条件(如就业和通胀的变化)。我们需要关于事件如何直接影响乐观或者悲观的研究和推测性的理论,目的是完善对行为链条的预测:事件—心情变化—金融行为—心情变化。由此引出问题:是乐观心情导致乐观预期还是相反。最佳答案也许是习惯性的乐观可以影响预期,对有利结果的预期可以激发乐观;对于悲观也是如此。

当前的心情会影响对心态的评价。在被问及自身状态时,处在不理想环境中的人就没有那些置身于理想环境中的对象那样的满意。研究表明,如果在当前心情和总体福利之间存在某种一致性,那么对长期复杂现象的评估就会受到临时心情的影响。例如,当投资者预测股价的未来走势时就可能被当时的心情影响。在一次成功的交易过后,他们趋于过度乐观,失败后则过度悲观。

四、投资者情绪的度量方法

有关投资者情绪研究的关键问题是如何对其进行度量。从国内外同类研究来看,可以分为基于调查的直接衡量方法和基于客观市场数据计算的间接衡量方法。

1. 度量投资者情绪的直接指数

1) 投资者智慧指数

投资者智慧指数(investor intelligence,II)是由一家名为 Chartcraft 的投资者服务公司编制的。其基于130家报纸股评者对未来股票市场走势的看法,每周将收集的股评分为看涨、看跌和看平三种,这种分类虽然有一定主观色彩,但由于参与分类的只有少数几个人,所以不会出现由于阅读的人不同,而对股评理解不同的情况,实证分析中也并不会造成误差。投资者智慧指数自1964年以来就编制了投资者情绪的周指数,1965年以后开始提供月数据,并推荐其读者将这种指数当作反向预测使用。当该指数过高,投资者则被推荐应该卖出股票,反之亦然。其基于被调查的投资者中看涨和看跌的比例而编制,将投资者情绪表示为:看涨百分比数与看跌百分比数之差。由于股评的作者大都是现任或已退休的市场专业人士,所以该指数被认为是机构投资者情绪的代表。

2) 个体投资者指数

个体投资者指数是美国个体投资者联合会(AAII)自1987年7月以来通过对其会员的情绪调查而得来的。每周 AAII 发出调查问卷,并于星期四记录当周收回的问卷。调查样本平均每周收回的数量为137份。调查的内容是要求参与者对未来6个月的股市进行预测:看涨、看跌或者看平。AAII 的情绪指标基于会员中看涨或看跌的比例编制。由于调查主要针对个人,因此该指标一般被用来衡量个体投资者情绪。

3)"央视看盘"指数

中央电视台网站中的"央视看盘"栏目,从2001年开始对证券公司和咨询机构进行调查,这些机构要将自己对后市的预测分为看涨、看跌或者看平。"央视看盘"的预测可以分为基于天和基于周两种。基于天的预测是根据机构在每日开盘前发布的对当日股市看涨、看跌及看平预测得到的;基于周的预测则是根据机构在每周一开盘前发布的对本周股票看涨、看跌及看平预测得到的。根据"央视看盘"的预测数据将投资者情绪定义为看涨投资者人数除以看涨与看跌投资者总数。

4) 好淡指数

《股市动态分析》杂志社每周五对被访者关于未来股市涨跌的看法进行调查,周六在《股市动态分析》公布好淡指数,中间从未间断,数据完整。它将好淡指数分为短期指数和中期指数,短期指数反映了被访者对未来一周的多空意见;中期指数反映了被访者对未来一个月的多空意见。被访对象由50人组成,涉及不同区域与各类人员,以证券从业人员为主。因此也被认为是机构投资者情绪的代表。

5) 好友指数

好友指数(the bullish consensus)是哈达迪(HADADY)公司的产品。该公司统计全国主要报刊、基金公司及投资机构等每周的买进卖出建议,然后通过打分评估它们的乐观程度。分数从－3到＋3;其中－3表示极度悲观,0表示中立,＋3表示极度乐观。然后根据报刊的销量对打分进行加权并转换为相应证券的情绪指数(介于0到100之间)。并建议不要在好友指数超过70时买进,不要在好友指数低于30时卖出。该指数每周二在美国证券交易所闭市后公布。

2. 度量投资者情绪的间接指数

1) 整体市场表现指数

该类指数是通过整理有关股票市场整体表现的数据而得到的。其中较有代表性的是腾落指标(advance decline line, ADL)。该指标以股票每天上涨或下跌的家数作为计算与观察的对象,以此了解股票市场上人气的盛衰,探测股市内在的动能是强还是弱。

计算腾落指标有两种方法:

$$ADL = 上涨家数 - 下跌家数$$

$$ADL = \sqrt{上涨家数/平盘家数 - 下跌家数/平盘家数}$$

每天按照公式计算,可得腾落线。

腾落指标只反映大势的走向与趋势,不对个股的涨跌提供讯号。市场中常常拉抬打压大盘指标股,使得指数走势影响投资者的准确判断,腾落指标可很好地消除这类失真影响。

股指往往会跟随腾落指标的运动趋势而变化。如果股指和腾落指标之间出现背离,如股指上涨,而腾落指标下降,股指不久也会回落;同样,股指下跌,而腾落指标上升,股指不久也会回升。股市处于多头市场时,腾落指标呈上升趋势,其间如突然出现急速下跌现象,接着又立即扭头向上,创下新高点,则表示行情可能再创新高。当股市处于空头市场时,腾落指标呈现下降趋势,其间如果突然出现上升现象,接着又掉头下跌,突破原先低点,则表示另一段新的下跌趋势产生。在重要牛市的头部区域,腾落指标在指数见顶之前开始变得较为平缓,因为许多股票对经济趋势或利率非常敏感,它们在领头羊股票见顶之前就停止上涨。

2) 股票市场中特定产品的指数

该类指数是基于客观市场中部分数据计算而得到的。其中较有代表性的是封闭式基金折价率(closed-end fund discount, CEFD)。封闭式基金折价是指基金的价格小于其单位资产净值的情况。该数据可由每周公布的基金净值得到。

封闭式基金折价率的计算公式为

$$CEFD = (NAV - Price)/NAV$$

因为投资者情绪风险是投资者非理性造成的非基本面的系统风险,而封闭式基金与代表其单位净资产的股票组合具有完全相同的基本面(证券本身的基本面和宏观经济的基本面),因此封闭式基金折价的变化在一定程度上是投资者情绪波动的反映。一般认为,如果折价率上升,意味着投资者情绪悲观。由于封闭式基金大都由个体投资者持有,所以该指标可以衡量个体投资者情绪。

相关学者还提出了用共同基金净买入(FUNDFLOW)、基金资产中现金比例(FUNDCASH)、华尔街分析家情绪指数、首次公开发行第一天收益(IPORET)等指标衡量投资者情绪。

3) 消费者信心指数

消费者信心指数是先行经济预测指标之一,用来预测家庭消费支出,衡量公众对于目前和未来经济的信心程度。在美国,主要有两个机构编制消费者信心指数:一个是密歇根大学消费者信心指数(the University of Michigan's consumer confidence index, UMCCI),另一个是会议委员会消费者信心指数(the Conference Board consumer confidence index, CBCCI)。整体消费者信心指数是综合消费者预期和目前状况两部分而得。密歇根大学的指数更侧重于个体的财务状况;而会议委员会的指数更侧重于宏观经济状况。Bram 和 Ludvigson(1998)认为密歇根大学消费者信心指数和会议委员会消费者信心指数都可以预测消费。

我国的消费者信心指数来自国家统计局发布的《中国经济景气月报》,国家统计局中国经济景气监测中心于1997年12月建立了中国消费者信心调查制度,并自1998年8月开始每月定期发布消费者信心指数。我国消费者信心指数由预期指数和满意指数组成。其中,预期指数反映消费者对家庭经济状况和总体经济走向的预期,满意指数反映消费者对当前经济状况和耐用消费品购买时机的评价,而信心指数则综合描述消费者对当前经济状况的满意程度和对未来经济走向的信心。

基本概念

信念　过度自信　代表性偏差　保守性偏差　可得性偏差　锚定　从众与众从　羊群效应　有限理性

思考练习题

1. 什么是"信念"?其在金融学中的意义是什么?
2. 什么是过度自信?其有哪些表现形式?
3. 金融市场中的交易者过度自信会产生什么后果?

4. 试举例说明什么是代表性偏差。
5. 试述锚定在金融领域中的应用。
6. 金融市场中的羊群效应对市场有什么影响？
7. 什么是投资者情绪？其对投资有哪些影响？
8. 投资者情绪有哪些度量方法？

 自测题

第三章 行为金融学的心理学基础——偏好

学习目标

1. 了解后悔厌恶的概念及其对决策的影响。
2. 掌握后悔厌恶与处置效应的关系。
3. 掌握模糊厌恶的概念。
4. 了解心理账户的概念及应用。
5. 掌握前景理论的理论基础并了解前景理论的内容。

引导案例

1981年,Kahneman在基于生存与死亡框架的前提下,提出了"亚洲疾病效应",简述如下:美国正面对一种不寻常的亚洲疾病冲击,600人可能死亡,现在有A和B两种治疗方案。方案A:200人会获救;方案B:600人全部获救的可能性为1/3,全部死亡的可能性为2/3。结果72%的人选择方案A。如果换另一种表述方法:方案A:400人会死亡;方案B:无人死亡的概率为1/3,600人全部死亡的概率为2/3。这一次,78%的人选择方案B。

以上效应可能是由于提问方式的影响,第一组受访者主要考虑的是救人,而第二组受访者主要考虑死亡的人数,因此,第一种情况下人们不愿冒会死更多人的风险,第二种情况则倾向于冒风险救活更多的人,两种情况分别表现出对损失(死更多的人)的回避和对利益(救活更多的人)的偏好。那么为什么同一件事的不同说法会引起人们的不同行为呢?这种情况是否同样适用于人们对金融投资决策的处理?在面对损失与收益时人们会在风险上考虑多少?

偏好是指人们对客观事物的主观评价,人们按照自己的意愿对可供选择的商品组合进行排序,用以表明个体的选择行为,通常称为选择偏好。偏好是微观经济学中的一个基础概念。偏好是主观的,也是相对的概念。有关投资者偏好的研究与投资者信念构成了行为金融学的心理学基础。本章将对有关偏好的心理学内容进行归纳总结。

第一节 后悔厌恶与处置效应

一、后悔厌恶

1. 后悔厌恶的概念

后悔厌恶(regret aversion)是指人们在犯错误之后都会感到后悔,并且后悔带来的痛苦可能大于由于错误本身而引起的损失,并且采取行动的后悔程度要远高于没有采取行动的后悔程度,也就是忽略偏差(omission bias)。

当做错决策时,会出现后悔。不做决策时,也可能出现后悔。例如,根据一个朋友的建议,你没有购买某股票,后来该股票价格上涨,即使你实际未受损失,也会后悔当时没有采取行为。没有行动实际上也是一种决策。人们感到错误决策的后果比什么也不做带来的损失更为严重。一般地,在短期,后悔主要和采取行动相联系;而在长期人们最后悔的是没有做的事情。因此,人们在决策时倾向于避免将来可能的后悔,即决策的目标可能是最小化未来的后悔。

2. 后悔厌恶对决策的影响

Thaler(1980)提出了一个实验来说明后悔对人们选择的影响。假设A在剧院排队买票。到了售票窗口时,剧院老板说他是第10万个观众,可以得到100元。B在另一个剧院排队买票,其前面一位观众是第10万个观众,可得到1 000元,而B得到150元。请受访者回答希望自己是A还是B。大部分受访者都认为A会觉得比较高兴,而B会对失去得到1 000元的机会而感到痛惜。

后悔厌恶就是为了避免后悔或失望,努力不做错误决策,这导致人们在面对不确定情况下的决策时,与其积极行为,不如消极行动,走老路子。感到非常后悔的人,对变化没有强烈的偏好,也许每天会遵循同样的路线工作,以最小化未来的可能后悔。

3. 避免后悔厌恶的方式

为了避免后悔,人们通常采用以下方式。

(1) 机构投资委员会倾向于选择普通风格的经理,而不是不寻常风格的经理,因为熟悉能降低后悔的影响。后悔最小化使投资者在选择投资组合时采取保守策略,产生从众心理,往往购买熟悉、热门或受大家追涨的股票。即使他受到损失,当考虑到大量投资者也在同一投资上遭受损失时,可能减弱其情绪反应或感觉。

(2) 转移责任是避免后悔的另一种方式。选择积极的经理能使机构投资委员会成员把一些业绩的责任转移给经理,以减少自己受后悔厌恶的影响。当收益差时,经理成为替罪羊和后悔转移的对象。ICI(Investment Company Institute,美国投资公司协会)最近的研究表明,大多数共同基金投资者不是依靠自己的判断选择基金,而是依靠投资顾问的判断。如果投资者选择一个投资顾问,会使自己拥有一个心理上的看涨期权。如果投资决策正确,投资者能得到荣誉,将好结果归结为自己的技术高。如果投资决策不好,投资者能保护自己,通过谴责投资顾问,降低后悔。不管怎样,谴责别人也意味着减少约束,减少伴随决策的失调。这种现象涉及自我归因偏差。

（3）证券投资中的平均成本策略也是采取常规行为的反映。所谓平均成本策略，就是指每月投资的数量固定，当价格低时，就购买更多股份；当价格高时，就购买较少股份。这样，每股成本比每月购买一定数量股份的要更低。该策略比一次买入策略更受一些投资者的欢迎。平均成本策略减轻了厌恶损失的程度，是习惯性的行为，就像每月支付住房抵押款一样。如果行动离开了习惯性行为，后悔是特别痛苦的。而一次买入策略不是常规行为，好像没有平均成本这种逐步进行的方法谨慎。这使一次买入的投资者比平均成本投资者更易受后悔的影响。因此，如果所购股票的价格很快大跌，一次买入的投资者比平均成本投资者更可能谴责自己。平均成本还有一些好处，最主要的是采纳平均成本的投资者培养了极好的储蓄习惯，它也可作为股票价格下跌时反恐慌的工具。从行为的视角看，平均成本策略是有诱惑力的。它结合了下面三个因素：对付诱惑的好习惯的培养、减少损失痛苦的框架效应和减缓后悔感觉的常规行为。

（4）事先限制选择集合可以减少或消除后悔。选择集合可能选择太多，会提高人们据以划分收益和损失的参考点，从而导致更多的结果被划分为损失。此外，多余的选择可能增加人们的决策制定成本和心理成本。

与后悔相对的是作出正确决策产生的骄傲感。骄傲感会导致过快实现利润。将利润归结为一个人的成功，比归结为仅由环境导致的评价更高。如果正确决策广为人知，这种效果就会更强。Kahneman 和 Tversky 研究发现，虽然实现某种股票的具体收益会产生骄傲感，但随着该股价格持续上涨，投资者的骄傲感会下降，并产生实现收益太早的遗憾。

后悔厌恶的一个很好的例子源自 Erlich、Guttman、Schopenback 和 Mills(1957)的发现。他们通过调查，发现新买入汽车的人在购买完成后有选择性地避免阅读他们没有选择的车型的广告，而关注他们所选择车型的广告。

我国 2003 年下半年开放式基金的巨额赎回现象也可通过后悔厌恶来进行解释。2003 年上半年，基金经理对价值投资理念的挖掘导致开放式基金净值大幅增长，如博时价值增长基金净值增长率达到 22%。按照理性投资原则，基金业绩的增长代表了基金管理人优良的经营能力，基金持有人应该继续持有，以使投资价值最大化。但实际情况是，净值增长的开放式基金普遍遭受了大面积的赎回。对这一现象的一个合理解释是，基金持有人为了避免将来基金净值下跌产生的后悔，采取了"落袋为安"的赎回策略。

二、处置效应

后悔厌恶能够较好地解释由 Shefrin 和 Statman(1985)提出的处置效应。他们发现股票市场上投资者往往对亏损股票存在较强的惜售心理，即继续持有亏损股票，不愿意实现损失；投资者在盈利面前趋向回避风险，愿意较早卖出股票以锁定利润。这种较长时间地持有输者而过快地卖出赢者的倾向被称为处置效应。

Shefrin 和 Statman 用后悔厌恶来解释投资者具有的处置效应。他们认为投资者在投资过程中常出现后悔厌恶的心理状态：当人们出现投资失误时，哪怕是很小的失误，也会极为后悔，并会严厉自责，而不是用长远的眼光来看待这种失误。在牛市背景下，因没有及时介入自己看好的股票而后悔，过早卖出获利的股票也会后悔；在熊市背景下，因没能及时止损出局而后悔,获点小利没能兑现,然后又被套牢也会后悔;自己持有的股票不涨不跌,别人推荐的股票上涨,会因为没有听从别人的劝告后悔;当下定决心卖出手中不涨的股票,而买入专家推荐的股票后又发现自己原来持有的股票不断上涨而专家推荐的股票不涨反跌时,更加后悔。人们在面对这些失误时,通常感到非常难过和悲哀。所以,投资者在投资过程中,为了避免后悔心态的出现总会表现得非常优柔寡断,由于害怕后悔而想方设法尽量避免后悔的发生。为了避免或拖延这种后悔感的产生,人们就会采取一些非理性行为。后悔理论,可用来解释投资者为什么延迟卖出价值已减少的股票,而加速卖出价值已增加的股票。投资者延迟卖出下跌的股票是为了不想看到已经亏损(失误)这一事实,从而不感到后悔。投资者及时卖出已上升的股票是为了避免随后股价可能降低而导致的后悔感,而不管股票价格进一步上涨扩大盈利的可能性。

Odean(1998)利用美国某折扣经纪公司从 1987 年到 1993 年共 10 000 个账户的交易记录研究处置效应,并提出了一个度量处置效应程度的指标(实现盈利比例与实现亏损比例之差),他用该指标验证了美国股票投资者存在较强的售盈持亏的行为趋向,而且这种行为动机不能用组合重组、减少交易成本和反转预期等理性的原因来解释。

Odean(1998)提出,为了确定与输者相比投资者是否更愿意卖出赢者,只着眼于卖出盈利股票的数量是否超过卖出亏损股票的数量是不够的。即使投资者不关心卖出的是赢者或者是输者,但在上升的市场中投资者组合中持有的更多的是赢者,因此将倾向于卖出更多的是赢者,而在走低的市场中,投资者组合中持有的更多的是输者,倾向于卖出的更多的是输者,而事实上他们并没有这样做的偏好。因此为了检验投资者是否有卖出赢者而持有输者的处置效应,必须着眼于相对于他们卖出赢者和输者的机会,他们卖出赢者和输者的频率。

盈亏包括两种形式:一种是实现的盈亏,另一种是账面的盈亏。实现的盈亏是指投资者卖出投资组合中的股票,将卖出股票的卖出价格与它的参考价格进行比较,以确定该股票的卖出是盈还是亏;账面的盈亏是指投资者账面的盈利或亏损,账面盈亏取决于当日最高价和最低价与其参考价格的对比。如果当日最高价和最低价都高于它的参考价格,则认为是账面盈利;如果都低于其参考价格,则认为是账面损失;如果参考价格在最高价和最低价之间,则既不是账面盈利,也不是账面损失。针对每个账户合计实现盈利、账面盈利和实现损失、账面损失。则这两个比率计算为

$$卖盈比率(PGR) = \frac{实现盈利}{实现盈利 + 账面盈利} \quad (3.1)$$

$$卖亏比率(PLR) = \frac{实现损失}{实现损失 + 账面损失} \quad (3.2)$$

可以用卖盈比率和卖亏比率之差 PGR-PLR 和二者之比 PGR/PLR 来衡量投资者卖盈持亏的程度,数值越大,则表示越愿意卖出盈利股票,继续持有亏损股票;数值越小,则表明越愿意卖出亏损股票,继续持有盈利股票。此处用卖盈比率和卖亏比率之差 PGR-PLR 来衡量投资者卖盈持亏的程度。如果差为正数,说明投资者卖盈的概率大于卖亏的概率,数值越大,则越愿意卖出盈利股票,继续持有亏损股票;如果为负数,则说明投资者愿意卖出亏损股票,持有盈利股票,数值越小(绝对值越大),则越愿意卖出亏损股

票,继续持有盈利股票。从统计角度,检验卖盈、持盈组合与卖亏和持亏组合的差别,通过 t 值可以判定两个组合差别的显著性。如果处置效应存在,即投资者愿意卖盈持亏,则 PGR－PLR 显著地大于 0。

股票参考点的选择可以是平均买进价格、最高买进价格、第一次的买进价格及最近的买进价格。

第二节 模糊厌恶

人们不喜欢处于事件的概率分布不确定的状况,这个状况通常被称为模糊状态,而对其的厌恶,被称为模糊厌恶(ambiguity aversion)。这表现在购买股票方面就是投资者对他们不了解的股票非常谨慎,即人们对自己知道或熟悉的事件较为偏爱。

Grinblatt 和 Kloharju 通过研究芬兰一套特别详细的数据发现,芬兰的投资者更可能持有并交易与他们在地理位置上接近的芬兰公司的股票。这些公司在公司报表中使用他们的母语,而且公司的总裁与他们有相同的文化背景。Huberman 研究了美国 RBOC 公司股东的地域分布,结果也发现,投资者非常可能持有他们当地 RBOC 公司的股票,而不是本州外的 RBOC 公司的股票。

Benartzi 引用了有些偏激的可口可乐的例子来说明投资者的模糊厌恶。他在对 401(k) 计划分配决策进行研究后发现,投资者在持有自己公司的股票上有一个强烈的倾向。例如,可口可乐公司的雇员将他们自己可以支配的 76% 以上的养老金投入了可口可乐公司股票。当被问到为什么把其养老金中这么大比例投入自己公司股票时,答案是根据该股票过去的业绩表现(图 3.1)。

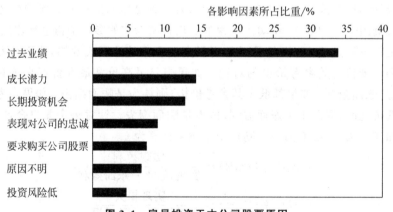

图 3.1 雇员投资于本公司股票原因
资料来源:James(2002)

如果股票随后的表现良好,那么这样分配的理由是充分的。Benartzi(2001)检验了这一假说。他发现在 401(k) 计划中,购买过去相对收益低的股票的比例只占总计划投资额 10.4%,而购买过去相对收益高的股票的比例则占到近 40%。可是,他发现购买公司股票与随后的股票收益没有关系。

第三节　心理账户

一、传统经济学和行为经济学对收入与支出的不同认识

在传统经济学中,经济学家认为人们对各种收入和支出是等同视之的:工作的工资、股票的红利以及买彩票中的奖金,甚至包括赌钱得来的赌金,在人们心理上是完全相同的;在支出上,无论是买衣服、食品还是买车买房,不管是用现金买还是刷信用卡,人们的消费行为也都是基本一致的。行为经济学家认为,人们在获得收入或进行消费时,总是会把各种不同的收入和支出列入不同的心理账户(mental accounting)中去,而不是像现实的会计学那样将所有的收入和支出统筹管理;相应地,不同账户内收入的价值是不同的,不同账户的支出策略也是与传统经济学中的金钱观完全背离的。所以,心理账户理论一经提出,就受到了来自主流经济学家的质疑。

为了证实心理账户的存在,行为经济学家进行了相应的实验探索,其中比较有代表性的是下面的实验。2019年,影片《攀登者》正在全国热映。你准备去电影院一饱眼福,可就在看电影的那天,却出了个不大不小的意外。

意外一:你刚到电影院门口准备买票时,发现你之前放在上衣口袋里的70元钱不见了,你还会继续花70元钱买票看电影吗?

意外二:你刚到电影院门口,发现自己几天前花70元钱买的电影票不见了,你还会花70元钱买票看电影吗?

这两种情况其实是一样的:不管丢的是70元现金还是价值70元钱的电影票,我们损失的都是70元钱的价值。

按照传统经济学的观点,人们在这两种情况下的决策应该是一致的。但是,实验结果显示:在意外一的情境下,大部分人选择了买票看电影;而在意外二的情境下,大部分人选择了打道回府,安心等DVD版。这个实验结果用传统经济学的理论是不能解释的,但用心理账户理论则解释得通。意外一的情况下,丢的70元钱和要买电影票的70元钱是分属于不同的心理账户的,因此,70元钱的丢失并不会对看电影的决策造成影响;但是,在意外二的情况下,丢的电影票和要买电影票的70元钱则是属于同一心理账户的,人们会想,"我为了看这场电影花了140元钱,太不值得了",因而大部分的人选择了回家看DVD版,而不是在电影院看大荧幕。实验结果说明,人们把丢的钱和买电影票的钱归到了不同的心理账户,丢失了的钱不会影响电影票账户的预算和支出,但丢了的电影票和后来需要再买的票就被归入了同一心理账户。

心理账户就是人们在心里无意识地把财富划归不同的账户进行管理,不同的心理账户有不同的记账方式和心理运算规则。而这种心理记账的方式和运算规则恰恰与经济学和数学运算方式都不相同,因此经常会以非预期的方式影响决策,使个体的决策违背最简单的理性经济法则。

二、心理账户的概念发展

心理账户概念,最早是由美国芝加哥大学教授 Thaler 在 1980 年提出的。当时他在一本名为"经济行为与组织"的期刊上,发表了一篇题为"消费者选择的实证理论"的论文,在这篇论文中,他首次将传统金融理论意义上的消费者和投资者与现实生活中受到诸多心理因素影响的消费者和投资者的行为与决策进行了比较,并提出了一种心理账户效应的全新概念。1985 年,Thaler 教授发表《心理账户与消费者行为选择》一文,正式提出心理账户理论,系统地分析了心理账户现象,以及心理账户如何导致个体违背最简单的经济规律。

Tversky 和 Kahneman 这两位著名教授同样在有关心理账户的研究中颇有建树。他们发现,投资者个人行为过程中,财产与货币并不具有完全的可替代性,人们习惯于将不同来源、不同种类、不同用途的货币视为相互之间独立性很强的不同财富,并在心目中按照不同的账户将其分类地进行安置。于是,事实上几乎每一个人都会存在心理账户效应。在日常经济生活中,人们并不是将所有的收入和支出放在一起进行统筹管理,而是会划分一些不同的心理账户,将不同的收入和支出分门别类地放入不同的心理账户中进行管理。总之,心理账户影响了人们的决策选择,是人们在心理上对结果(主要是经济结果)的编码、分类和评估的过程。换言之,它之所以如此重要,是因为它揭示了人们在进行投资(消费)决策时的心理认知过程,每一个组成成分都改变了传统经济学里的货币完全可替代原则并在此基础上前进了一大步。Kahneman 和 Tversky 给出的利用心理账户进行核算的具体问题如下。

问题 1:假设你准备购买一件夹克,价格是 125 美元。销售人员告诉你,你要买的那种夹克,该店的一个分店向顾客提供 5 美元/件的折扣,即该分店的售价是 120 美元。前往该分店开车需要 20 分钟。你是否愿意开车 20 分钟到该分店购买以获得 5 美元的折扣?

问题 2:假设你准备购买一个计算器,价格是 15 美元。销售人员告诉你,你要买的那种计算器,该店的一个分店向顾客提供 5 美元/个的折扣,即该种计算器在该分店的售价是 10 美元。前往该分店开车需要 20 分钟。你是否愿意开车 20 分钟到该分店购买以获得 5 美元的折扣?

实验结果显示:对于问题 1,大部分人的答案是否定的,即他们不会为了在一件售价 125 美元的商品上节省 5 美元而开车 20 分钟;但对于问题 2,他们的回答是肯定的,即他们会为了在一个售价为 15 美元的商品上节省 5 美元而开车 20 分钟。

同样可以节省 5 美元,为什么人们对于问题 1 的回答是否定的,而对问题 2 的回答是肯定的?Kahneman 和 Tversky 认为,这是因为人们在决策时通常不是将决策的各方面综合起来考虑,而是分开考虑,因此决策的环境影响决策。

前面的夹克与计算器问题表明的就是心理账户现象,即人们的决策常常是点滴式地分开进行的。为什么人们愿意开车 20 分钟以在一个 15 美元的商品上节约 5 美元,而不愿意在一个 125 美元的商品上节约 5 美元呢?显然存在某些心理因素。对于一件 15 美元的商品,5 美元是一个不小的数目,但是对于一件 125 美元的商品,5 美元就并不怎么重要。

这种不一致意味着在两种商品上的节约给人们带来的效益是建立在其价值的区别上,而不是建立在 5 美元价值的区别上。按照前景理论,它是建立在 $[v(-\$125)-v(-\$120)]$ 与 $[v(-\$15)-v(-\$10)]$ 的差别上,而不是建立在 $v(\$5)$ 的基础之上。否则同样节约 5 美元,人们的选择不应该不同。

三、心理账户对收入来源与消费倾向的分析

无论是在消费领域还是在投资领域,财富的获取方式都决定了人们对财富增加值的消费倾向。有许多研究证实,绝大多数人对于不同来源的财富收入会进行不同配置。在日本有过一个典型实验研究,主要是考察普通日本工薪一族的情况,结果显示,对于获得的一次性支付的大额奖金,日本人就会有比较强烈的储蓄倾向,而如果将大额奖金分割成几个小部分,人们的储蓄倾向就会立刻降低不少。

1. 人们习惯于根据收入的来源和时间段来分置不同账户

加州理工大学心理学教授 Camerer 研究发现,人们普遍将不同来源、不同时间的收入放入不同的心理账户中。以出租车司机这一职业人群举例。作为一个出租车司机,工作的性质和特点决定了他们可以随意安排每天的时间,同时,某种程度上也是靠天吃饭:在天晴的时候,他们的生意就很一般;但是在雨天,人们则更倾向于乘坐出租车,司机们的生意也就会变得很好,甚至于在高峰时间段,"再有钱也很难拦到一辆空车"。有效率的安排就是应该在晴天生意不好的时候,早点收工;而在雨天生意好的时候,多工作几个小时。理由很简单,这么做的话,在工作时间相同的情况下,一定能够赚到更多钱。然而,事实上司机朋友们大部分都没有这么做。

统计研究表明,出租车司机们为了保证每个月都能有一笔大致固定数目的收入,往往会给自己制订一个日收入计划,如一个在纽约工作的司机,他就很可能会要求自己每天的工作任务是赚到 600 美元,赚不到规定的数目就不能收工回家休息。这样虽然保证了司机的大概收入,却也会造成一种尴尬局面:天晴生意不好的时候,他们工作的时间会过长,通常要做到很晚才能揣着计划收入回家,而在雨天生意好的时候,他们又会很快就赚足计划的 600 美元而过早地回家休息。

其实,Camerer 教授在与司机们交谈时发现,尽管出租车司机们自己也知道,雨天多工作一个小时往往往比晴天工作两个小时赚得更多,可实际操作起来却往往受到人为设置的心理账户的影响,从而使得"今天的工资"和"明天的工资"似乎不可以相互替代。这不得不说是一个比较有意思的现象。

2. 人们会因为收入来源的差异形成不同的消费倾向与风险偏好

Camerer 教授曾去过美国著名的赌城拉斯维加斯,调查在现实生活中普通人的消费倾向与风险偏好是如何因为心理账户效应的存在而发生有趣的改变的。他在其发表于《心理科学》杂志上的一篇文章中,向我们介绍了一位具有相当典型意义的被调查者凯文·理查德森,让我们来看一下发生在他身上的故事。

理查德森是一位负责建筑施工的中层管理人员,家里 3 个孩子,妻子是全职家庭主妇,没有工作与收入,全家主要靠他的收入生活。这次,理查德森先生跟随他的公司来到

拉斯维加斯,为的是建造希尔顿酒店管理集团下属的一家超豪华五星级大酒店,经过了基本不间断的半年多辛苦工作,他获得一个带薪假期与6万美元的酬金。这个时候,当地的一个酒店管理人员热情地邀请他去赌城最大的赌场之一 Palazzo 游玩。理查德森先生很犹豫,虽然他也很喜欢赌博时那种刺激的感觉,但他同时也知道去赌场的话必定输多赢少,而自己还要靠辛苦所得的收入养家糊口。去还是不去?他久久难以下定决心。最终,理查德森先生没有答应他这位新朋友的邀请。

在谈及当时没有最终成行的原因的时候,他对 Camerer 教授说:"那天,正当我犹豫不决,为是否要去好好地娱乐放松一下而苦恼的时候,我接到了家人从明尼苏达打来的长途电话,我6岁的小女儿 Cindy 在电话中对我说:'爸爸,你什么时候回家啊?上次你答应我回来以后给我买芭比娃娃的,我好想你啊。'在那一刻,我当即作出决定,谢绝了新朋友的好意,赶第二天最早的一班飞机回家。"

故事到此远没有结束,3个星期之后,理查德森先生度完假期,又回到了拉斯维加斯的工地。一年多以后,在庆祝顺利完工的晚宴上,理查德森先生非常幸运地抽到了公司为员工准备的"辛勤工作特别大奖",获得了约10 000美元的额外奖金,朋友们纷纷向其表示祝贺,并再次邀请他一起去赌场游玩。这一次,理查德森先生并没有过多的犹豫,而是与朋友们一起在 Palazzo 度过了"疯狂的一晚"。

Camerer 教授在分析这个故事的时候谈到,理查德森先生的行为选择充分体现出普通人的普遍心态。事实上,无论你的钱是工作赚来的还是抽奖赢来的,这笔钱都已经实实在在地属于你了,尽管在本质上这两种来源的钱并没有任何的不同,但是人们还是会情不自禁地把两者归于不同的心理账户,因为大家都会坚持认为,靠自身劳动辛苦赚来的钱,与靠"幸运女神"眷顾赢来的钱,这两者的性质是不同的,从而在对待它们的时候,态度也就有着天壤之别。

3. 人们对于数量不同的资金进行不同方式的消费选择

这里所说的因资金数量而使人们产生不同的消费选择,指的是人们对于属于同种收入的大笔整钱和小笔零钱也区别看待、分类消费。研究发现,人们普遍倾向于把大笔整钱放入长期储蓄的账户中,而把小笔零钱放入短期消费的账户中。

例如,缪先生看中了一条精品西裤,价值600元,他打算到月末发了奖金,就将其购买回家。

如果月末缪先生获得了800元钱的奖金,他可能当天一下班就拿出600元兴冲冲地跑去购买自己心仪已久的那条西裤,顺便将剩下的200元钱作为零花钱,买几包烟、一包茶叶等,800元钱的奖金转眼间就花费殆尽了。Kahneman 和 Tversky 两位教授曾提出过所谓的"赌场的钱效应",指的正是上文中这种类似的情况。当人们面对靠赌博(或者摸奖、抽奖、寄售馈赠等)方式赚来的钱和靠工作赚来的钱时,在消费倾向、风险偏好等方面都存在巨大差异。对于通过前一种方式所获得的钱财,人们往往敢于冒大风险,花费起来也很"大手大脚,钱不当钱用";而对于工作所得就"患得患失,一分钱最好能掰成两半来花"。

如果缪先生得到的奖金有8 000元,他也许下了班就不是直奔商店,而是转道去了银行,先把钱存起来,而从中拿出600元钱去买西裤的动力反而没有在第一种情况下大了。

造成这种情况的原因是缪先生把这两种奖金分别放在不同的心理账户中,即把800元归入零花的收入账户,而把8 000元归入储蓄的收入账户。

如果进一步假设,缪先生因为一年的出色工作得到了一笔80 000元的"年终奖",情况又会怎样呢?一般而言,他很可能会将这笔钱分开,拿出5 000元做零花,余下的75 000元存入银行。因为,在对待这样一笔较大的财富时,行为学相关理论认为,人们会在心中自动地将钱分成两个账户:零用账户和存款账户。与8 000元奖金相比,此时其购买西裤的动力又会变得强一些,但仍会稍弱于只有800元时的状况。人的行为变化就是这么奇妙。

明白了上述道理,我们不但能有意识地避免不利的效应发生,更能利用这种人们普遍存在的心理账户效应,有效跨越行为决策误区,将其为我所用,转变一些事情的做法以求取得更好的效果。

例如,一方面,为人子女每到过年过节的时候,总是主动给父母亲一笔不算少的整钱,希望逐渐衰老的父母亲能够更好地生活,吃点更有营养的、穿点更舒服的,最好还能买些补品保持身体健康。可是,心愿虽好,效果却往往不尽如人意,年迈的父母总是舍不得花费,十有八九会把这笔钱放入储蓄的心理账户中不舍得花,更有些父母,还会找个理由再把钱还给小辈。在这种情况下,我们可以换一种方式来体现自己的孝心。即将原来打算一次性给父母的整钱分若干次以小额的形式给他们。例如,原来打算过年一次性给3 000元的,就可以将它分成10次,过两个星期给300元,或者直接赠予等值的实物,如新棉衣、保健品等,这样一来,这些小钱小物就会被父母亲归入零花钱的心理账户,花费起来也更加心安理得,每次的300元一定会比一次性3 000元更好地融入他们日常的饮食起居开销中去。这样,作为子女的孝心就能够得到真正的落实。

另一方面,作为家长,过年过节时往往也有一个苦恼,即来往拜年的亲戚朋友比较多,很多人也会热心地给子女一个红包,美其名曰"压岁钱"。孩子们当然特别高兴,不过家长却也常常担心时不时的红包是否会助长孩子乱花钱的不良习惯。现在的家庭普遍都比较民主,直接"克扣"孩子的"压岁钱"也不太合适,到底怎样做才好呢?家长可以帮助孩子把过年所收的红包全部放到一起,然后在合适的时候把钱一起交给孩子。这就好像是上文孝敬父母的逆向操作。对于孩子来说,一个红包的钱可能并不多,买几个玩具就花完了,可如果把许多红包里的钱聚集到一起再给孩子,他(她)可能也会难以适应自己拥有了这么"大"一笔钱,一时也不知道该如何去花。这时,父母就能够有一个很好的机会来教育孩子从小养成储蓄的好习惯,通过让孩子亲身体会的方式来教导他(她)把钱花在应该花的地方。总之,孩子虽小,同样有"大钱"和"小钱"两种不同的心理账户,如果巧妙利用,一样能够像孝敬好父母一样,智慧地教育好孩子。

再举一个心理账户与税收政策的例子说明心理账户对收入来源与消费倾向的影响。关于"减税"主要有以下三种具体的方式:第一种是调低税率,即直接减少人们上缴的税金金额,如告诉普通纳税人,明年的个人所得税税率将由现在的$x\%$降低$z\%$。这是最简单的减税方法。第二种是税金返还,如出口退税,纳税人的出口商品原先按照规定的税率$x\%$纳税,但征税之后,政府又按照一定比例(如$z\%$)将税金退还给原纳税人。第三种则是纳税人首先仍按照原定的$x\%$税率缴税,在经过一段时间以后,政府会以诸如"财政结余"等名义给正常纳税人一笔资金,其数量就相当于 $z\%$ 的税金。然而,政府并不会直接告诉纳税人这笔钱与其缴纳的税金的关系。

上述三种方式,无论是对于政府所征得的税金数额还是对于纳税人所获得的"减税"收益数额而言,事实上都是等价的。在第一种方法中降低 $z\%$ 的税率就相当于第二种方法中返还 $z\%$ 的税金,同时也相当于第三种方法中给予纳税人金额等同于 $z\%$ 税金的钱。尽管从经济学的角度看三者并没有什么大差别,但从投资者行为学的角度去看,却有很大的不同。事实上,在实际拉动内需、刺激消费的过程中,这三种方式的有效程度也大为不同。那么,哪一种方式最为有效呢?正确的答案应该是第三种。这是因为心理账户效应的影响,使得人们对上述三种不同减税方法的态度有很大不同,从而影响其后继的实际消费倾向。第一种方法,采取直接的减税政策,尽管从成本、核算、手续等角度看其相比退税和给钱的政策更加便捷,但是这样做却无法改变这笔少缴纳的钱在人们心目中的性质。虽然税率降低、付出减少,但人们仍将其归于"辛苦工作所得的血汗钱"这一心理账户,会不舍得花费,所以刺激消费的效果不会太好。第二种退税的方式效果会好些,但本质上与第一种类似,促进消费、拉动内需的效果比较适中,国内消费需求不会因此有很大的提高。第三种方法则是先上缴与以往数目相同的税金,这样这笔钱就不再属于自己的"血汗钱"心理账户了,之后过一段日子,却意外收到政府给予的似乎与税金无关的钱,在这种情况下,人们普遍会感到是幸运女神的眷顾使自己获得了一笔"意外之财",大家自然就倾向于将其用于消费。可见,政府为了达到刺激消费的目的,采取"迂回给钱"的方式相比"直接减免"的方式会更加有效。如果财税政策的制定者们不清楚这个道理的话,就有可能虽然减少了自身的财政收入,却没能达到刺激消费、拉动内需的预期目标。

信用卡可以说是人类商业历史上最为伟大的发明之一,因为它极大地刺激了消费。有经济学家专门针对信用卡用户的消费心理做过一个实验。将实验者分为两组,分别拍卖一张很难得到的重要比赛门票,拍卖规则为暗中一次出价,出价最高者获胜。实验结果:信用卡组的平均出价约为现金组的两倍。心理账户理论给出了可能的解释:因为人们在规划心理账户时,会把信用卡上的钱归入一个单独的"信用卡账户"中去,而在这个账户中,金钱的心理价值较之现金是相对较低的,这也就解释了为什么人们刷卡消费的时候总是大手大脚。

四、心理账户的应用

Statman(1999)论述到,在证券投资中,行为投资者会根据价值的大小,一层一层地建立起金字塔式的投资组合。不同的层次对应着特殊的目标和对风险的特殊态度。有些钱投资在最下面的保护层,是为了避免遭受损失;有些钱投资在最上面的潜力层,是为了获得丰厚的利润回报。

在最近一个对人们如何进行心理账户的现有知识总结中,Thaler(1999)说到,心理账户的三个部分受到了人们的最大关注。第一个部分反映了人们是如何观察和体验到结果的,以及决策是如何被制定出来的,后来又是如何被评价的。它可以看作一个主观的描述系统。第二个部分的任务是将不同的活动用相应的心理账户表示出来。支出可以被分成不同的种类(住房、食品等),同时,消费在有些时候会受到明确的、不明确的预算规则的限制。心理账户的第三个部分涉及记账被评估和限定选择范围的频率大小。账目可以每天平一次,每周平一次,每年平一次,等等。对于账户的定义也是可宽可窄。Thaler(1996)总结到,心理账户影响人们的选择,意思是说,心理账户很重要,它的每一个组成部分都改进了经济学里的货币完全可替代原则。

第四节 前景理论

一、前景理论的理论基础

前景理论(prospect theory)是 Kahneman 和 Tversky 于 1979 年提出的,他们以问卷调查为基础,发现大部分人的回答显示出许多偏好违反传统预期效用理论的现象,并将这些违反传统预期效用理论的部分归纳为下列三个效应。

1. 确定性效应

确定性效应是指相对于不确定的结果,个人对于结果确定的结局会过度重视。Kahneman 和 Tversky 设计了两个问题来说明确定性效应。回答每个问题的人数用 N 表示,选择每一选项的人数占总人数的百分比用括号中的数字给出。

问题3:有两个选择

A. 2 500 的概率是 0.33,2 400 的概率是 0.66,0 的概率是 0.01;B. 一定获得 2 400。
$N=72$,A. [18],B. [82]。

问题4:有两个选择

C. 2 500 的概率是 0.33,0 的概率是 0.67;D. 2 400 的概率是 0.34,0 的概率是 0.66。

$N=72$,C. [83],D. [17]。

数据表明 82% 的人会选择问题 3 中的 B,83% 的人会选择问题 4 中的 C。

根据预期效用理论,问题 3 的偏好为 $u(2\,400)>0.33u(2\,500)+0.66u(2\,400)$,或表示为 $0.34u(2\,400)>0.33u(2\,500)$。类似地,由问题 4 可以得到 $0.33u(2\,500)>0.34u(2\,400)$。显然,这两个式子是矛盾的。

上例表明,在特定情况下,相对于确定性收益,人们的效用函数会低估那些只是可能性的结果,面临条件相当的盈利时,更倾向于接受确定性的盈利。

仅有两个结果时也会出现相同的现象。

问题5:

A. (4 000,0.80),或者 B. (3 000)。
$N=95$,A. [20],B. [80]。

问题6:

C. (4 000,0.20),或者 D. (3 000,0.25)。
$N=95$,C. [65],D. [35]。

在问题 5 中选择 B 意味着 $u(3\,000)/u(4\,000)>4/5$,而问题 6 中选择 C 意味着与之相反的结论。

下面的选择问题则进一步证明了结果为非货币时的确定性效应。

问题 7：

A. 50％的机会赢得英国、法国和意大利三周游；B. 确定的英国一周游。

$N=72$，A. [22]，B. [78]。

问题 8：

C. 5％的机会赢得英国、法国和意大利的三周游；D. 10％的机会赢得英国一周游。

$N=95$，C. [67]，D. [33]。

2. 反射效应

前面部分讨论了结果为正时的偏好，也就是涉及的是无损失的期望。如果结果的符号与之相反，即损失替代了盈利时，可以发现人们对盈利和损失的偏好刚好相反（结果为正时风险厌恶，结果为负时表现为风险喜好），以 0 为中心的反射颠倒了偏好的顺序，我们把这种现象称为反射效应（reflection effect）。

Kahneman 和 Tversky 同样设计了两个问题来说明反射效应。

问题 9：

A. $(-4\,000, 0.80)$，或者 B. $(-3\,000)$。

$N=95$，A. [92]，B. [8]。

问题 10：

C. $(-4\,000, 0.20)$，或者 D. $(-3\,000, 0.25)$。

$N=95$，C. [42]，D. [58]。

多数人愿意接受以 0.80 的概率损失 4 000 的风险，而不是确定性损失 3 000，尽管前者的期望值小于后者，期望为负时的偏好也以相同的方式违背了预期效用理论。

在结果为正的区间里，确定性效应促成了风险厌恶，对确定性盈利的偏好胜出了对盈利很大、但只是可能结果的偏好；在负区间，人们则表现为风险喜好，对只是可能性的损失的偏好胜过了对确定性的较小损失的偏好。

3. 分离效应

为了简化在不同选择对象之间的选择，人们常常先剔除掉选择对象中共有的成分，而将注意力集中于使之区别开来的成分。这种用于选择问题的方法会产生不一致的偏好，因为将一对期望分解为共有和各具特点的成分可能不止一种方式，不同的分解方式有时会导致不同的偏好。我们将这种现象称为分离效应（isolation effect）。

问题 11：考虑以下的双阶段赌局。在第一阶段，有 0.75 的概率出局，得不到任何收益，有 0.25 的概率进入第二阶段。如果进入第二阶段，会面临以下选择：一个是以 0.80 的概率得到 4 000，另外一个是确定得到 3 000。必须在游戏开始前作出选择，也就是在第一阶段的结果出来之前作出选择。

我们注意到，在这个游戏中，实际上相当于在两个结果中进行选择，一个是以 $0.25 \times 0.80 = 0.20$ 的机会赢得 4 000，另一个是以 $0.25 \times 1.0 = 0.25$ 的机会赢得 3 000。也就是说面临着 $(4\,000, 0.20)$ 与 $(3\,000, 0.25)$ 之间的选择，与问题 6 的选项是一样的。然而，在 141 位回答问题 11 的人中，有 78％的人选择了后一项，这与问题 6 的结果相反。显然，人们忽视了游戏的第一阶段,只考虑第二个阶段的结果和概率,与前面的问题5一样,将问题11作为在(4 000,0.80)与(3 000)之间的选择来考虑。

如果从预期效用理论观点来看,问题11和问题6是相同的,人们的选择应该相同。但是实际上却非如此,由此可见,个人会因为问题描述方式的不同而有不同的分解方式和不同选择,即所谓的框架依赖现象。

二、前景理论的内容

1. 个人风险决策过程

前景理论认为,个人风险条件下选择过程分为两个阶段:编辑(editing)和评价(evaluation),如图3.2所示。

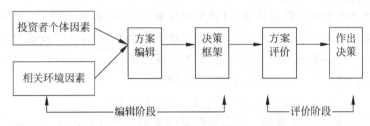

图 3.2 前景理论下的投资者决策框架

1) 编辑阶段

编辑阶段的作用是对选项进行重新组织,以简化随后的估值和选择。编辑包括对与所提出期望相关的收益和概率进行的预处理,使决策任务变得容易。编辑阶段包括以下几个内容。

第一,编码。Kahneman和Tversky(1979)提出,人们在对不确定事件作出判断时考虑的是获利或损失,而不是期末财富水平,其中获利和损失是相对于某个参考点而言的。通常参考点是根据目前财富的状况来决定的,但有时候参考点位置的决定受到提供期望的情况和决策者对未来预期的影响。

第二,合并。将期望中出现相同结局的概率合并,而使决策得以简化。例如,期望(200,0.25;200,0.25)可简化为(200,0.50),并以这种形式被评估。

第三,剥离。在编辑阶段,某些期望中包含的无风险成分将从有风险成分中剥离出来。例如,期望(300,0.80;200,0.20)自然地分解为确定收益200和有风险期望(100,0.80)。同样,很容易地看出期望(−400,0.40;−100,0.60)包含了确定损失100与期望(−300,0.40)。

第四,约减。约减的情况一般有两种:一种是前面描述的分离效应,就是舍弃所给望中共有的成分。对于一个两阶段的期望,会忽略两个选项共有的第一阶段,而只考虑第二阶段结果的期望。另一种类型的约减则涉及对共有要素的舍弃。例如,在(200,0.20;100,0.50;−50,0.30)与(200,0.20;150,0.50;−100,0.30)之间的选择,人们可能会将这两种选择中的相同因子(200,0.2)约减掉,使选择简化为在(100,0.50;−50,0.30)与(150,0.50;−100,0.30)之间进行。

2) 评价阶段

编辑阶段之后,决策者对期望进行评估并进行选择。被编辑期望的全部价值 V,主要通过价值函数 v 和权重函数 π 的结合来决定。v 反映了结果主观价值,与传统效用函数 u 度量结果的最终财富不同的是,v 衡量的是该结果离开参考点的程度,即收益或损失。π 表示与该结果概率 p 相对应的决策权重,它和客观概率 p 有着本质的区别,它反映了 p 对整个期望价值的影响力。

如果 $(x,p;y,q)$ 是一个一般性的期望,即结果 x 的概率为 p,结果 y 的概率为 q。式中 $x \leqslant 0 \leqslant y$ 或 $y \leqslant 0 \leqslant x$,$p+q<1$,则

$$V(x,p;y,q) = \pi(p)v(x) + \pi(q)v(y) \tag{3.3}$$

式中,v 为价值函数;π 为权重函数。当人们对两个不同的风险事件进行选择时,他们会选择具有较高值的那一个。

如果期望严格为正或严格为负,其评价原则和式(3.3)有所不同。在编辑阶段这些期望被分成两部分:一部分是无风险部分,即可确定获得的最小利得或确定支付的最小损失;另一部分为风险部分,即现实中可能发生利得或损失。这种情况下的评价表述如下:

如果 $p+q=1$,且 $x>y>0$ 或 $x<y<0$,则

$$V(x,p;y,q) = v(y) + \pi(p)[v(x) - v(y)] \tag{3.4}$$

也就是说,严格为正期望和严格为负期望的价值等于无风险部分的价值加上不同结果之间的价值差 $[v(x)-v(y)]$ 乘上比较极端(概率较低)的收益的相关权重 $\pi(p)$。进一步,式(3.4)可化成

$$V[x,p;y,q] = \pi(p)v(x) + [1-\pi(p)]v(y) \tag{3.5}$$

因此,假如 $\pi(p)+\pi(1-p)=1$,则式(3.5)可简化成式(3.3)。

前景理论的方程保留了和预期效用理论一样的乘积与形式,但其相关因子的含义和度量方式却已经与传统理论有本质的区别。

2. 价值函数

大量的心理学证据表明,人们通常不是从财富的最终状况,而是从财富变化的角度考虑。前景理论以价值函数替代了预期效用。

公式中的价值函数有几个关键的特征,如图 3.3 所示。

(1) 与标准金融投资者通常是以最终财富来感受效用不同,行为金融投资者的效用是通过盈利(gains)或损失(losses)来定义的。

这种思想最初是由 Markowitz 于 1952 年提出的。这种定义方法与人们在日常生活中经常提出并讨论风险行为的方式自然地吻合。人们的体验是与改变的估计值而不是绝对数量的估计值相对应的。当人们对光、声音或温度这些属性作出反应时,过去或现在的经验背景确定了一个适应水平或参考点,刺激则通过与这个参照点的对比而被感知。因此,一个给定温度的物体可能根据一个人可以适应

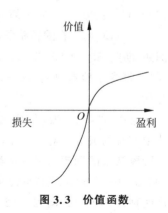

图 3.3 价值函数

的温度而被确定为摸起来是热还是冷。同一原理也适用于非感觉属性,如健康、声望和财富。例如,同一财富水平可能对一个人意味着卑下的穷困而对另一个人意味着巨大的财富。

(2) 价值函数另一个重要特征是它的形状。它在盈利区间是凹函数,在损失区间是凸函数,而且价值函数在原点处还有一个拐点,曲线的斜度在损失区间内比在盈利区间内要陡。

简言之,投资者在盈利时是风险厌恶的,而在损失时则是风险寻觅的,也表明投资者对损失的敏感性要大于对收益的敏感性,即投资者损失时所感受到的痛苦通常远大于相同数量的盈利所获得的愉悦,这一特征被称为损失厌恶(loss aversion)。

当个人面对两种不确定条件下的决策选择时,个人将这两个决策选择视为一种组合(x,y),并且会将这种组合合并或者分开为$(x+y)$或者$(x)+(y)$的方式来编辑,人们可能面临以下四种不同的组合。

第一,多重盈利。假如个人面对的两种选择都为盈利,即$x>0,y>0$。因为价值函数在盈利区间是凹函数,所以$v(x)+v(y)>v(x+y)$,因此分开编辑对个人的价值会比较大。

第二,多重损失。假如个人面对的两种选择都为损失,即$x<0,y<0$。因为价值函数在损失区间是凸函数,所以$v(x)+v(y)<v(x+y)$,因此合并编辑对个人的价值会比较大。

第三,混合盈利。假如个人面对的两种选择中,一个为盈利,另一个为损失,即$x>0$,$y<0$,且$x+y>0$。因为价值函数在损失区间比盈利区间要陡峭,所以$v(x)+v(y)$可能为负,而$v(x+y)$一定为正,因此$v(x)+v(y)<v(x+y)$,合并编辑对个人的价值会比较大。

第四,混合损失。假如个人面对的两种选择中,一个为盈利,另一个为损失,即$x>0$,$y<0$,且$x+y<0$。在这种情况下,如果没有进一步的信息,就无法确定哪一种编辑方式好。如果$v(x)+v(y)<v(x+y)$,则合并的方式比较好(图3.4)。假如$v(x)+v(y)>v(x+y)$,则分开的方式对个人的价值会比较大,这种情况最可能是一个大的损失和一个小的盈利相组合(图3.5)。

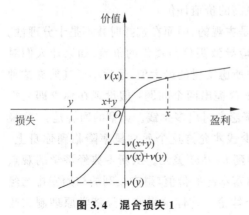

图 3.4 混合损失 1

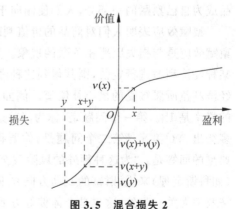

图 3.5 混合损失 2

3. 权重函数

公式中的权重函数是前景理论中的另一个重要概念。面临不确定性决策时,人们常常需要通过概率来估算不同结果发生的可能性。预期效用理论认为,风险情境下最终结果的效用水平是通过决策主体对各种可能出现的结果按照出现概率的加权求和后得到的。也就是说,一个不确定性期望的价值是关于其结果发生概率 p 的线性函数。

概率可以分为客观概率和主观概率。在大量的试验和统计观察中,一定条件下某一随机事件相对出现的频率是一种客观存在,这个频率就称为客观概率;而人们对某一随机事件可能出现的频率所做的主观估计,就称为主观概率。客观概率不依赖于人的主观认识,人们可以借助概率论和统计方法,基于客观情境,计算出客观概率分布。而主观概率则在于个人主观上对客观事物的认识,以及个人的经验和偏好。而且人们在加工不确定信息时,常常会出现一些认知偏差,因此,主观概率和客观概率往往是不相符合的。

Kahneman 和 Tversky 摒弃了传统的客观概率,基于心理学研究成果提出了权重函数。他们的研究表明,在评价效用时,人们对不同的效用值所对应的事件发生概率的主观感受是不一样的,在实际情况下,人们是根据权重函数而不是实际概率值作出决策的。通常把实际概率值划分为极不可能、很不可能、很可能、极可能。其中,极不可能概率的权重为 0,极可能的权重为 1,而对很不可能赋予相对较高的权重,对很可能赋予相对较低的权重,如图 3.6 所示。通过价值函数和权重函数,许多异常现象都可以用前景理论得出合理的解释。

但由于 Kahneman 和 Tversky 在前景理论中并没有给出如何确定价值函数中的关键——参考点以及权重函数的具体形式,在理论上存在很大的缺陷,从而极大地阻碍了前景理论的进一步发展和应用。

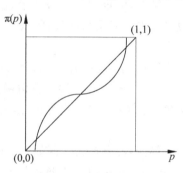

图 3.6 权重函数

三、损失厌恶与禀赋效应

Thaler(1980)把前景理论中的重要概念损失厌恶发展成为禀赋效应,即一旦一件物品成为自己禀赋的一部分,人们便倾向于给它更高的价值评价。

禀赋效应表明人们对商品的价值判断往往是主观的,因而在选择时并不是十分理性。禀赋效应是与损失厌恶相关联的现象。禀赋效应导致买价与卖价的价差,如果让人们对某种经济利益进行定价,则其得到这种经济利益所愿支付的最大值,远远小于其放弃这种经济利益所愿接受的最小补偿值。例如,Thaler 曾提出两个问题:假设现在你立即死亡的概率是 1‰,第一个问题是,你为消除这个概率愿意付出多少钱。典型的回答是:"我最多会出 200 美元。"第二个问题是,你要得到多少钱才允许这个死亡概率降临到你身上。典型的回答是:"为这种额外的风险我至少要得到 50 000 美元。"从新古典经济学的观点(如科斯定理)来说,财富的变动方向并不影响财富本身的价值,财产权利的初始安排与经济效率无关。显然,这也是个体偏好方面的一个悖论。该悖论将使按经济学原理制定政策的决策者们感到无所适从。

禀赋效应也导致了交易惰性(reluctance to trade)。例如,一位被试者假设被指派了一些工作,其在工资(S)和工作环境(T)两方面有差异。假定被试者担任了一个职位(S1,T1),然后可以选择是否跳槽到另一个职位(S2,T2)。(S2,T2)相对(S1,T1)而言,在一个方面更好,而另一个方面更差。试验结果表明,原来被指派到职位(S1,T1)的人不愿意跳槽到职位(S2,T2);原来被指派到职位(S2,T2)的人也不愿意跳槽到职位(S1,T1)。

下面的两个问题都是盈利(是积极的风险期望,而不是消极的期望价值)的例子。

问题12:你是否会接受一个10%概率盈利95美元、90%概率亏损5美元的赌博?

问题13:你是否愿意付5美元购买这样的一个彩票:10%的概率盈利100美元,并且90%的概率盈利0美元?

132人回答了上述两个问题。尽管两个问题是相同的,但有55人对问题12和问题13给予了不同的答案。在这55人中,42人在问题1中放弃赌博,但在问题2中接受实际上期望值等同的彩票。也就是说,将5美元视为成本时的赌博比视为损失时的赌博更让人愿意接受。

如果消极的结果被框定为损失比被框定为成本更让人容易接受,那么人们将会陷入绝对损失效应(dead-loss effect)。例如,有这样一个人:他刚参加了一个网球俱乐部后就患了肺炎,但他还是在痛苦中继续打球,以避免浪费他的投资,继续打球是为了把会员费作为成本而非绝对损失。

四、损失厌恶与处置效应

前景理论中的损失厌恶也能够较好地解释由Shefrin和Statman(1985)提出的处置效应。风险收益的不确定性是证券市场的常态,面对证券市场的不确定情况,投资者通常会设定一个风险收益的心理参考点。不同的投资者设立的参考点各不相同,参考点可以是特定时间的投资组合市值、单个证券的购买价格或者是委托给基金的金额。在做投资决策时,投资者总是会以自己的参考点来衡量风险和收益,在大多数情况下,他们的观念锚定于初始参考点。当股票价格高于参考点时,主观上处于价值函数为凹函数的盈利区间,投资者是风险厌恶的,希望锁定收益;而当股票价格低于参考点时,即主观上处于亏损,价值函数在凸函数,投资者就会转变为风险寻觅者,不愿意实现自己的亏损。此外,就是价值函数呈不对称性,投资者由于亏损导致的感觉上的不快乐程度大于相同数量的盈利所带来的快乐程度。因此投资者对损失较为敏感。正是因为投资者以参考点来判断损益,且投资者对损失比收益更敏感,所以,投资者在证券投资时,在行为上主要表现为急于卖出盈利的股票,不愿轻易卖出亏损股票,由风险厌恶转向风险寻觅,其行为往往是非理性的。当投资者的投资组合中既有盈利股票、又有亏损股票时,投资者倾向于较早卖出盈利股票,而将亏损股票保留在投资组合中,回避实现损失,即存在处置效应。

📋 基本概念

后悔厌恶 处置效应 模糊厌恶 心理账户 前景理论

思考练习题

1. 后悔厌恶的含义是什么？人们如何避免后悔厌恶？
2. 处置效应在证券市场投资中是如何体现的？
3. 心理账户在金融市场中的表现是什么？
4. 前景理论中提出人们偏好违反传统预期效用理论的效应有哪些？
5. 个人风险决策过程经历了哪几个阶段？
6. 禀赋效应指的是什么？
7. 分别用后悔厌恶和损失厌恶解释处置效应。

 ## 自测题

第四章 证券市场异象及其行为金融学解释

学习目标

1. 掌握总体证券市场价格异象的含义及行为金融学的解释。
2. 掌握反转效应和动量效应。
3. 了解 BSV 模型、DHS 模型和 HS 模型。
4. 掌握规模溢价和账面市值比效应的含义。
5. 掌握日历效应的含义及类型。
6. 了解投资者情绪假说。
7. 掌握封闭式基金折价之谜的含义及行为金融学的解释。

引导案例

Siegel(1997)作了一个投资于不同金融资产的回报变化情况统计图(图4.1),发现 1926 年的 1 美元在投资于不同的金融资产后,到 1999 年 12 月能获得的回报如下。

(1) 投资于小公司股票在 1999 年年底能够获得 6 600 美元的回报。

(2) 投资于标准普尔股票组合(S&P stocks)能获得 3 000 美元的回报。

(3) 投资于"股票价格研究中心"(Center for Research in Security Price,CRSP)股票组合能够获得 2 000 美元的回报。

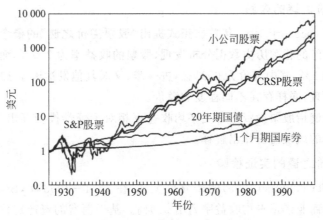

图 4.1 投资于不同金融资产的回报变化

(4) 投资于 20 年期的国债在 1999 年底能够获得 40 美元的回报。

(5) 投资于 1 个月的短期国库券在 1999 年底则只能得到 15 美元的回报。

在 1926 年至 1999 年期间,尽管美国经历了经济大萧条和第二次世界大战,投资组合的加权平均回报率仍比国债回报率高出 7.1%。同时,从历史走势看,股票回报率的波动比国债回报率的波动大得多。那么收益率差异是否可以用股票的风险大于国债和国库券来加以解释?或者说,从长期投资角度看,股票投资的风险是否大于债券投资?为何小公司股票的投资回报会大于大公司?

本章内容将重点讲解证券市场的收益异象,并在传统金融理论的基础上,应用行为金融学中的理论从新的角度为大家解惑。

按照有效市场假说,如果证券市场上的证券价格能够迅速充分地反映所有有关证券价格的信息,投资者就不可能利用某些分析模式和相关信息始终如一地在证券市场上获取超额利润。然而,大量的实证研究和观察结果表明股票市场存在收益异常现象,这些现象难以用有效市场假说和现有的定价模型来解释,因此被称为"异象"或"谜"。

行为金融学基于心理学研究成果,以投资者的实际决策心理为出发点,并辅以社会学等其他社会科学观点,主要从实证的角度研究人们如何理解和利用信息并作出正式的投资决策,以及在此过程中,投资者的认知与行为偏差对决策的影响。行为金融学更好地解释了标准金融理论无法解释的异常现象。

第一节 总体证券市场价格异象及其行为金融学解释

一、总体证券市场价格异象

有关总体(aggregate)证券市场的价格异象主要是指股票溢价之谜(equity premium puzzle)和波动性(volatility)之谜。

(一) 股票溢价之谜

1. 股票溢价之谜的内涵

Mehra 和 Prescott 于 1985 年首次正式提出"股票溢价之谜"的概念。他们通过对美国过去一个多世纪的相关历史数据分析发现,股票的收益率为 7.9%,而相对应的无风险证券收益率仅为 1%,其中溢价为 6.9%。进一步,又对其他发达国家 1947—1998 年的数据进行分析后发现,同样存在不同程度的溢价。

股票溢价之谜指股票投资的历史平均收益率相对于债券投资高出很多,并且无法用标准金融理论中的风险溢价作出解释。

2. 股票溢价之谜的实证检验

Campbell 和 Cochrane(1999)的研究也发现,在 1871—1993 年,S&P 指数的平均对数收益率比短期商业票据平均收益率高出 3.9%。基于消费的资产定价模型认为股票溢价由跨期的消费边际替代率和股票收益率的协方差所决定。由于实际的消费增长率比较平稳,如此之高的股票溢价隐含着高的风险厌恶水平,而高的风险厌恶水平应该意味着高水平的实际利率,然而这与实际的利率水平不符,因此该问题又被称为"无风险利率之谜"。

Siegel 和 Thaler 对这一现象做了形象的描述:假设你在 1925 年底有 1 000 美元,如果将它投资在国债上,到 1995 年 12 月 31 日将增值到 12 720 美元,但如果投资于股票组合,则增值到 842 000 美元,是前者的 66 倍。投资股票的年平均收益率为 10.1%,而债券为 3.7%,很显然两者的差异极大,即使考虑到投资股票的风险溢价,也很难对这一差异作出解释。

(二) 波动性之谜

1. 波动性之谜的内涵

按照有效市场假说,股票价格应该等于预期未来各期发放红利的贴现值之和,因此,股票价格的变化只与各期红利预期的变化有关,使用红利-股价等价值比率指标是不能对股票价格的未来走势进行预期的。然而现实股票市场中,股票价格的波动太过频繁,波动幅度也比较大,远远超过了有效市场假说所能解释的,这一现象被称为波动性之谜。

2. 波动性之谜的实证检验

Shiller(1981)列举了 1929 年 9 月股市高峰和 1932 年 6 月的低谷,根据标准普尔指数,股市下跌 81%,但实际股息指数仅下跌了 6%,股票价格的波动幅度过大,仅以信息的变动来解释是不够的。

Campbell 和 Cochrane(1999)的研究也发现,在 1871—1993 年,标准普尔指数超额对数收益率的标准差是 0.18,而对数价格-红利比率的标准差是 0.27。

二、行为金融学对总体证券市场价格异象的解释

(一) 行为金融学对股票溢价之谜的解释

行为金融学基于两种以偏好为基础的理论(前景理论和模糊厌恶理论)以及噪声交易者理论对股票溢价进行了解释。

1. 基于前景理论的解释——短视性厌恶损失

Benartzi 和 Thaler(1995)最先将前景理论与股票溢价联系到一起,他们认为对股票这种金融资产的频繁评估引起了投资者的损失厌恶,人们对此需要一个高溢价作为补偿。Barberis、Huang 和 Santos(2001)真正地将前景理论纳入资产的均衡定价模型中。在传统的基于消费的定价模型中,该模型引入前景理论所揭示的损失厌恶和私房钱效应。

$$E_0 \sum_{t=0}^{\infty} \left[\rho^t \frac{C_t^{1-\gamma}}{1-\gamma} + b_0 \overline{C}_t^{-\gamma} \hat{v}(X_{t+1}) \right] \qquad (4.1)$$

式中,C_t 为消费;参数 ρ 为折现因子,并且参数 $\gamma>0$,控制消费效用的凹性;变量 X_{t+1} 为投资者在时间 t 到 $t+1$ 内金融投资的盈利或损失,正值表明盈利,负值则为损失。投

资者从盈利或损失中得到的效用是 $v(X_{t+1}, S_t, z_t)$，它不仅是 X_{t+1} 的函数，也是 S_t 和 z_t 的函数。其中，S_t 是在时刻 t 投资者持有风险资产的价值，状态变量 z_t 测量时刻 t 以前作为 S_t 的一部分的投资者的盈利或损失；b_t 是一个外生性的缩放比例。

模型中的投资者不仅可以从消费中获得效用，也可以通过其持有风险资产在 t 和 $t+1$ 期间的值的变动获得效用，此处表示为 X_{t+1}。Barberis、Huang 和 Santos 将单位时间定义为一年，以便每年测一次损益。

从损益中获得的效用由 $\hat{v}$ 决定，此处，

$$\hat{v}(X) = \begin{cases} X, & X \geqslant 0 \\ 2.25X, & X < 0 \end{cases} \quad (4.2)$$

式中的 2.25 取自 Tversky 和 Kahneman(1979,1992)的实验研究。该函数形式只考虑损失厌恶，忽视了前景理论中的其他因素，如收益（损失）的凹（凸）性及概率转换。此后，Barberis、Huang 和 Santos 修正了式(4.1)中的效用函数为

$$E\left\{\sum_{t=0}^{\infty}\left[\rho_t \frac{C_t^{1-\gamma}}{1-\gamma} + b_t \rho^{t+1} v(X_{t+1}, S_t, z_t)\right]\right\} \quad (4.3)$$

模型中的盈利和损失是指投资者金融财产价值的变化，即使只是他全部财产的一个组成部分的价值发生了变化。假设有两项金融资产，因为预先已知道无风险资产的收益率，所以投资者并没有以从风险资产价值的变化中获得效用的方式从无风险资产的价值变化中得到效用。

投资者逐年监测他们股票组合价值的波动，并从中获得效用。假设投资者持有的风险资产在时刻 t 的价值为 S_t。设想到时刻 $t+1$，该值将上升至 $S_t R_{t+1}$。投资者测量这一盈利的精确方法取决于 $S_t R_{t+1}$ 与之相比的参考水平。一个可能的参考水平是现状或初始值 S_t。考虑到参考水平通常以无风险利率 $R_{f,t}$ 增加，则参考水平为 $S_t R_{f,t}$。一般地，投资者将把盈利或损失计作

$$X_{t+1} = S_t R_{t+1} - S_t R_{f,t} \quad (4.4)$$

在该模型中，损失的痛苦不只取决于损失的大小，也取决于损失前的投资业绩。重大的先前盈利后的损失大概比通常情况下的痛苦要小，因为它被此前的盈利所减轻。

相反，对投资者而言，重大的先前的损失后的继续损失可能比通常情况下更痛苦。如果他已经受到损失痛苦的煎熬，他可能对另外的挫折尤为敏感。

为了体现先前结果的影响，引入一个历史基准水平 Z_t 的概念。假设当判断一只股票最近的业绩时，投资者将他们现在持有的股票价值 S_t 与代表他们记得的过去股票交易时的价格 Z_t 相比较。不同的投资者将会以不同的方式形成该基准。对于一些投资者，它可能代表最近股票价格的平均值。而对于另一些投资者，它可能是过去突出时刻的具体的股票价格，如年末的股票价格。不管以什么方式形成基准水平，$S_t - Z_t$ 的差为正时，是投资者个人测量他在时刻 t 的投资赚取了多少，相反，如果差为负，是测量他赔了多少。

引入 Z_t 有助于模拟先前结果（经历重大盈利或损失）的影响。当 $S_t > Z_t$，投资者取得了先前的盈利，使得随后的损失的痛苦较小，并使投资者的风险厌恶降低。相反，当 $S_t < Z_t$ 时，投资者已经忍受了先前的损失。随后的损失会令他更痛苦，并且投资者比通

常情况下更为风险厌恶。

因为 S_t 和 Z_t 总结了投资者如何观察他过去的业绩,一个体现先前结果的简单的方式是,可以将金融财产的波动效用写作 $v(X_{t+1}, S_t, Z_t)$。为了方便建模,假设 $z_t = \dfrac{Z_t}{S_t}$。

在定义 $v(X_{t+1}, S_t, z_t)$ 中,考虑三种单独的情况:$z_t = 1$,投资者先前既无盈利,又无损失;$z_t < 1$,先前为盈利;$z_t > 1$,先前为损失。

当 $z_t = 1$ 时,投资者对金融财产的减少比对其增长更敏感,有时这一特征被称为损失厌恶。我们通过式(4.5)体现这一点:

$$v(X_{t+1}, S_t, 1) = \begin{cases} X_{t+1}, & X_{t+1} \geqslant 0 \\ \lambda X_{t+1}, & X_{t+1} < 0 \end{cases} \tag{4.5}$$

有 $\lambda > 1$。

当 $z_t < 1$ 时,投资者在股票市场上先前有盈利。小损失受的处罚不重,但是一旦损失超过一个特定量,则它将以一个较大的比率得到处罚。如果投资者已经增加了先前盈利缓冲,则这些盈利可能减轻随后的较小的损失的打击,尽管这些盈利可能不足以冲抵现时损失。

针对先前盈利,即 $z_t < 1$ 的情况,我们给定 $v(X_{t+1} S_t, Z_t)$ 为以下形式:

$$v(X_{t+1}, S_t, Z_t) = \begin{cases} S_t R_{t+1} - S_t R_{f,t}, & R_{t+1} \geqslant z_t R_{f,t} \\ S_t(z_t R_{f,t} - R_{f,t}) + \lambda S_t (R_{t+1} - z_t R_{f,t}), & R_{t+1} < z_t R_{f,t} \end{cases} \tag{4.6}$$

当 $z_t > 1$ 时,投资者最近已经经历了投资的损失,损失之后的损失比通常情况下更痛苦,所以它的形式不同于 $v(X_{t+1}, S_t, 1)$。更正式地,

$$v(X_{t+1}, S_t, Z_t) = \begin{cases} X_{t+1}, & X_{t+1} \geqslant 0 \\ \lambda(z_t) X_{t+1}, & X_{t+1} < 0 \end{cases} \tag{4.7}$$

这里,$\lambda(z_t) > \lambda$。注意:处罚 $\lambda(z_t)$ 是一个由 z_t 测度的先前损失大小的函数。为了简单起见,取

$$\lambda(z_t) = \lambda + k(z_t - 1) \tag{4.8}$$

这里 $k > 0$。先前的损失越大,z_t 也越大,随后的损失越痛苦。

Barberis、Huang 和 Santos 讨论了投资者先前盈利的缓冲如何随时间变化。基准水平对风险资产价值的变化作出迟缓的反应。

$$z_{t+1} = z_t \dfrac{\bar{R}}{R_{t+1}} \tag{4.9}$$

式中,$\bar{R}$ 为一个固定的参数。该式表明如果风险资产的收益率非常好,以至于 $R_{t+1} > \bar{R}$,状态变量 $z = \dfrac{Z}{S}$ 的值下降。这与行为迟缓的基准水平 Z_t 的上升小于股票价格本身相一致。相反,如果收益率较差且 $R_{t+1} < \bar{R}$,那么 z 上升。这与基准水平下跌小于股票价格相一致。

考虑到历史基准水平动力中的迟缓的变化程度,可将式(4.9)一般化为

$$z_{t+1} = \eta\left(z_t \frac{\bar{R}}{R_{t+1}}\right) + (1-\eta)(1) \tag{4.10}$$

当 $\eta=1$ 时,该式略为式(4.9),这代表一个迟缓的基准水平。当 $\eta=0$ 时,该式略为 $z_{t+1}=1$,这意味着基准水平 z_t 始终一对一地跟踪股票价值 S_t。

尺度项 b_t 表述为

$$b_t = b_0 \bar{C}_t^{-r} \tag{4.11}$$

式中,$\bar{C}_t$ 为时刻 t 的累积人均消费量(aggregate per-capita comsumption),且外生于投资者。通过用一个外生的变量,我们保证 b_t 只是充当一个中立的衡量因素,不影响先前部分的经济直觉。

参数 b_0 是一个非负常量,允许我们控制与来自消费的效用相对的来自金融财产的盈利或损失效用的重要性。取 $b_0=0$,使我们的框架变为充分研究过的以消费为基础的有关幂效用的模型。

直观的理解就是投资者在该模型中是风险厌恶的:他们对损失比对收益更敏感,对股票市场价格的频繁波动带有排斥心理,因此在面对这种风险时就要求一个较高的资产溢价。

2. 基于模糊厌恶理论的解释

基于模糊厌恶的方法对股票溢价的解释是,因为人们不喜欢模糊,也就是风险事件的概率分布不确定的情况,而投资者经常不能确定股票收益的分布,当面对模糊时,人们宁可选择自己心中最坏的估计。Maenhout(1999)指出投资者担心他们的股票收益模型是错误的,他们将要求充分高的股票溢价作为对概率分布模糊性的补偿。然而,他注意到,对于全部的3.9%的股票溢价的解释需要一个对错误规定的不切实际的高度担心。模糊厌恶最多只是对股票溢价之谜的一个片面的解释。

3. 基于噪声交易者理论的解释

噪音交易者风险(noise trader risk)理论是在20世纪90年代初由哈佛大学的德隆等提出的。简单地说,就是市场上有大量的缺乏真正信息的噪音交易者(通俗说就是散户),这些交易者对于资产价格的估值会有一些偏差。

基于噪声交易者理论的解释是,价格受到噪声交易者心理情绪影响的资产必然要比那些没有受到这种影响的资产为投资者带来更高的回报。同债券相比,股票的价格受到噪声交易者心理情绪影响的程度可能要大一些。因此,股票的实际回报必然高于它的内在价值所应提供的回报。

(二)行为金融学对波动性之谜的解释

行为金融学对波动性之谜给出了几种不同的解释。

1. 基于信念的解释

以信念为基础的观点认为,投资者对未来红利增长信念的形成方式也可以解释波动性之谜。当投资者看到红利高涨,他们实际的投资活动会夸大红利对投资的导向作用,对红利的变化反应过度,把价格推拉得更高,加剧了收益率的波动性。这一说法主要源自代表性的应用,尤其是被称为小数法则的代表性的直接应用。人们认为小样本可以反映总体特征,假设投资者看到了多期盈利,小数法则使他们相信收益增长已经开始,并且收益未来还将继续走高,从而加剧了收益率的波动性。

另一个基于信念的行为金融的解释是,投资者更多地依赖于私有信息,而不是公共信息,尤其是对于私有信息过度自信。假设某投资者已经看过相关的公共信息,并已对未来现金流的增长形成了先验的观点。而后,他又自己做了一些研究并对自己收集到的信息过度自信:高估了信息的准确性并过于重视与先验观点相关的信息。如果私有信息是正向(负向)的,投资者将会相对于当前红利把价格推拉得更高(打压得更低),加剧了收益率的波动性。

2. 基于前景理论的解释

前述 Barberis、Huang 和 Santos(2001)的模型也有助于解释波动性之谜。假设证券市场收到一些利好消息,带动整个股市的上扬,投资者获得大量收益。因为有盈利作为缓冲,投资者的损失厌恶变小,他们会以一个较低的折现率来折现未来现金流,相对于当前红利,价格被推拉得更高,从而增加了收益率的波动性。

第二节 证券时间序列收益异象及其行为金融学解释

一、证券时间序列收益异象

除了有关总体证券市场的异象之外,单只股票或投资组合的实证数据中,也发现了一些难解之谜,即长期价格反转效应和短期价格动量效应,二者合称为赢者输者效应(winner-loser effect)。

(一)长期价格反转效应

1. 长期价格反转效应的内涵

长期价格反转是指在一段较长的时间内,表现差的股票在其后的一段时间内有强烈的趋势经历相当大的逆转,要回复到正常水平(reversal to mean),而在给定的一段时间内,最佳股票则倾向于在其后的时间内出现差的表现。

2. 长期价格反转效应的实证研究

有关价格反转问题的研究早期且最有影响的发现来自 DeBondt 和 Thaler(1985)。他们的研究样本是 1926 年 1 月至 1982 年 12 月期间在纽约证券交易所(NYSE)上市交易,至少有 85 个连续月收益率数据的普通股。他们所研究的形成期和持有期以 3 年为主,但同时采用的形成期有 1、2、3、5 年 4 种,并逐月观察了长达 5 年的持有期收益率的变化。他们发现当对美国股票市场上过去 3~5 年的股票收益率进行排序后,那些有较低回报率的股票组合在紧接下来的 3~5 年里会有较高的投资回报率,而那些过去 3~5 年的回报率较高的股票未来 3~5 年的回报率却较低。

Campbell 和 Limmack(1997)对英国股票市场的研究也发现,在 1979—1990 年,形成期之后的 12 个月内,输者组合会持续地产生正的超额收益。此外,Vermanelen 和 Verstringe(1986)检验了比利时的股票市场,Alonso 和 Rubio(1994)检验了美国和西班牙的证券市场,Costa(1994)用巴西股票市场 1986—1998 年的数据,邹小芃(2003)用中国上海证券交易所 1993—2001 年的数据,赵学军、王永宏(2001)用中国股市 1993—2000 年的数据均得到支付股票价格长期反转的证据。

(二) 短期价格动量效应

1. 短期价格动量效应的内涵

价格动量效应(momentum effect)一般又称"惯性效应"。价格动量效应是由 Jegadeesh 和 Titman(1993)提出的,是指股票的收益率有延续原来的运动方向的趋势,即过去一段时间收益率较高的股票在未来仍会高于过去收益率较低的股票,而表现不好的股票也将会持续其不好的表现。

2. 短期价格动量效应的实证研究

事实上,早在 1967 年,Levy 就发现采用相对强势的策略,即买入现价远高于过去 27 周平均价的股票,可以获得显著的异常收益。

Jegadeesh 和 Titman 采用的样本是 1965—1989 年纽约证券交易所(NYSE)和美国证券交易所(AMEX)的上市公司股票。他们采用的形成期和持有期各有 4 种:3、6、9、12 个月,交叉搭配形成 16 种惯性交易策略。买进过去 3~12 个月收益率最高的 10% 股票(赢者组合)并售出同一时期收益率最低的 10% 股票(输者组合),可以在未来 3~12 个月获得大约每月 1% 的动量利润。

大多数国外研究认为短期价格动量是股市中普遍存在的现象,Rouwenhorst(1998)对澳大利亚、比利时、德国、法国、丹麦、意大利、荷兰、挪威、西班牙、瑞典、瑞士、英国 1980 年到 1995 年期间的股票数据进行了实证研究。该项研究发现价格动量在这几个国家都存在,当将动量投资策略同时运用于多个国家市场时,收益率大约是每月 1%。Rouwenhorst(1995)随后还研究了 1982 年 1 月至 1997 年 4 月在 20 个发展中国家股票市场上交易的 1 750 只企业股票,发现形成期为 6 个月,持有期为 6 个月的动量策略中 6 个国家可以获得显著为正的利润。并且如果把这 20 个发展中国家的 1 750 只股票作为整体来实施该动量策略,也可以获得显著为正的利润。Foerster、Prihar 和 Schmitz(1995)证明在加拿大市场,Chui、Titman 和 Wei(2000)证明在一些新兴市场也都同样存在短期价格动量现象。

国内也有一些学者对中国股市是否存在动量效应进行了实证研究。王永宏和赵学军(2001)对中国股票市场的动量效应进行了研究,研究的时间区间为 1993—2000 年,样本为 1993 年之前上市的全部 A 股。最后的结论是:各种期限组合的动量投资策略收益几乎全部为负。但是,他们的研究选取的股票样本仅为 1993 年之前上市的股票,样本数量有限,因此构成的赢家组合和输家组合的股票数量更为有限,而且在每个形成期和持有期都保持不变。这可能对得出的结论有重要影响。

吴世农、吴超鹏(2003)以 1997—2002 年中国上海股市 342 家上市公司为研究对象,检验了中国股市动量效应。研究发现,样本股票价格存在短期动量现象。

朱战宇、吴冲锋、王承炜(2008)采用重叠抽样的方法,考察周、月周期下价格动量策略的盈利性特征。结果发现,月度周期检验中并不存在显著动量利润,动量利润只存在于形成期和持有期在4周以内的周度周期策略中。

二、行为金融学对证券时间序列收益异象的解释

行为金融理论认为市场中投资者是有限理性的,从投资者的决策行为入手来找出动量效应和反转效应的产生原因,主要由BSV模型、DHS模型和HS模型对证券时间序列收益异象进行了解释。

(一) BSV 模型

Barberis、Shleifer 和 Vishny(1998)构建了一个描述投资者信念的模型,简称 BSV 模型。该模型将两种决策偏差纳入投资者的投资行为中:一种是保守主义,即相对于过去的信息而言,投资者具有低估新信息的倾向。另一种是代表性偏差,即投资者按照小数法则行事,以小样本的性质来判断总体样本的性质,从而过分重视近期数据的变化而忽视总体历史数据情况。

在 BSV 模型中,假设时刻 t 的收益是 $N_t = N_{t-1} + y_t$,此处,y_t 是时刻 t 的盈利冲击,它可以取 $+y$ 或 $-y$ 两种表现形式。假设所有的收益都是以红利的形式支付。投资者认为 y_t 的值由模型1或模型2所决定。模型1和模型2具有相同的结构:它们都是马尔可夫过程,即 y_t 的值取决于 y_{t+1} 的值。两个过程的根本区别在于转换概率(π)。两个模型的转换矩阵如表4.1所示。

表 4.1 模型1和模型2的转换矩阵

模型1	$y_{t+1}=y$	$y_{t+1}=-y$	模型2	$y_{t+1}=y$	$y_{t+1}=-y$
$y_t=y$	π_L	$1-\pi_L$	$y_t=y$	π_H	$1-\pi_H$
$y_t=-y$	$1-\pi_L$	π_L	$y_t=-y$	$1-\pi_H$	π_H

关键在于 π_L 的值小,而 π_H 的值大。一般假定 π_L 为 0~0.5,π_H 为 0.5~1。也就是说,在模型1中,一个正向盈利冲击后可能会向负面反转;在模型2中,一个正向盈利冲击后更可能是另一个正向盈利。

投资者认为他知道参数 π_L 和 π_H;他也认为自己对于从一个状态向另一个状态的转换(也就是从模型1到模型2的转换)的基本过程的理解是正确的。而这一基本过程也就是马尔可夫过程,即目前的状态只取决于先期的状态。该转换矩阵如表4.2所示。

表 4.2 模型1和模型2的状态转换矩阵

状态	$s_{t+1}=1$	$s_{t+1}=2$
$s_t=1$	$1-\lambda_1$	λ_1
$s_t=2$	λ_2	$1-\lambda_2$

s_t 为时期 t 所处的状态。如果 $s_t=1$,则处于状态 1,时期 t 的盈利冲击 y_t 由模型 1 决定;类似地,如果 $s_t=2$,则处于状态 2,盈利冲击由模型 2 决定。参数 λ_1 和 λ_2 决定了从一个状态转换到另一个状态的概率。BSV 模型集中讨论了 λ_1 和 λ_2 取值较小时的情况,此时意味着从一个状态转到另一个状态的情况很少发生。尤其是,假设 $\lambda_1+\lambda_2<1$,并认为 λ_1 小于 λ_2。因为处于状态 1 的无条件概率是 $\lambda_2/(\lambda_1+\lambda_2)$,这意味着投资者认为,处于模型 1 比处于模型 2 更为可能。

为了评价证券,投资者需要预测未来盈利。由于投资者对于公司盈利的判断由两个模型的一个产生,所以投资者只需尽力理解两个模型中的哪一个决定当前盈利变化。投资者根据观察到的每一期的收益并利用该信息尽力猜测他正处于哪一状态。尤其是,在时期 t 已观察到盈利冲击 y_t,并计算 y_t 由模型 1 产生的概率 q_t,使用新数据校正从先期 q_{t-1} 得到的估计。相应地,$q_t=\Pr(s_t=1\mid y_t,y_{t-1},q_{t-1})$。假设校正服从贝叶斯法则,所以

$$q_{t+1}=\frac{[(1-\lambda_1)q_t+\lambda_2(1-q_t)]\Pr(y_{t+1}\mid s_{t+1}=1,y_t)}{[(1-\lambda_1)q_t+\lambda_2(1-q_t)]\Pr(y_{t+1}\mid s_{t+1}=1,y_t)+[\lambda_1 q_t+(1-\lambda_2)(1-q_t)]\Pr(y_{t+1}\mid s_{t+1}=2,y_t)} \quad (4.12)$$

尤其是,如果时期 $t+1$ 的盈利冲击 y_{t+1} 与时期 t 的盈利冲击 y_t 相同,则投资者用 q_t 校正 q_{t+1} 的方式为

$$q_{t+1}=\frac{[(1-\lambda_1)q_t+\lambda_2(1-q_t)]\pi_L}{[(1-\lambda_1)q_t+\lambda_2(1-q_t)]\pi_L+[\lambda_1 q_t+(1-\lambda_2)(1-q_t)]\pi_H} \quad (4.13)$$

模型证明,在这种情况下,$q_{t+1}<q_t$。也就是说,如果投资者观察到同一方向的连续盈利冲击后,他会认为模型 2 的权重增加。反之,如果在时期 $t+1$ 的冲击与时期 t 的冲击相反,则

$$q_{t+1}=\frac{[(1-\lambda_1)q_t+\lambda_2(1-q_t)](1-\pi_L)}{[(1-\lambda_1)q_t+\lambda_2(1-q_t)](1-\pi_L)+[\lambda_1 q_t+(1-\lambda_2)(1-q_t)](1-\pi_H)} \quad (4.14)$$

且在这种情况下,$q_{t+1}>q_t$,模型 1 的权重上升。

在 BSV 模型中,认为证券的价格即为投资者观察到的证券价值,也就是说,

$$P_t=E_t\left\{\frac{N_{t+1}}{1+\delta}+\frac{N_{t+2}}{(1+\delta)^2}+\cdots\right\} \quad (4.15)$$

该表达式的前提假设是,投资者并没有意识到盈利的真实过程是一个随机游走过程。如果投资者意识到这一点,盈利预期将简化为 $E_t(N_{t+j})=N_t$,此时价格等于 N_t/δ。然而在 BSV 模型中,价格偏离这一正确价值,原因在于投资者没有用随机游走模型去预测收益,而是结合模型 1 和模型 2,而这二者中哪一个都不是随机游走的。

如果投资者认为收益产生过程是由以上分析的状态转换模型决定的,则证券价格满足

$$P_t=\frac{N_t}{\delta}+y_t(p_1-p_2 q_t) \quad (4.16)$$

其中 p_1 和 p_2 是取决于 π_L、π_H、λ_1 和 λ_2 的常量。P_t 中的第一项 $\frac{N_t}{\delta}$ 是如果投资者使用真

实的随机过程预测收益所得到的价格。第二项 $y_t(p_1-p_2q_t)$ 给出了价格对基本价值的偏离。当价格函数 P_t 表现出反应不足时，意味着证券价格对价值反应不足，即 $y_t(p_1-p_2q_t)$ 小于零，相反，当证券价格 P_t 表现出反应过度时，$y_t(p_1-p_2q_t)>0$。而在不同的条件下，这两种情况分别都有可能发生，因此证券市场上的反应不足和反应过度都有可能存在。

BSV 模型基于代表性偏差和保守性偏差这两类心理现象对市场价格反应过度与反应不足具有一定的解释力，然而从某种意义上来说，脱离这两种偏差，BSV 模型仍能在理论上成立。所以确切地说，BSV 模型并不是直接由这两种心理现象演化而来，只能说该模型的构造得到了这两类心理行为的支持。由此带来的问题是：①这样是否在某种程度上限制了模型对现实市场的解释力；②个体具有多种决策偏差，在不同的市场环境下个体受到不同的决策偏差的不同程度的影响，投资者是否一定具有代表性偏差和保守性偏差，以及这两种偏差是否在反应过度和反应不足中起到了主要作用；③这两种偏差是否在市场中同时存在并发挥作用。

（二）DHS 模型

Daniel、Hirshleifer 和 Subrahmanyam(1998)则利用过度自信和有偏的自我归因对短期动量和长期反转给出了解释，简称 DHS 模型。他们把投资者划分为有信息投资者和无信息投资者，后者不存在心理偏差，而有信息的投资者存在两种偏差，一是过度自信，二是有偏的自我归因。投资者通常过高地估计自身的预测能力，低估自己的预测误差；过分相信私人信息，低估公共信息的价值。有偏的自我归因是指当事件与投资者的行为一致时，投资者将其归结为自己的高能力，而当事件与投资者的行为不一致时，投资者将其归结为坏运气，归因偏差一方面导致了股票收益短期的动量和长期反转，另一方面助长过度自信。

DHS 模型的阐述主要分为两部分：投资者信心不变的模型和投资者信心依赖于结果的模型。

在投资者信心不变的模型中，假设投资者分为有信息投资者 I 和无信息投资者 U。假定有信息者是风险中性的，而无信息者是风险厌恶的。每个投资者均被赋予一揽子证券和一个无风险货币单位(在时期结束时价值 1 单位)。假设共有四个时期。在时期 0，个体们的信念相同，并以最佳的风险转移为目的单独进行交易。在时期 1，I 收到了一个有噪声的有关股票基本价值的私人信息并与 U 进行交易。在时期 2，一个有噪声的公共信息出现，且发生了进一步的交易。在时期 3，结论性的公共信息出现，股票支付股利，收入用于消费。所有的随机变量都是独立且正态分布的。

风险性股票产生了一个终期价值 θ，假设 θ 服从均值为 $\bar{\theta}$ 且方差为 σ_θ^2 的正态分布。不失一般性地令 $\bar{\theta}=0$。由 I 在时期 1 收到的私人信息是

$$s_1 = \theta + \varepsilon \tag{4.17}$$

这里 $\varepsilon \sim N(0,\sigma_\varepsilon^2)$（所以信息的精确度是 $1/\sigma_\varepsilon^2$）。U 正确地估算误差方差，但 I 将其低估，即 $\sigma_C^2 < \sigma_\varepsilon^2$。对所有人而言，对噪声方差的相异信念是一个共同知识。类似地，时期 2 的公共信息是

$$s_2 = \theta + \eta \tag{4.18}$$

这里的噪声项 $\eta \sim N(0, \sigma_P^2)$ 独立于 θ 和 ε。它的方差 σ_P^2 被所有的投资者正确地估计。

为简化起见,模型并不要求所有的私人信息均先于所有的公共信息到达,但基本要求是至少某些含噪声的公共信息在私人信息之后到达。同时,由于模型中价格是由风险中性的有信息交易者决定的,所以无信息投资者的作用在模型中是很小的。

因为有信息的交易者是风险中性的,则每一期的价格满足

$$P_1 = E_C[\theta \mid \theta + \varepsilon] \tag{4.19}$$

$$P_2 = E_C[\theta \mid \theta + \varepsilon, \theta + \eta] \tag{4.20}$$

这里下标 C 表示期望值符号,是以有信息的交易者的自信信念为基础算出的。一般地,$P_3 = \theta$。从而,价格的随机表达式为

$$P_1 = \frac{\sigma_\theta^2}{\sigma_\theta^2 + \sigma_C^2}(\theta + \varepsilon) \tag{4.21}$$

$$P_2 = \frac{\sigma_\theta^2(\sigma_C^2 + \sigma_P^2)}{D}\theta + \frac{\sigma_\theta^2 \sigma_P^2}{D}\varepsilon + \frac{\sigma_\theta^2 \sigma_C^2}{D}\eta \tag{4.22}$$

其中 $D \equiv \sigma_\theta^2(\sigma_C^2 + \sigma_P^2) + \sigma_C^2 \sigma_P^2$。

DHS 模型中的信心不变的基本模型得到的主要结论是,如果投资者是过度自信的,那么由于私人信息的到达所引起的价格波动将在长期内得到逐步的修正;源于公共信息的到达所产生的股价波动反应,将与随后的价格变化正相关。此外,如果投资者是过度自信的,那么价格变化将无条件地在短期和长期内表现出负自相关。最后,过度自信将增加围绕私人信号的波动,可能增加也可能减少围绕公共信息的波动,并且会增加无条件的波动;而围绕私人信号的超额波动量大于围绕公共信息的超额波动量。

在信心取决于结果的模型中,信心对结果的依赖使得过度反应趋于平滑,随后存在一个修正阶段。这两个阶段内部的证券收益是正相关的,但跨越这两个阶段的证券收益是负相关的。如果跨越这两个阶段的负相关关系较小,那么整个阶段的收益的自相关关系是正相关的。如果价格长期滞后阶段跨越转换阶段,则这一自相关关系为负。因此整体模式是短期内滞后的价格动量和长期滞后的价格反转。

但无论是对不变信心还是对取决于结果的信心模型进行分析,都发现投资者对于自身的过度自信会引起证券价格的过度反应,但是在过度反应后,证券价格会出现向基本价值回归的修正阶段。在过度反应阶段和修正阶段,证券价格的变化是正自相关的。因此,在过度反应阶段和修正阶段,证券收益呈现反应不足倾向。

与 BSV 模型类似,DHS 模型存在的主要问题是,过度自信和有偏的自我归因是否是导致反应过度和反应不足的主要投资者行为因素,这对于模型是至关重要的。

(三) HS 模型

Hong 和 Stein(1999)提出的 HS 模型假定市场由两种有限理性投资者组成:消息观察者(newswatchers)和动量交易者(momentum traders)。消息观察者不依赖过去的价格信息,而是基于他们个人观察到的关于未来基本情况的信息来作出预测,同时,动量交易者则完全依赖最近的价格变化作出预测,但是他们的预测是过去价格的简单函数。

模型假设私人信息在消息观察者中的扩散是缓慢的,也即具有反应不足的倾向,从而在股价上产生动量,此时动量交易者察觉到了动量,进而进行套利交易,将价格推向极致。

HS模型的分析主要分为两部分:一是在只有消息观察者的情况下,价格对新的信息调整缓慢,在此情况下只存在反应不足而没有反应过度,这主要是信息的逐步扩散造成的。二是加入动量交易者的作用。由于他们以过去的价格变化为基础,因此他们利用消息观察者引起的反应不足进行套利。在存在有效的风险容忍度的情况下,他们将促使市场的效率增加。但是如果动量交易者只是受限于使用简单的动量交易策略,如当动量交易者只能在时期 t 根据时期 $t-2$ 和时期 $t-1$ 的价格变化进行交易时,其利用消息观察者引起的反应不足进行套利将导致一个相反的结果,最初的向基本面的运动会导致对新信息的反应过度,特别是在动量交易者为风险中性时尤其如此。

HS模型表明,首先,消息观察者在利好消息到达时买进证券。随后动量交易者如果很幸运地立刻跟随买进证券,就对在后面跟随他的交易者产生一个负向外部性。他引起了一个更大的价格变化,使得后面的交易者有可能曲解为更多的利好消息到达。这将推动更多的交易者买进,价格也远远超出了最初的信息所引起的应有的价格变化部分。因此,最终的结果表现为:价格由最初的连续上涨表现为过度上涨,然后再跌落。相反如果到达的信息为利空消息,证券价格就会出现相反的运动趋势:连续并过度下跌,然后再上涨。因此总的说来,价格表现为期初的反应不足和随后的过度反应相合的现象。

确切地说,HS模型并不是基于心理决策偏差,而是将投资者分成两个只能处理全部可得信息子集的有限理性群体:消息观察者和动量交易者,进而考虑其相互作用来解释反应过度和反应不足。从某种程度上讲,HS模型的有限理性假设是具有一定的说服力和直觉上的适用性的。在HS模型的框架中,对于使用简单动量策略的套利者,认为其具备有限理性是有较广泛的可信度的,也与现实市场中的观察经验有较强的吻合性。从简单的原则出发,HS模型的推论仅来自一种主要的外部冲击,即有关未来基本面状况的缓慢扩散的消息,而并不包含投资者心理或流动性干扰等外部变量源,因而HS模型展示的主要概念性结论是,如果投资者中的某一集合(如消息观察者)对一些信息存在短期的反应不足,那么在投资者使用简单的套利策略(如动量策略)的情况下,最终将存在长期的反应过度。从模型上看,相对于BSV模型和DHS模型,HS模型可能具有较强的解释力度。

第三节 证券截面收益异象及其行为金融学解释

一、证券截面收益异象

根据CAPM模型,β系数能够完全刻画股票截面预期收益之间的差异。但当研究者们开始使用与公司股票相关的特征捆绑资产对有效市场假说和CAPM模型进行检验时,大量异象被发现。

（一）规模溢价

规模溢价,也称小公司效应,是指股票收益率与公司大小有关,即股票收益率随着公司规模的增大而减少。投资于小市值股票所获收益要比投资于大市值公司股票高。

Banz(1981)发现股票市值随着公司规模的增大而减小的趋势。同一年,Reimganum(1981)也发现了公司规模最小的普通股票的平均收益率要比根据 CAPM 模型预测的理论收益率高,且小公司效应大部分集中在1月。由于公司的规模和1月的到来都是市场已知信息,这一现象明显地违反了有效市场假设。Siegel(1998)研究发现,平均而言小盘股比大盘股的年收益率高出4.7%,而且小公司效应大部分集中在1月。由于公司的规模和1月的到来都是市场已知信息,这一现象明显地违反了半强式有效市场假设。Lakonishok 等(1994)的研究发现,高盈率的股票风险更大,在大盘下跌和经济衰退时,业绩特别差。市盈率与收益率的反向关系对 EMH 形成严峻的挑战,因为这时已知的信息对于收益率有明显的预测作用。

其他发达国家的证券市场也存在规模溢价,其中包括比利时、加拿大、日本、西班牙、法国等。研究还发现,小盘股效应与"一月效应"(January effect)高度相关,更准确地说,小盘股效应大都发生在1月,而"一月效应"现象则主要表现为小盘股股价行为。

没有理论或证据表明在1月小公司股票的风险性更大,公司的规模和1月的到来对市场而言都是已知信息,这一证据表明与半强式市场有效性形成鲜明的对比,超额收益并不是建立在新信息基础上的,而是建立在已知信息之上。

（二）账面市值比效应

账面市值比(Book-to-market ratio,B/M)或市盈率(P／E)可以粗略地用作估计股票价格的便宜程度。B/M 低的公司一般是价格较贵的"成长型"公司,而 B/M 高的公司则是价格较为便宜的"价值型"公司。

账面市值比效应,是指 B/M 高的公司平均月收益率高于 B/M 较低的公司。

Fama 和 French(1998)证明,公司的账面市值比是证券收益的有利预测工具,账面市值比越高的公司,其收益越高。Fama 和 French 把从1963年到1990年在 NYSE、AMEX 和 NASDAQ 上交易的所有股票,每年按其账面市值比分为10组,并测量每一组在下一年的平均收益率。他们发现包含所谓"价值"(value)股的高 B/M 比率的一组的平均收益率比包含"成长"(growth)股或称为"魅力"股的低 B/M 比率的一组的平均收益率每月高出1.53%。这一差别远高出两组合间 β 风险系数的差别所能解释的部分。

（三）负债权益比效应

投资于高负债率公司股票的投资者将会承担更高的风险,在 CAPM 模型中,这种风险由 β 系数表示。负债权益比效应,是指公司负债权益比与股票收益率成正相关关系,且在考虑了 β 系数和公司市值后这种正相关关系仍然显著。

二、行为金融学对证券截面收益异象的解释

(一)基于损失厌恶与心理账户

Barberis 和 Huang(2001)以损失厌恶和心理账户的概念来解释股票截面收益异象。他们考虑两种情况:第一种情况是投资者关心个别股票,对于个别股票价格的波动有损失厌恶的倾向,而且决策会受到前一次投资业绩的影响。他们将这种情况称为个别股票的心理账户。第二种情况是投资者关心整个投资组合,对于整个投资组合价格的波动会产生损失厌恶,决策前会受到前一次投资业绩的影响。他们将这种情况称为投资组合的心理账户。

Barberis 和 Huang 认为,成长型公司和大公司股票在过去通常表现较好,投资者视之为低风险而要求较低的回报。而价值股和小公司股票在过去通常表现比较差,投资者视之为高风险因此要求较高的回报。由此可知,个别股票的心理账户可以有效地解释股票截面收益的规模溢价和账面市值比效应。

(二)对规模溢价的解释

行为金融学对规模溢价的解释主要有以下三种观点。

观点一:小市值的公司起点通常比较低,当销售额增加或者盈利增加时,所计算出来的销售增长率或盈利增长率比较高,投资者可能过多关注增长率的高低而忽略了小市值公司的低起点,使其股票价格上升幅度较大。

观点二:大市值股票往往因为投资者过于关注,而使股票价格偏高,上升余地较小;小市值股票可能会因无人关注而市场价格相对较低,更具有吸引力。

观点三:小市值股票因为规模较小,容易受到庄家的操纵。

第四节 日历效应

一、日历效应的内涵

根据经典的投资理论,股票价格的变动应该与影响红利变动的基本面因素有关,与股票交易所处的特定时间似乎没有关系,股票价格变化与交易时间之间也不应该有规律可言。但是,大量实证的研究却发现股票市场的价格的变化与所处的特定的交易时间之间存在有趣的联系,这种联系很难用标准的金融理论进行解释,人们把这些异常现象统称为"日历效应"(calendar anomalies),即在不同的时间,投资收益率存在系统性的差异。

二、日历效应的特点

在股票市场,日历效应具有普遍性、多样性的特点。

普遍性是指日历效应不是仅仅出现在一个国家股票市场上的特殊现象,而是在许多国家都有表现。例如对美国、英国、澳大利亚和日本等国家的股票市场的历史研究都发现

了这种现象。

多样性是指日历效应的具体表现是多种多样的,既有短期的表现,如一月效应、周末效应、假日效应等,也有长期的表现,即跨越一个年度以上的、每隔若干年表现出的规律;既有阳历日历的效应,也有阴历日历的效应。

三、日历效应的具体表现

1. 一月效应

一月效应是指股票尤其是规模小的股票,从历史的表现看,在1月总能产生异常高的回报,1月的收益水平要高于整年的平均水平,这种现象显然与有效市场理论相悖。在证券市场出现的众多异常现象中,一月效应是最具有典型性和普遍性的。

在美国、英国和澳大利亚等国家的证券市场上都出现了一月效应。尤其有趣的是,一月效应被发现并广为人知已30余年,从理论上讲,如果交易者都了解一月效应,并试图提前利用这个现象进行套利活动,那么这种异常现象将随着交易者的套利活动的增加而逐渐消失,但从证券市场的历史表现看,一月效应并没有出现消退的迹象。并且,许多人认为其他一些异常现象也主要出现在1月。可以这样说,1月是进行股票投资的最佳月份。

一月效应的产生通常被解释为投资者在年末出于避税目的而进行证券出售之后的反弹。对于在年底表现不佳的股票,投资者为了减少税负而进行抛售,对于表现良好的股票则一直持有到新的一年。许多人认为一月效应已经被移到了11月和12月,因为共同基金在10月底要公布其持有的股票,并且共同基金从投资者手中购买股票,希望能够在1月获得收益。比较有趣的是,即使在英国和澳大利亚这些不把12月31日作为纳税年度终止日的国家,一月效应也同样存在。这表明税收的影响并不能全部解释一月效应出现的原因。

2. 月度效应

月度效应(monthly effect)是指股票价格变动在一个月的不同时间段所表现出的有规律的差异性,它包括以下三种情况。

第一种是月际之交效应(turn of the month effect),它是指在上一个月的最后交易日到本月初的几个交易日的每日股票收益(每日收盘价与开盘价的差额)要高于其他交易日。Frank Russell公司对1928—1993年65年中S&P500指数中的股票平均收益进行研究,发现美国大公司的股票在月际交替时的收益水平要高于平均水平。Lakonishok和Smidt在1988年的研究也表明除了12月和1月之外,美国股市存在这种效应。1989年,Cadsby对加拿大股市所做的研究也得到了相似的结论。1992年,Cadsby和Ratner研究了截至20世纪80年代末的10个国家和地区的股市的表现,发现美国、加拿大、瑞士、德国、英国和澳大利亚的股市存在这种效应,但日本、中国香港、意大利和法国的股市则没有。对于这种效应,存在很多的解释,其中Hensel和Ziemba分析认为,这种现象产生的原因是月末或下月初往往是发生现金流动比较多的时间,如发放薪水和支付利息等。这一发现表明,投资者的投资活动是定期地、有规律地进行的,他们总在月际之交之前做好计划,然后在得到工资或利息收入之后,按计划进行购买,由此导致在月际之交股票价格拉高。

第二种是半月效应(semi-month effect),是指一个月中前半个月的日平均收益要明显高于后半个月,其中前半个月包括从上个月的最后一个交易日到本月的前8天,后半个月是指本月最后交易日前的9个交易日。Ariel(1987)首次发现美国股市在1963—1981年存在这种效应,前半个月的收益率远远大于零,而后半个月则接近于零。Jaffe和Westerfield在1989年对日本、加拿大、澳大利亚和英国截至20世纪80年代中期的股市进行研究,发现澳大利亚存在这种效应,而日本则表现出反方向的半月效应,即前半月的收益要低于后半月的收益,加拿大和英国则没有表现出这种效应。1992年,Liano等人研究1973—1989年场外交易的股票中经济周期对半月效应的影响,发现只有在经济扩张时期才有这种效应,而在经济收缩期间没有这种效应。Wong在1995年将半月效应的研究扩展到中国香港(地区)、中国台湾(地区)、泰国、马来西亚和新加坡5个新兴股票市场,研究对象是1975—1989年主要的股票指数。他将这一段时期分成三个阶段:1975—1979年,1980—1984年和1985—1989年,结果表明,在这些新兴市场中很难发现半月效应,只有泰国在第一阶段和第三阶段表现出反方向的半月效应。1995年,Boudreaux研究了德国、法国、丹麦、挪威、新加坡、马来西亚、西班牙和瑞士的股市,发现丹麦、德国和挪威存在半月效应,新加坡和马来西亚的半月效应十分明显,并且即使去掉1月,半月效应仍很突出,这说明半月效应是与一月效应不同的另一种异常现象,不能用一月效应来解释。

第三种称为第三部分效应(third monthly effect),这是近年来才发现的股市异常情况。Kohers和Patel(1999)首次提出该效应,他们将阳历月分成三个部分,第一部分从上个月的第28日到本月的第7日,第二部分从本月的第8日到第17日,第三部分从第18日到第27日,他们使用从1960年1月到1995年6月间的标准普尔指数和1975年1月到1995年6月间的NASDAQ指数进行研究,发现在每月的第一部分的收益是最高的,而第三部分的收益最低,并且大部分为负值。

3. 星期一效应

星期一效应(Monday effect)是指与一周的其他时间相比,星期一的股票收益总表现出比较低的水平。与星期一效应表现相似、产生原因相似的异常表现还有周末效应、假日效应。Fields对1931年股票市场的价格进行研究,发现星期五的收益最高,首次提出周末效应的概念。之后,他对1934年的股票市场的研究发现,每到节假日的前一天,道琼斯工业平均指数总是出现上升。一些研究表明,星期一的回报低于一周的其他时间。

有趣的是,哈里斯对交易日一天内的价格表现进行研究发现,周末效应总是出现在交易日开始的前45分钟,价格出现下跌,而在一周的其他时间,在交易日开始的45分钟后股票价格表现出上升的情形。这种异常的现象让人产生了一个十分有趣的问题,也就是说,这些效应的产生是否与股票市场参与者的情绪有关?一般来说,在周五或在节假日前夕,人们的情绪往往比较好,但在周一情绪则比较低落。一个比较典型的例子就是在周一自杀的人要比其他时间多。由此可见,股票价格的变化要受交易者心理上的、情绪上的影响,这种原因所导致的股票价格的变动往往用传统的金融理论是无法进行解释的。

由于星期一效应(周末效应、节假日效应)所产生的价格变动的幅度比较小,出于交易成本的原因,投资者很难对它进行套利活动,因此这些效应具有一贯性、持续性。

Ted Azarmi 在 2002 年的一篇会议论文中对中国股市的日历效应进行了研究。他通过对中国上海、深圳证券交易所 1999—2000 年的股票数据进行分析,得到了一些有趣的结论:第一,在这个期间,每个交易日每隔 30 分钟的平均股价的变动幅度表现出这样的规律:在上午盘邻近结束时,即 12:00 之前,平均股价下跌,呈现负收益,而在午饭之后,也就是 1:00 开市之后,平均股价上升,呈现正的收益。第二,交易频率的变化呈现相似的规律,即在午饭之前,交易频率下降,交易活动减少,而到下午开市后,交易又恢复活跃。第一和第二种表现可统称为"午饭效应"。这个结果表明,中国股市在午饭时间前后表现出"异常",如果通过午饭前买入后在下午开市时卖出可以获得"异常"的收益,但实际情况表明,这种价格的差异并没有通过套利行为而消失。第三,对这个期间周交易情况进行统计比较,并用每天的开盘与收盘价的价差表示当天的收益状况发现,在周一进行交易可获得正的收益,在周二、周三收益呈现继续上升的趋势,而在周四股价下降,存在小幅的亏损,到周五时则呈现大幅度的亏损。中国股市中出现的一周交易的特点,显然也属于"异常"情况,因为在理论上存在在周五低价买入后在下周三卖出的套利机会,而现实中这种"异常"情况一直存在,表明并没有人利用这种机会而使"异常"情况消失。

日历效应可以说在所有股票异常现象中表现形式是最多的,股票价格的变动与所处的交易时间之间存在固有的、有趣的联系,这是很难用标准的金融理论来解释的。虽然对日历效应的解释还没有形成共识,但至少可以推测,日历效应的产生在很大程度上与投资者在不同交易时间的情绪、习惯等心理因素有关,投资者的心理因素在一定程度上影响着股价在不同时间的表现。

四、行为金融学对日历效应的解释

Kahneman 和 Tversky(1984)在研究个人行为时发现,人们根据资金的来源、资金所在和资金的用途等因素将资金归入不同的心理账户,各账户中的货币并不具有完全的可替代性。在证券市场中投资者就会将自己的投资组合主观地分为安全部分(远离股价下跌风险)和风险部分(冒险盈利)。一月效应异象中,人们往往将新的一年视为一个新的开始,就有可能使他们在一年相交替的日子里做出不同的行为。同样,每月之交是现金(薪金、利息)流入的日子,人们可能会处于与其他日子不同的兴奋情绪状态中,因此,星期五及假日之前人们情绪也较为高昂,而在星期一则情绪较为低落,这些都可能使投资者表现出不同的行为迹象。

第五节 封闭式基金折价

一、封闭式基金折价之谜

(一)封闭式基金折价的内涵

封闭式基金(closed-end fund)是指基金规模在发行前已确定,在发行完毕后和规定的期限内,基金规模固定不变的投资基金,即在封闭期限内,投资者不能向基金管理公司赎回现金或认购股份，但可以通过证券市场竞价交易，从而在投资者之间流通。

封闭式基金的交易价格低于其资产净值的现象称为封闭式基金的"折价"。虽然有时基金也会以高于净资产价值(MAF)的溢价转卖，但近年来10%~20%的折价成为常态。

（二）封闭式基金折价之谜的表现

封闭式基金折价之谜包括四个重要方面，这四个方面一起描述了封闭式基金的生命周期。

(1) 开始阶段，封闭式基金的发起人通常以10%的溢价发行股份，从投资者手中募集资金投资于各种证券。这时大部分的溢价来自前端费用，包括支付给基金承销商的承销费和启动成本。这些费用和成本要从发起人的收入中扣除，因此会相应减少基金的每股资产净值。

(2) 封闭式基金交易开始后约4个月内，交易价格逐步从溢价转为折价，平均的折价水平约为10%。此后折价成为正常情况，偶尔会出现溢价，但绝大多数的时间内均保持折价。因此，这个谜题最直接的一个问题就是，为什么投资者必须以溢价购买新基金却又以折价来交易现存基金。

(3) 随着时间的变动，封闭式基金的折价水平不断变化，而且变动的幅度非常大，这说明折价并不是资产净值的固定部分。此外，折价水平的波动似乎有一种均值回复(mean reverting)的趋势。从事后看，如果长期投资于折价很大的基金，可以获得显著为正的异常收益。

(4) 封闭式基金宣布以清算形式结束或转为开放式基金时，每股价格将上升，折价减少。基金股东投资封闭式基金的正收益绝大多数来自此时基金折价的降低。但是，基金仍将保持小额折价，一直持续至清算结束或转为开放式基金时为止。

二、封闭式基金折价之谜传统解释

（一）资产流动性缺陷理论

一般来说，基金投资组合中股票的流动性与变现能力，直接决定着基金的流动性。资产流动性缺陷理论(illiquidity of assets)从两个角度认为，基金公布的资产净值夸大了其真实的价值，从而导致基金折价交易。

1. 限制性股票假说

限制性股票假说(restricted stock hypothesis)认为基金持有了大量流动性受限制的股票(restricted stock)，相对于没有受到限制的股票而言，这类股票的市场价值自然要低一些。换言之，这种理论认为一些基金把大量的资金投资于在一定时间内流动性不足的股票，用其市值计算资产净值实际上是夸大了基金的真实资产净值。因此，持有了较大数量这种股票的基金价格应当有较多的折价。

但根据很多研究，许多封闭式基金持有的这种受到限制的股票非常少，许多大型的基金公司仅持有高流动性、可公开交易的股票，但是这些基金仍然发生折价交易，所以这种情况对这些基金折价的影响不大，也即从反面说明了受限导致的流动性缺陷不能完全说明广泛存在的封闭式基金的折价问题。

基金在进行这类股票的计算难以按公平的市场价格来计算。实证研究表明受限股票持有水平与折价水平之间存在一种很小的但很显著的相关性。显然,市场并不认为基金已对这些证券进行了充分的折价。持有受限证券确实可部分解释某些基金的折价现象,但是对大量种类繁多的基金中的大部分折价幅度作出的解释却无法令人满意。

2. 大宗股票折价假说

第二种资产流动性缺陷理论是大宗股票折价假说(block discount hypothesis)。因为封闭式基金有时会持有大量的某一公司的股票,由于资产(尤其是股票)在实际交易中存在流动性成本(包括市场冲击成本、市场时机成本和机会成本),这种股票的变现价值必然低于其报告中的净资产值(NAV),使得基金实际可实现的价值低于净值,从而导致折价交易。从这一角度来看,基金应当有一定程度的折价。但是这一说法同股票受限假说一样,不能解释为什么封闭式基金改为开放式基金后,基金仍然可能持有较多的某一股票,而基金却不再折价了。

(二)代理成本理论

最早从代理成本(agency costs)角度对封闭式基金折价现象提出解释的是 Jensen 和 Meckling。代理成本对封闭式基金折价可能造成的影响可以从以下两个方面来考虑。

1. 管理费的存在导致封闭式基金以折扣交易

封闭式基金每年都要向股东收取管理费,而管理费一般是基金管理下的资产总值的 0.5%～2.0%,一些传统基金学家认为,管理费的存在导致封闭式基金以折扣交易。假定某一封闭式基金的年度管理费为基金资产的 1%,如果贴现率为 10%,那么这一管理费就会导致基金的股票以 10% 的折扣进行交易。

但是这一解释显然存在很多问题。很多封闭式基金收取的管理费同不收取前置费(front fee)的开放式基金大致相当,而且它们提供的服务也大致相同,因此,它们在市场上的价格也应该一样。但是如果封闭式基金的股票以折扣交易,那就意味着封闭式基金的投资者获得的回报率应该高于开放式基金投资者的回报率。因此,封闭式基金管理费的存在意味着封闭式基金股票不应该以折扣进行交易。此外,并没有证据证明封闭式基金的折扣率同管理费之间存在相关性。

2. 封闭式基金的管理业绩可能导致折扣

如同所有投资者一样,封闭式基金的管理者也买入、卖出股票。因此,封闭式基金的折扣率可能反映出基金管理人员的投资能力与业绩。此外,如果折扣率反映基金管理者的业绩与能力,那么大幅度的折扣率应该预示未来的不良业绩,而溢价应该预示未来的良好业绩。因此,当封闭式基金上市时以溢价交易应该预示基金未来的良好业绩。

但事实恰好相反,上市后,基金股票的价格迅速下跌,这意味着市场预期基金的业绩将低于市场一般水平。这显然是相互矛盾的两个预期。Malkiel(1977)研究了基金业绩同折扣率之间的关系,发现二者之间并不存在相关性。Lee、Shleifer 和 Thaler(1991)发现封闭式基金未来资产净值同折扣之间存在微弱的相关性,但是这种相关性同预期的刚好相反,即折扣率高的基金的投资业绩不是差于折扣率低的基金的投资业绩,反而好于折扣率低的基金的投资业绩。

(三)资本利得税理论

资本利得税理论(capital gains tax liabilities)是指当投资者购买了含大量未实现资本升值的封闭式基金时,投资者需承担潜在的资本利得税赋。封闭式基金报告的净资产现值未反映出应缴纳的资本利得税额,如果基金卖出持有的资产,实现这些资本升值时,必须支付资本利得税。应缴税收资产的净值已被高估,所以在基金资产清算时,其价值自然应该降低,基金资产净值中包含越多的未实现资本升值,基金折价的比例也应越大。

但是,这一学说的解释力也有限,当封闭式基金转化为开放式基金时,价格就会涨到净资产值的水平,而不是当被衡量的净资产值过高时,净资产值下降去与基金价格相匹配。而且,当封闭式基金转化为开放式基金时,未实现资本升值并没有减少,基金的折价比例也不应当发生变化,但现实中转型发生后,基金的折价却消失了。显然,这一观点无法解释这一现象。因此,该理论对基金大幅折价的解释是有局限的。

(四)业绩预期理论

业绩预期理论(expect performance theory)认为基金价格与其净资产价值的持续偏离是符合有效市场假说的,折价或溢价反映了对基金未来业绩的预期,如果人们认为基金的证券选择能力和把握市场时机的能力较强,即基金的未来业绩较好,则会出高价购买该基金股份,该基金会以溢价交易或者基金的折价率减少。反之,人们就会要求基金折价交易。基金的折价水平是对管理者业绩的一种预期。

Boudreaux(1973)验证了封闭式基金的折价反映市场对基金未来表现的预期。而Malkiel(1977)得到的却是相反的结论,在基金折价和基金管理水平之间并没有显著的相关关系。Lee、Shleifer 和 Thaler(1991)证明了在封闭式基金的贴水与基金未来净值业绩之间存在负的相关关系,那些深度折价的基金比起折价幅度较小的基金,往往在随后会有较好的净值业绩。Chay(1999)分析折价的原因是投资者对基金管理者较低的投资能力的理性预期。因此,业绩预期理论也很难对封闭式基金折价交易的困惑现象给出满意的解释。

三、封闭式基金折价交易的行为金融学解释

(一)投资者情绪理论

1. 投资者情绪理论的提出

Lee、Shleifer 和 Thaler(1991)提出了投资者情绪理论。他们认为,封闭式基金的持有者中有一些是噪声交易者,噪声交易者对未来收益的预期很容易受到不可预测的变动的影响。当噪声交易者对收益持乐观态度时,基金的交易价格就会上涨,出现相对于基金资产净值的溢价;当噪声交易者对收益持悲观态度时,基金的交易价格就会下跌,出现折

价。因此,持有封闭式基金就有两部分风险:基金资产价值的波动风险和噪声交易者情绪的波动风险,投资者持有封闭式基金比持有基金投资组合的风险更大。如果噪声交易者风险具有系统性,那么理性投资者就会要求对此进行补偿。封闭式基金的市场价格应低于其投资组合的资产净值,由此产生了封闭式基金的长期折价交易现象。

Zweig(1973)第一个暗示封闭式基金折价可能反映了个人投资者的预期。Weiss(1989)的研究结果支持了Zweig的推测,并证明了个人投资者在封闭式基金上比机构投资者拥有更大的利益。Lee、Shleifer和Thaler(1991)在Weiss以及DSSW噪声交易模型的基础上,提出了投资者情绪理论。

2. 投资者情绪理论对封闭式基金折价交易的理论解释

投资者情绪理论认为折价的运动反映了个人投资者不同的情绪。它认为市场上存在两类投资者,即理性投资者和噪声交易者。理性投资者能够根据信息对资产收益形成理性预期,而噪声交易者则由于缺乏信息或分析能力,对资产收益的预期通常是随机的,会高估或低估资产收益,犯系统性预测错误,而且其预期或情绪波动难以预测。

由于噪声交易者的存在,持有封闭式基金的风险由两个部分组成:由基金持有的证券组合引发的风险和由噪声交易者对基金本身的情绪变化而引起的风险。这使得持有封闭式基金比持有基金标的资产要承受更大的系统性风险,因此,持有基金所要求的收益率平均而言必然要大于直接持有基金标的资产的收益率,这意味着基金必须折价出售以吸引投资者购买。Lee、Shleifer和Thaler(1991)指出:得出上述结论并没有假定噪声交易者平均而言对封闭式基金是悲观的,平均定价过低来源于持有基金比持有它的标的资产更具有风险。

投资者情绪理论还同时解释了封闭式基金之谜的另外三个谜团。

第一,当噪声交易者对封闭式基金(或者其他同样受到投资者情绪变动影响的资产)的前景充满信心时,企业经营者可以通过把全部资产投向封闭式基金并把它们卖给噪声交易者而获利。在该理论中,理性投资者起初并不会购买封闭式基金,相反,如果能借到一定的基金份额,他们就会卖空基金。为什么在基金开始募集之初,几个月后基金预期收益为负的情况下,仍会有人买入基金,这一问题在引入非理性投资者后就不难解释了,那些对基金未来时间收益预期非常乐观的噪声交易者就会这么做。按照这一理论,封闭式基金的存在并不需要符合有效市场原则,它们仅仅是聪明的投资者用来利用入市不深的投资者而获利的工具。

第二,封闭式基金的折价幅度随着投资者对未来收益预期情绪的变化而波动。事实上,折价幅度随机变动才符合这一理论,因为正是折价水平的波动才使得持有基金充满风险,也才能解释为什么价格会被总体上低估。如果折价幅度是固定不变的,即使是在短期投资的情况下,套利者也可以通过买进基金然后卖空基金所持有的资产组合这一无风险操作获利,这样,折价实际上就不存在了。

第三,这一理论也解释了为什么在封闭式基金宣布改为开放式基金后,价格会上升,折价幅度会在成为开放式基金后或者实际清算时最终消失。当一种基金将变为开放式基金或进行清算(或者这种可能性增加)的消息为人所知时,噪声交易者风险和折价就消失(减少)了。在消息宣布之日,这种风险就已经大幅减少,因为这时任何投资者买进基金并卖空基金所持有的资产组合时就已经知道在开放日他们最终能获利多少。即使是在折价幅度上升的情况下,被迫清仓的风险也已经消失。在宣布变为开放式基金或在清算之日,如果还有小幅的折价存在,只能是因为套利的实际交易成本或者几个传统理论中提及的几个因素。按照投资者情绪理论,在宣布开放或清算后,现存的折价将逐渐变小,直至完全消失。

(二) DSSW 模型对谜团的解释

假设噪声交易者关于未来回报的预期受到不可预测的变化的影响。有时噪声交易者对未来证券的回报乐观,推动这些证券的价格相对其基本价值上涨。对于那些基本价值难以估计的证券,这种乐观情绪的影响很难被辨认出来。然而在封闭式基金的情况下,投资者的乐观情绪就会使基金以溢价或较小的折扣被卖出。当噪声交易者对未来证券的回报悲观时,情况相反。由于投资者变化着的回报期望值不可预测,其对封闭式基金需求量的变化也是随机的,这就导致了折价的随机波动。

在这个模型中,持有封闭式基金(以及任何受这种随机性的情绪影响的证券)的风险由两部分组成:持有基金组合的风险,以及噪声交易者关于基金的情绪发生改变的风险。特别地,如果噪声交易者对封闭式基金变得相对悲观,则所有持有封闭式基金的投资者,都会遭受未来折价变大的风险。只要这种来自未来投资者情绪不可预测性的风险是系统性的,这种风险就会被均衡定价。投资者情绪风险有系统性时,将会影响很多证券,这其中包括但不仅仅局限于封闭式基金。因此,DSSW 模型中的投资者情绪反映了全市场范围内的期望值,而不只是封闭式基金。

基本概念

股票溢价之谜　波动性之谜　长期价格反转效应　短期价格动量效应　日历效应　封闭式基金折价之谜　投资者情绪假说　噪声交易假说

思考练习题

1. 总体证券市场价格异象有哪些?各自的含义是什么?
2. 规模溢价的内涵是什么?行为金融学对其有哪些解释?
3. 日历效应的内涵及特点是什么?
4. 赢者输者效应具体指什么?行为金融学用什么理论对其进行了解释?
5. 投资者情绪假说可以用来解释哪些股票市场异象?

6. 封闭式基金折价之谜的内涵和表现是什么?
7. DSSW 模型如何对封闭式基金折价之谜进行解释?

 自测题

第五章 投资者心理特征与金融泡沫

学习目标

1. 掌握金融泡沫的含义并了解相关历史案例。
2. 了解个体行为偏差对金融泡沫形成与发展的影响。
3. 了解机构投资者行为偏差对金融泡沫形成与发展的影响。
4. 了解社会因素对金融泡沫的推动机制。
5. 掌握金融泡沫的特征。

引导案例

改革开放后,君子兰交易在长春日益活跃。许多上了年纪的长春人总结出最初的君子兰情结:君子兰,名字响亮,观赏价值高,从观赏到内涵完美融合,与之伴随的巨大市场潜力更是让人垂涎欲滴。并且,在1982年长春举行的"抢救国宝大熊猫君子兰义展"中,国务委员亲临长春花展,电视台节目片头也采用了君子兰的形象。随后,香烟、肥皂、服装、家具等商品均打上君子兰的图案或字眼,香港某电视台甚至免费为长春君子兰提供广告。

在君子兰热潮之下,1984年10月11日,君子兰被命名为长春市市花,并且长春市提出发展"窗台经济",号召家家都要养3盆至5盆君子兰。随后,长春的君子兰价格突破了100元一盆(市场需求旺盛,价格上涨),震惊世人,而当时工人的月工资不过是40元每月。到了1985年,君子兰的成交价突破了10万元一盆,巅峰成交价为14万元一盆,震惊全国,而在当时北京的房价也仅仅是300元一平方米,一盆花可以在北京买很多楼了,因此君子兰当时被称为"绿色金条"。

经济结构的瑕疵或者漏洞、政府的政绩诉求、民众的致富诉求以及特殊的自然技术生产周期结合,导致了诸多商品价格潮起潮落,像感冒病毒一样,每过一段周期,就会在不同的地区大爆发。因此,理性地看待商品的价格涨幅也成为投资者必不可少的资质,本章也将就这一问题展开讲述,介绍投资者在投资过程中的心理特征以及金融泡沫问题。

金融泡沫会对一国产生重大影响,而金融泡沫的破灭往往会导致严重的经济衰退。历史上很多国家都出现过金融泡沫,金融泡沫可以分为理性泡沫及非理性泡沫两类,前者可以用制度原因、市场原因等因素解释,而后者则需要从行为金融学的角度进行解释。本章从投资者心理特征角度,分析个人投资者、机构投资者及社会因素对非理性金融泡沫的形成与发展产生的影响。

第一节　金融市场泡沫

金融泡沫本质上是融资过程中存在的生息资本积累超过现实资本积累部分而出现的虚假资本成分,表现形式为金融工具超物质基础发行和金融资产的市场价格严重偏离其内在价值。金融泡沫的形成过程就是金融资产价格异常上升的过程,随着泡沫到达顶端并最终破灭,资产价格将一泻千里,给社会造成重大负面影响。

一、荷兰郁金香泡沫

荷兰的郁金香泡沫事件发生于17世纪30年代,是全球第一起重大的泡沫事件。其特殊之处在于引发泡沫的是郁金香,是一种实物产品,只不过它是作为一种投资品为民众使用。

郁金香于16世纪末传入荷兰,由于得天独厚的气候及土壤条件,荷兰成了当时世界主要的郁金香栽培国。荷兰人乃至欧洲人都沉醉于郁金香的高贵美丽,将其看作身份的象征,所有人都卷入疯狂寻求名贵郁金香的队伍之中。1630年荷兰人培育出了一系列的新品种,郁金香价格的不断上涨也吸引了众多的投机者,他们疯狂炒作郁金香并预期价格会继续上涨,希望从中获得利润。于是郁金香球茎的价格以离奇的速度继续上涨:1635年,40株郁金香球茎开价10万弗洛林;1637年,一株奥古斯特可以买下阿姆斯特丹的一幢豪宅。1636—1637年,郁金香价格上涨了5 900%。就在此时,荷兰人还发明了期货以实现更便利的投机,埋下了巨大的风险隐患。1637年2月4日,荷兰人对郁金香失去了信心,市场出现了大量抛售,郁金香价格开始暴跌,其价格下降的速度甚至超过其上涨速度,市场陷入恐慌,郁金香市场全面崩溃,并且从此一蹶不振。

郁金香泡沫的破灭不仅导致荷兰经济遭受了沉重的打击,还使其失去了海上霸主的地位,之后荷兰人将郁金香看作罪恶的化身。

二、密西西比泡沫

约翰·劳出生于英国爱丁堡的一个银行世家,青年时接受了良好的教育,具有很强的数学天赋。1716年5月约翰·劳经法国路易十五王朝特许建立了一个可以发行货币的私人银行,经营期限20年。他给银行取了一个极富想象力的名字:通用银行。最初规定该银行所发钞票必须以固定价格与黄金和白银铸币兑换。显然,贵金属储备的要求将严重束缚银行货币和信用扩张能力。1717年,他说服王朝政府发出敕令,规定王国所有税收皆以约翰·劳的银行钞票缴付,从而为银行纸币的流通开辟了广阔空间。1718年12月,约翰·劳再次创造惊人之举。路易十五批准他的银行更名为"皇家银行"(Banque Royale)。1719年4月,皇家银行宣布钞票价值与白银价值脱钩,不再保证兑换。约翰·

劳的银行事务经营得很成功，币值稳定。而金银却因受政府的不明智干预时常贬值。于是劳氏银行的信誉蒸蒸日上，垄断了烟草销售，还独揽改铸金币、银币的权力。

在法国政府的重商主义下，约翰·劳自1717年就开始日益获得各种贸易特许权，以至于其设立的密西西比公司拥有与密西西比河广阔流域和河西岸路易斯安那州贸易的独一无二权利（因为当时传说这两个地方遍地可见金银），且公司股票可以用国库券以面值购买。在当时由于法国国债贬值，面值500里弗尔的国库券在市场上只能兑换160里弗尔。但股票价格在不断上涨，使得投资者以国债购买股票，国债与股票双双得到支撑，债务风险不再迫在眉睫，资产价格也在上升，投机狂潮开始席卷法兰西。时至1719年，密西西比公司又被全权授权在东印度群岛、中国、南太平洋诸岛以及柯尔伯建立的法国东印度公司所属地进行贸易。垄断性的海外贸易确实为密西西比公司带来了不少超额利润，此时公司又称印度公司，新增5万股份，每股面值1 000里弗尔。股票在市场上非常受欢迎，股票价格很快上升到1 800里弗尔。

借助此时法国公众的普遍热情，约翰·劳决定运用皇家银行的纸币发行能力和密西西比公司的股票实力实践其刺激经济与为摄政王解除政府国债负担的设想。约翰·劳首先向人们展示了异常辉煌的公司前景，接着密西西比公司于1719年9月12日、9月28日、10月2日分别发行10万股股票，每股5 000里弗尔，用于偿还15亿里弗尔（相当于6 000万英镑）的国债。

股票一上市就被抢售一空，无论是豪门显贵还是村夫野汉，不分男女老少都幻想从劳氏股票中获得无尽的财富。股票价格涨了又涨，直线飙升。有时在几个小时内就可以上扬10~20个百分点。早上出门一贫如洗的人，晚上归家时就可以腰缠万贯。最狂热的纪录是半年内股价能从500里弗尔被炒到18 000里弗尔。各地的人都纷纷涌入股票交易场所，从早到晚熙熙攘攘，甚至不得不多次更换更大的广场。不仅用以偿还国债的纸币又流回股市，而且为配合股票投机对货币的需求，皇家银行又发行了2.4亿里弗尔纸币（为支付印度公司以前发行的1.59亿里弗尔股票，1719年7月25日皇家银行已经发行过2.4亿里弗尔纸币）。总之密西西比股票的价格越高，皇家银行就同步发行越多的钞票。导火线点燃于1720年初，孔蒂亲王由于在要求以他自己的定价购买新上市的密西西比股票时被约翰·劳拒绝，就用3辆马车拉着自己的纸币到劳氏银行要求兑换硬币。约翰·劳开始感到不安，通过摄政王来阻止孔蒂亲王的行为，但市场的信心从此开始出现裂缝，精明的股票投机者也都正确预见到股票价格不可能永远攀升，纷纷兑换硬币并运往国外。

面对危机的临近，法国政府开始对市场进行干预，禁止任何人拥有超过500里弗尔硬币，违者除没收所有硬币外还要被处以数额很大的罚款。同时还严禁任何人收购金银首饰、器皿和珍贵的宝石。随着股民信心的下跌，密西西比股价暴跌，已经没有什么人还相信那个地区蕴藏着巨大财富的神话。但是，为了重新树立公众对密西西比公司的信心，政府真可谓是使尽浑身解数。政府甚至宣布强制征兵计划，召集巴黎所有穷困的流浪汉，提供衣服和工具，让他们排成队，肩上扛着镐和锹，日复一日地通过巴黎街头然后来到港口等待被装船运往美洲，佯装到那里的金矿上干活。他们之中有2/3没有上船而是分散到法国各地，不到3个星期他们中的一半人又出现在巴黎。为了维持9 000里弗尔的股价，约翰·劳还于1720年3月25日、4月5日、5月1日分别发行了3亿、3.9亿、4.38亿里弗尔纸币,使得一个多月内货币流通量增加了一倍多。据估算当时流通中的纸币有26亿里弗尔之多,而全国的硬币加起来还不到这个数目的一半。

终于约翰·劳控制不了局面了,不得不宣布股票贬值,国务会议通过决议让纸币贬值50%,银行则停止兑付硬币业务。股价在1720年9月跌到2000里弗尔,到1721年9月跌回500里弗尔。至此昔日的经济繁荣泡沫彻底破灭,代之以经济衰退、民生重创的现实。这就是以约翰·劳为主角,依据其增发纸币——换成股票——最终可以抵消国债的理念和摄政王的赏识,借助密西西比公司和皇家银行为载体,联合贸易和金融两条战线演绎的一场带有浓厚政府性质的泡沫经济。

三、英国南海公司股票泡沫

"南海泡沫"发生于17世纪末到18世纪初。长期的经济繁荣使得英国私人资本不断集聚,社会储蓄不断膨胀,投资机会却相应不足,大量暂时闲置的资金迫切寻找出路,而当时股票的发行量极少,拥有股票是一种特权。在这种情形下,一家名为"南海"的股份有限公司于1711年宣告成立。

南海公司是一间专营英国与南美洲等地贸易的特许公司。南海公司成立之初,是为了支持英国政府债信用的恢复(当时英国为与法国争夺欧洲霸主地位发行了巨额国债),认购了总价值近1000万英镑的政府债券。作为回报,英国政府对该公司经营的酒、醋、烟草等商品实行了永久性退税政策,并给予其对南海(南美洲)的贸易垄断权。当时,人人都知道秘鲁和墨西哥的地下埋藏着巨大的金银矿藏,只要能把英格兰的加工商送上海岸,数以万计的"金砖银块"就会源源不断地运回英国。

投资者趋之若鹜,其中包括半数以上的参众议员,就连国王也禁不住诱惑,认购了价值10万英镑的股票。由于购买踊跃,股票供不应求,公司股票价格狂飙,从1720年1月的每股128英镑上升到7月的每股1 000英镑以上,6个月涨幅高达700%。

在南海公司股票示范效应的带动下,全英所有股份公司的股票都成了投机对象。社会各界人士,包括军人和家庭妇女,甚至物理学家牛顿都卷入了旋涡。人们完全丧失了理智,他们不在乎这些公司的经营范围、经营状况和发展前景,只相信发起人说他们的公司如何能获取巨大利润,人们唯恐错过大捞一把的机会。一时间,股票价格暴涨,平均涨幅超过5倍。大科学家牛顿在事后不得不感叹:"我能计算出天体的运行轨迹,却难以预料到人们如此疯狂。"

1720年6月,为了制止各类"泡沫公司"的膨胀,英国国会通过了《泡沫法案》。自此,许多公司被解散,公众开始清醒过来。对一些公司的怀疑逐渐扩展到南海公司身上。从7月开始,首先是外国投资者抛售南海股票,国内投资者纷纷跟进,南海股价很快一落千丈,9月直跌至每股175英镑,12月跌到124英镑。"南海泡沫"由此破灭。

1720年年底,政府对南海公司的资产进行清理,发现其实际资本已所剩无几,那些高价买进南海股票的投资者遭受巨大损失。许多财主、富商损失惨重,有的竟一贫如洗。此后较长一段时间,民众对于新兴股份公司闻之色变,对股票交易也心存疑虑。历经一个世纪之后,英国股票市场才走出"南海泡沫"的阴影。"南海泡沫"告诉人们:金融市场是非均衡性的市场,只要有足够多的资金,可以把任何资产炒出天价,导致泡沫急剧膨胀。正如凯恩斯所说,股票市场是一场选美比赛,在那里,人们根据其他人的评判来评判参赛的姑娘。毫无疑问,这个时候政府的监管是不可或缺的!

四、美国20世纪20年代的股市泡沫

美国历史上出现了多次股市泡沫,其中以大危机前夕的股市泡沫影响最大,导致产生了历史上最为严重的股灾之一。

在第一次世界大战以及1918年全球流感事件结束后,全球开始进入一个平稳并且繁荣的时期。美国经济20世纪20年代的迅速发展导致很多人相信他们的"美国梦"很快就会实现,美国新兴生产技术、先进管理方法的广泛运用导致其劳动生产率及工资收入大幅上升。其间美国资本市场规模也迅速壮大,越来越多的人进入股票市场,股票成了人们日常生活的一部分,也是人们谈论的重点话题。《纽约时报》工业指数从1921年的66.24点上升到1929年的400多点,在9月3日达到历史最高点469.49点。但是很少有人认为这是最高点,大家都觉得股价还会继续上涨。但其实,很多投资者都开始卖出股票,10月21日抛售量高达600多万股,10月24日股价开始暴跌,10月29日成为纽约证券交易所截至当时为止112年历史中最具毁灭性的一天,称为"黑色星期四",当日收市时《纽约时报》指数下跌41点,较周一下跌12%。至此之后,美国开始进入大危机时代,经济社会受到重大影响。股市暴跌一直持续到1932年,道琼斯工业平均指数累计下跌89%。

五、日本股市、地产双泡沫

日本股市泡沫爆发于20世纪80年代末。美日欧"广场协议"导致日元大幅升值,日本企业为了生存而不断扩张战略储备。1988—1989年,日本民间投资增加了14.5%,日本间接融资为主的特性导致银行贷款的迅速扩张。同时,日本银行为了促进经济金融发展,开始推行金融自由化以及长期的低利率政策。在低利率政策的刺激下,银行业的竞争越来越激烈,银行机构为了生存将资金投入股票市场,导致股票价格迅速上涨。1987—1989年,日本广义货币存量不断扩张,股票市值也迅速膨胀,日经指数也从13 000点暴涨至35 000点。日本贷款余额的迅速增加还刺激了地价的不断上升,1987—1989年日本地价上涨了3倍。有报告表明,在地价高峰时期,如果将东京的土地全部出售,就可以将整个美国的国土买下,而事实上日本国民也的确在不断地购买外国的资产。与之形成对比的是,日本同期商品价格却没有相应上涨,所以政府容忍了金融泡沫的存在,导致了商品价格平稳与资产价格暴涨并存的局面。日本金融泡沫的爆发原因包括国际压力的存在以及金融监管体制的不到位。而日本金融泡沫破灭之后,日本经济开始走向衰退,并且这种衰退持续了20年之久。

六、美国互联网泡沫

互联网泡沫爆发于1995—2001年的欧美及多个亚洲国家,其中美国受到的冲击最大,此次泡沫也是科技时代金融泡沫的典型代表。

美国于1992年将IT(信息技术)行业提升到了战略产业的地位,并为技术产业的发

展提供了一系列的政策便利,网络相关行业则是这些政策的获利者之一。1994年,Mosaic浏览器及万维网(World Wide Web)的出现,令互联网开始引起公众注意。1996年,对大部分美国的上市公司而言,一个公开的网站已成为必需品。初期人们只看见互联网具有免费出版及即时世界性资讯等特性,但逐渐人们开始适应了网上的双向通信,并开启了以互联网为媒介的直接商务(电子商务)及全球性的即时群组通信。这些概念迷住了不少年轻的人才,他们认为这种以互联网为基础的新商业模式将会兴起,并期望成为首批以新模式赚到钱的人。

这种可以低价在短时间内接触世界各地数以百万计人士、向他们销售及通信的技术令传统商业信条包括广告业、邮购销售、顾客关系管理等因而改变。互联网成为一种新的最佳媒介,它可以即时把买家与卖家、宣传商与顾客以低成本联系起来。互联网带来了各种在数年前仍然不可能的新商业模式,并引来风险基金的投资。

在泡沫形成的初期,三大主要科技行业因此而得益,包括互联网网络基建、互联网工具软件及门户网站。上述行业股价无一例外地出现了大幅上涨。1998—1999年的低利率更是助长了这一次疯狂的增长。纳斯达克指数在不到两年时间,从2 000点猛涨至5 000点,并于2000年3月10日周末到达5 048.62点的顶峰。至此,由网络公司的迅速壮大而导致的股市泡沫已经形成。

NASDAQ此后开始小幅下跌,市场分析师们却说这仅仅是股市做一下修正而已。2000年3月10日之后的第一个交易日(星期一)早晨,大量对高科技股的领头羊如思科、微软、戴尔等数十亿美元的卖单碰巧同时出现。卖出的结果是3月13日NASDAQ一开盘就从5 038点跌到4 879点,整整跌了4个百分点。星期一的大规模的初始批量卖单的处理,引发了抛售的连锁反应:投资者、基金和机构纷纷开始清盘。仅仅6天时间,NASDAQ就损失了将近900个点,从3月10日的5 050点掉到了3月15日的4 580点。

到了2001年,泡沫全速消退。大批网络公司倒闭或者被收购。2001年全美倒闭网络公司537家,1 289家网络公司被收购。美国停止了在克林顿政府新经济政策支持下的持续了10年的经济高速增长,给美国社会经济造成巨大的损失。

七、美国21世纪房地产次级贷款泡沫

2001年互联网泡沫破灭,以前一票难求的互联网公司股票都成了废纸。为了防止引发经济衰退,2001年开始,美联储不断下调联邦基金利率,将联邦基金利率从2001年初的6.5%降低到了2003年6月的1%,30年固定利率抵押贷款合约利率从2000年5月的8.52%下降到2004年3月的5.45%。美国进入负实际利率时代。负实际利率打破了谨慎储蓄与投机风险之间的平衡,刺激了房地产市场的投机心理。

在扩张性货币政策作用下,房地产信贷机构不断放松住房贷款条件。发放贷款的大部分金融机构是抵押贷款公司,因为它们网点数量有限,于是主要依靠分销渠道促进业务。这些渠道因为要拿佣金,所以进一步放宽了借款者的门槛,而且推出了"零首付""零文件"的贷款方式。不查收入、不查资产,贷款人可以在没有资金的情况下购房,仅需声明其收入情况,而无须提供任何有关偿还能力的证明。一些放贷公司甚至编造虚假信息使不合格借贷人的借贷申请获得通过。因为这些抵押贷款公司不能吸收公众存款,只能依

靠贷款的二级市场和信贷资产证券化解决资金来源问题。所以它们把贷款资产证券化，以住房抵押贷款支持证券（RMBS）、CDO（担保债务凭证）等形式把贷款资产卖给市场，获取流动性的同时把相关的风险也部分转移给资本市场。到了2007年，与此相关的金融衍生品总额高达8万亿美元，是抵押贷款的5倍。

此时的房价也是一路攀升，2000年到2007年的房价涨幅大大超过了过去30多年来的增长幅度，2006年6月美国十大城市的房价均价比10年前涨了2.9倍，远远超过了工薪族的收入增长水平。美国房地产泡沫不断形成与膨胀。

出于对通货膨胀的担忧，美联储在2004年6月以后变更了利率政策，2004—2006年先后17次加息。因为次贷大多为浮动利率贷款，随之大幅上升，很多贷款人无力偿还房贷。利率上升逐渐刺破了此次房地产泡沫。随后房价开始明显下跌，对于发放了贷款的机构来说，即便收回断供者的房产，也无法通过出售房产回收贷款的本息，而且，很多房子根本就卖不出去，只能不断违约。次贷危机随即爆发，并旋即蔓延成百年一遇的金融危机。

第二节　个体行为偏差与金融泡沫

行为金融学和心理学的研究表明，人们在认知过程中并非是完全理性的，其思考方式并不完全是根据算法，对概率的判断也并不总是根据贝叶斯规则。人们在思考中遵循的方式是过程理性，在认知形成的四个过程即信息获取、信息加工、信息输出、信息反馈中均出现了认知偏差。当投资者进行投资决策时如果表现出某些认知偏差，并且因此形成系统性的对资产价格的认知错误，则可能导致金融泡沫。

一、理性泡沫与非理性泡沫

按照以往的经济学进行分析，假设在较为理性的状态中，市场的价格是与资产的基本价值成正比的，不存在经济泡沫的情况。不过相关学者通过大量的调查证明，当一些条件被满足之后，即使是较为理性的投资，也会有可能买到与实际价值不符的资产，我们将这种投资行为称为"理性泡沫"。而且理性泡沫都会依据某种特殊的规律进行膨胀，这样才能达到投资者的需要。当信息能够满足所有条件时，必须确保有无限名投资者，才有产生理性泡沫的可能性，也被称为无限性理性泡沫。而当信息存在缺陷，只能满足部分条件时，有限的投资者也有形成泡沫经济的可能，也被称为有限性理性泡沫。

当外在环境中存在不确定性，或者投资者认识出现偏差时，投资者很有可能进行不理性的投资，进而造成资产的市场价格和资产的实际价值出现失衡的现象，这种现象被称为非理性泡沫现象，能够造成这种现象的因素有很多，在这里将对噪声交易和泡沫形成的关系进行详细的介绍。在经济领域中，噪声有两种特征：一种就是噪声失真或者虚假的情况，这种信息和投资者的价值无关；另一种，就噪声的来源而言，这种信息有可能是市场操作者散布的虚假消息，也有可能是投资者自己的错误判断。

（1）噪声交易与泡沫的形成。布莱克把不拥有内部信息却非理性地把噪声当作有效信息进行交易的人称为"噪声交易者"。金融市场中的"噪声"具有如下特点：①它是虚假或失真的信号,是与投资者价值无关的信息。②从其来源看,可能是市场参与者主动制造的虚假信息,也可能是被市场参与者误判的信息。按照有效市场假说隐含的价值判断,只有根据与基础资产价值有关的信息进行交易才能取得效用最大化,但是这些信息是否与基础资产的内在价值相关却无法先验地判断,而投资者在决策时对所谓"信息"进行评价的标准仍是主观的。因此,交易者主观认为与价值相关的信息,从整个市场的角度来看却可能只是一系列"噪声"。

(2) 反应过度和反应不足与泡沫的形成。反应过度是指投资者在对信息的理解和反应上出现非理性偏差,使得价格对一直指向同一方向的信息变化有强烈的过头反应。如投资者对于一些信息过于重视,造成股价在利好消息下过度上涨或在利空消息下过度下跌,使得股价偏离其基本价值。反应不足是指由于投资者在对信息的理解和反应上出现非理性偏差,使得价格对于信息变化反应迟钝。

(3) 羊群效应与泡沫的形成。在信息不充分的条件下,由于投资者无法知道其他投资者观察到的信息,只能根据其他投资者的投资行为来推测他们观察到的信息,这时候非常容易产生羊群效应。投资者的从众和模仿行为,使得本来应该被抛弃的股票成为所有投资者购买的对象,使得本已被高估的股票无法回归其正常价值。

二、投资者的有限注意和信息层叠

1. 有限注意

传统的有效市场理论认为,市场参与者具有完美理性和无限信息处理能力,能够及时充分地将所有公开信息反映在股价中。然而,注意力是一种稀缺的认知资源 (Kahneman,1973)。大量的认知心理学文献发现,人脑的中央认知能力存在局限。当市场充斥着大量的信息时,有限注意不可避免。这使得注意力成为影响人们学习和决策制定的关键因素。真实的市场由许多有限注意的投资者组成,他们容易受到媒体宣传和市场情绪的影响,特别是在互联网时代的今天,投资者更是面临空前的"信息爆炸",大量新闻、消息、评论甚至谣言充斥网络渠道,使投资者不得不选择性地关注某些信息,而忽略对其他信息的处理。金融市场充斥着超量信息,这些信息不一定都能被股价充分吸收,这些信息要引起市场的反应,首先就要引起投资者的注意,这是市场反应的前提和客观条件。但长期以来,注意力的研究仅停留在心理学研究层面,金融学者甚至包括行为金融学者都忽视了对资本市场中这个重要前提条件的深入研究。2001年,Huberman 和 Regev 发表在 The Journal of Finance 上的一篇论文引起了金融学者的极大关注,因为他们提供了一个投资者注意力的启示性案例:1998年5月3日,星期天,《纽约时报》头版报道了癌症研究领域发明了一种具有重大历史突破价值的新药,报道提到一家小的生物公司 ENMD 获得生产这种新药的特许权。这篇报道的影响非常大,次日,ENMD 公司股票的收益率就高达330%,公司股价达到历史最高水平。然而,此新闻报道其实并没有新的信息含量,因为《自然》和其他大众媒体包括《纽约时报》早在5个月前就发布过同样的内容。这一案例说明,投资者注意力及其差异实际上影响股价乃至投资者交易行为和公司高管的财务行为。

正如 Simon 所指出的,当今经济社会的信息富裕问题(information-rich problem)引起了新的稀缺,因为海量信息消耗了人们大量的注意力,造成了注意力的贫穷。随着互联网技术的进步和媒体作用的加强,投资者在进行资产组合决策时所遇到的问题往往不是信息稀缺,而是信息过多和信息处理能力不足。因此,投资者在不同风险资产之间配置资本的过程实际上也是注意力配置的过程,注意力约束对于投资者利用信息、形成信念乃至最终的决策都具有至关重要的意义。

当股价由于某些原因而上涨时,投资者由于有限注意而关注于上涨的股票,这样就可能形成正反馈机制,促使价格进一步上涨,进而又引起其他投资者的注意,导致股价严重超过基本价值。而如果这样的有限注意成为系统性的群体行为,就可能导致股市泡沫的产生。

Barber 和 Odean(2008)通过考察资本市场异常收益、异常交易量以及异常媒体报道三种吸引注意力的事件消息后发现,在股票处于极端交易量、极端收益(包括积极和消极的)以及受到媒体高度曝光时,个体投资者是股票的净买者。

其他研究者也观察到个体投资者受注意力驱动而购买股票的行为。Merton(1987)指出,个体投资者倾向于在投资组合中持有几种股票。由于相关信息的收集需要时间和精力,他建议投资者仅追随几只股票以节约这些注意力资源;如果投资者这样做,他们就仅会买卖和积极追随熟悉的股票,而不会仅因为股票正好引起他们的注意力而冲动地买入那些他们并不熟悉的股票。这样,他们可以避免仅由于注意而购买股票所带来的损失。Lee(1992)发现,上市公司在公布正面或负面的未预期盈余消息以后,小户交易者(订单金额在 10 000 美元以下)就会跟随买进。Hirshleifer 等(2008)证明,获知正、负两方面的极端收益消息后的个体投资者是股票的净买家。而且与好消息相比,面临坏消息时这种注意力驱动的购买行为更明显。他们还发现,个体投资者的异常交易量在面临极端负面未预期盈余消息之后比面临极端正面未预期盈余消息之后更大。Seasholes 和 Wu (2007)发现,在上海证券交易所,当交易股票前一天涨停,则在第二天个体投资者就成为该股票的净买者。Huddart 等(2009)发现,当股价处于最高、最低价位或者处于近一年来的历史极端价位(52 周以来的最高点和最低点),该股票其后的交易数量会显著提高,并且买者发起的订单数量会远远超过卖者发起的订单数量,尤其是在小额交易中。由于极端的未预期盈余和涨停板事件往往与媒体的报道相关,并可能吸引投资者的注意力,这些结果提供了更多的证据,表明个体投资者的注意力影响股票的购买决策超过股票的售卖决策。

Engelberg 等(2009)对著名的 CNBC 电视台的 Mad Money 节目进行了跟踪,发现主持人 Jim Cramer 在节目中推荐了某只股票后,节目的观看者会成为所推荐股票的净买者;如果是高端的节目观众,那么会伴随着更高的收益和交易量。概括而言,在有相关新闻或是引人注意的信息公布后,相关行业和公司的股票就会受到投资者的热烈追捧,人气急剧上升,表现为股票交易量的迅猛增长。

相对于机构投资者而言,个体投资者由于不具有专业知识,其信息消化、吸收和分析的能力较低,因此,当市场充斥着各种信息时,个体投资者注意力的局限性表现得更明显。现有实证文献几乎都发现了注意力对个体投资者交易行为的显著影响。还有一些文献对注意力影响交易行为这种效应的影响因素进行了更深入的考察。例如,Seasholes 和 Wu(2007)发现,吸引投资者注意力的事件导致了个体投资者积极地思考或者购买他们以前不曾拥有的股票;但并不是所有的注意力事件都有这样的效应,仅有那些低搜寻成本(如缩小了投资者思考范围)的事件才导致了这种效应。

2. 信息层叠

信息层叠是指个人忽视自己的私有信息而一味模仿其他个体的行为,在一个序列交易的经济中,这种模仿行为会阻断信息流,产生羊群效应。由于每个投资者都通过观察他人的信息或者说公共信息进行决策,而忽略自己的私人信息,那么私人信息就没有贡献到公共信息中去,公共信息池中的信息难以得到更新,从而造成信息堵塞。

这样的公共信息很难反映股票的基本价值,如果这样的信息层叠没有被及时打破,投资者群体信息层叠就可能导致股票价格严重偏离其基本价值,从而导致泡沫的生成。

导致信息层叠的两种解释是信息成本和激励机制。Agenor 和 Aizenman(1998)将市场上的投资者划分为信息优势群体和信息弱势群体,由于小投资者支付不起收集信息所需的成本,所以他们成为信息弱势群体,并跟随信息优势群体进行决策。Scharfstein(1988)、Avery 和 Chevalier(1999)、Roll(1992)、Maug 和 Naik(1996)、Brennan(1993)等则从基金经理的声誉激励和报酬激励两个方向研究了信息层叠的原因,并认为放弃私有信息而模仿他人是维持自身声誉和报酬的理性选择。

三、资产定价的正反馈机制

反馈本是一个物理名词,但在经济学当中也得到了广泛运用。反馈分为正反馈与负反馈,而正反馈是造成投资行为的重要心理原因之一。正反馈交易者以资产过去的价格及收益变化趋势来确定是否买入或者卖出相关金融资产,由此产生了价格或者收益的自相关问题以及对基本面信息的过度反应现象。当资产价格上升时,投资者认为该项资产符合大多数人的预期,并认为价格还会上升,在从众心理的引导下,他们纷纷买入该项资产,导致其价格进一步上涨。

投资者的这种预期具有"自我实现"的特性,也就是说价格越上涨,投资者就越预期价格还会上涨,也就有更多的投资者入市抢购,这又会导致价格新一轮的上涨,价格下跌则相反,这就是所谓的"追涨杀跌"。只要有足够的投资者进入市场,在源源不断的货币支撑之下,资本市场会呈现出一片繁荣的景象。正反馈交易行为会使得强者更强,弱者更弱,进而导致股价一涨再涨或者一跌再跌,而前面的情况就会促使金融泡沫的形成与不断扩大。

标准的金融理论认为采取正反馈交易策略的交易者是愚笨的,并且会由于采取这种追逐趋势的投资策略而损失资金。行为金融学家 Delong、Shleifer、Summers 和 Waldmann(1990)反对标准金融理论的上述观点,并总结出股票市场上正反馈交易者长期存在的三个理由。第一,对正反馈交易者而言,不同的人对同一件事有不同的看法,因此他们从过去的错误中获得的教训是有限的。第二,即使正反馈交易者受到损失,那么在泡沫破灭几年后,他们还可以再次进入市场交易。第三,如果正反馈交易者的错误使他们所持有头寸的市场风险比理性投资者高,那么他们的盈利也会比理性投资者高。同时,Delong、Shleifer、Summers 和 Waldmann(1990)还利用投资者的正反馈交易策略,建立了解释金融市场上股票价格的过度反应与反应不足的理论模型。HS(1999)利用动量(momentum)策略解释了金融市场上股票价格的过度反应与反应不足。

第三节　机构投资者行为与金融泡沫

一般认为,机构投资者是指进行金融意义上投资行为的职业化和社会化的团体或机构,它包括用自有资金或通过各种金融工具所筹资金在金融市场对债权性工具或股权性工具进行投资的非个人化机构。自 20 世纪 70 年代以来,国际证券市场一个最突出的发展趋势就是证券投资者法人化、机构化。在我国,随着金融投资逐渐专业化、组织化和社会化,机构投资者应势而生。目前,我国证券市场上最主要的机构投资者是证券公司、基金公司和保险公司。

综合各方面对机构投资者的认识,并结合中国证券市场投资者构成的实际情况,本节把机构投资者分为广义的机构投资者和狭义的机构投资者。相对于个人投资者而言,狭义的机构投资者是具有一套严密的组织形态和投资决策管理制度、拥有较多自有资金或依法募集的资金、在证券市场上从事投资行为的金融类机构,如证券公司、基金公司(包括私募基金)等。广义的机构投资者还包括一般的投资公司和从事金融投资的企业。在我国,保险资金和社保资金可以通过基金介入证券市场,保险公司还可直接入市,它们也都属于机构投资者。同时经过规范后我国的信托投资公司不可以直接投资股票市场,但可以介入债券市场,因此,也把信托投资公司列入广义的机构投资者范畴。除特别说明外,以下所研究的对象主要是证券公司和基金公司(包括私募基金)。

机构投资者是由单个投资者转化而来,利用自有资金或通过契约来募集资金进行金融投资。其一方面具有投资者的特征,另一方面又涉及委托、代理等问题。每一类机构投资者基本上都按诚信、审慎和勤勉原则运作。从其法律特征看,机构投资者是积极的受托人。从其经济组织的类型特征看,机构投资者则是金融中介机构,不论是合约型(契约型)的机构(保险公司和养老基金)还是公司型的机构(证券投资基金),其具有的中介性都是相当明显的。更为具体地说,这种机构提供的中介功能表现在信息中介、风险中介、监督中介、期限中介、规模中介及交易中介这六个方面。

当一些人在股票及房地产市场投机并获取丰厚回报后,投机的示范效应就会在社会上广泛传播。这诱使更多的人争先恐后地将更多的金钱投入市场,以期获得更高的收益。至此,投机的羊群效应形成,非理性预期充斥市场,其结果是股票及房地产的市价激增,而且似乎没有什么力量可以阻止泡沫经济的成长。此时,如果仅靠投机者自有资金投入市场,而没有金融机构支持(如信贷支持),泡沫经济的形成过程就会相对缓慢。

然而,泡沫经济的发展和繁荣会传递给金融机构失真的信息,而大多数金融机构则会信以为真:既然股票及房地产的市价节节上升,那么进行抵押贷款的收益就会越来越高,抵押物的价值就会越来越高;即使将来部分贷款不能及时收回,其损失也可以由抵押物弥补,最大限度地降低贷款信用风险。正是基于这种理想的判断,大多数金融机构会积极介入股票及房地产市场,将大量信贷资金借给投机者,从而导致股票及房地产市场加速繁荣,泡沫经济加速升温并加速成长。

一、声誉效应导致羊群效应

同个人投资者相比,机构投资者在专业技能和获取信息的能力方面具有明显的优势。尽管如此,已有的研究发现,机构投资者的投资行为并非完全理性,仍然存在各种行为偏差,羊群效应是其中一种重要表现。通过声誉效应可以对机构投资者的羊群效应进行解释。

机构投资者的过往业绩和职业名誉对他的职业生涯与报酬有着非常重要的影响。基金的投资者一般都通过对基金经理的过往业绩进行比较分析以判断基金经理的投资水平。机构投资者如果采取与其他大多数经理人不同的投资决策,就会面临声誉成本。如果一名基金经理采取的投资策略与其他大多数机构投资者不同却又没有取得超出业界平均水平的成绩,那么他的职业声誉将受到很大的负面影响,这将阻碍其职业生涯的发展。所以机构投资者通常会采用与其他机构投资者相同的投资决策以降低因投资失误所产生的被解雇风险,这就产生了基金的羊群效应。

美国著名机构投资者彼得·林奇曾说过:如果机构投资者买 IBM 的股票亏损了,投资人会将责任归咎于 IBM。而如果一名机构投资者因为投资了不知名的股票而亏损,那么投资人将会把责任归咎于机构投资者。因为 IBM 是美国股市中著名的蓝筹股、美国高科技的象征,是大多数基金持有的品种。出于对自己声誉和报酬的考虑,机构投资者更倾向于选择这些大多数基金都持有的股票。所以出于对报酬和名誉的考虑,以基金为代表的机构投资者之间也可能产生羊群效应。

通过博弈论也可以对机构投资者的羊群效应进行解释,并进一步解释机构投资者的羊群效应促成金融泡沫的形成。在信息有限的情况下,集体行为是一种占优策略,因为金融资产的价格并非取决于能够作出准确预测的投资者,而取决于大部分投资者的共同预期。如果这种预期是异常乐观的,那么金融泡沫就极有可能形成。并且,随着越来越多的投资者持有这种乐观预期,金融泡沫将会不断扩大,直到人们无法支撑泡沫的继续膨胀。另外,羊群效应的存在还会对市场理性造成影响。当市场上的噪声交易者居多时,理性交易者容易受噪声交易者的影响从而转为后者,扩大市场非理性。另外,如果投机者利用羊群效应进行蓄意炒作,就极易导致资产价格的暴涨,从而引发金融泡沫。

二、风险转嫁导致金融泡沫

在中介化投资主导的金融市场上,作为代理人的金融中介或投资经理往往由于"先天的"和"后天的"有限理性(bounded rationality)而偏离主流金融经济学的理性经济人假设。所谓"先天的"有限理性即投资者由于认知过程中的偏差、情绪、情感和偏好等方面的心理原因而无法完全以理性人的方式作出无偏估计和理性决策;而"后天的"有限理性则源于投资委托人和投资代理人之间的委托代理关系,而使得金融中介的投资决策更多的是以自身的期望效用最大化为行为导向,而不总是以投资委托人的财富最大化为准则。

与"先天的"有限理性不同,"后天的"有限理性往往是有意识的。

金融中介在报酬制度设计上普遍存在着盈亏报酬不对称的问题——作为投资代理人的金融中介可以分享资产价格上涨的收益,但是对资产价格下跌的风险却只承担有限责任,他们可以通过申请破产保护等方式将损失转嫁给投资委托人,这也就是代理投资内生的风险转嫁(risk shifting)问题。

当金融中介为了自己的利益而竞相追逐波动率高的资产时风险资产的均衡价格就会超过其基础价值,而均衡价格和基础价值的差就是资产的价格泡沫。Allen 和 Gale (2001)研究发现,金融中介的风险转嫁会引起金融资产的定价偏离其基础价值,导致资产泡沫的产生。陈国进和吴锋(2002)用一个具体的数值模型证明了如果市场上相当一部分投资决策者是投资代理人时,他们内生的风险转嫁激励会使风险资产的均衡价格超过基本价值,导致资产泡沫的产生。

第四节 社会因素对金融泡沫的推动

一、口头信息传递推动金融泡沫的形成

社会互动是指社会上个人与个人、个人与群体、群体与群体之间通过信息的传播而发生的相互依赖性的社会交往活动。投资者通过各种不同社会关系和渠道来获得决策依据,而个人行为反过来也对其他主体产生影响,形成社会互动。社会互动以信息传递为基础,口头信息传递是信息传递的一种方式。

二、媒体信息传递推动金融泡沫的形成

媒体在使大众对新闻更感兴趣的同时,也成了投机性价格变化的主要宣传者。它们通过报道公众早已熟知的股价变动来增加趣味性,以此提高公众对这些变化的关注程度,或者提醒公众注意过去市场上发生的事件和其他可能采取的交易策略。因此,媒体的参与能够导致更强烈的反馈,使过去的价格变化引起进一步的价格变化,它们也能引起其他一连串事情的发生。

信息不是自动被投资者接收的,信息传播需要媒介,媒体的信息传播可能导致投资者的信息成本的下降,从而降低投资者的参与成本。媒体可能带有自身的利益,媒体基于自身利益释放的信息具有自身的特质性和有偏性,从而导致媒体偏见的形成。经过媒体过滤的投资信息可能与本源信息存在偏差,这种偏差可能来自媒体的自身利益、媒体的发展局限或是政府的压力。考虑投资者行为的特殊性,投资者购买是为了卖出,投资者更愿意购买能够吸引其他投资者的金融产品。而经由媒体传播的信息具有公开性、公众性和公正性,容易形成投资者的共同知识,从而为投资者之间的策略互动提供了信息平台。从投资者的角度来说,投资者参与的信息需求也会影响媒体的信息偏好。

三、社会情绪推动金融泡沫的形成

投资者在社会接触中除了可以互相传递信息外,还会传递社会情绪,这种被传递的情

绪同样也可以影响投资者的决策行为,从而产生系统性的行为偏差。

当人们普遍热衷于商业与金融领域中某种表面上的新颖之物时,就会出现投机。而投机是泡沫产生的最直接的原因。正如本章第一节所述,在发达国家金融市场400余年的发展进程中,相继涌现出17世纪荷兰的郁金香、18世纪法国的密西西比公司股票和英国的南海公司股票等引起投机狂潮的新颖之物。发展中国家在金融开发进程中,试图用一两年到十几年几十年的时间建立起完善的金融体系和相对发达的金融市场,在较短的时间内引进发达国家用上百年的时间发展起来的金融工具和金融交易方式等新颖之物。这些新的金融工具与交易方式极大地刺激了金融投机的热情,在金融开放所引起的剧烈的社会转型中,原有社会文化受到冲击,并不断进行整合,产生一种浮躁的社会情绪,部分人投机的成功引发缺乏金融风险意识的公众蜂拥投机。初期投机的成功使缺乏风险意识的公众成为财富增加的俘虏,开始迷信于自己的金融智慧,追逐利润的人开始大规模丧失理智。于是,公众创造并抓住每一次投机机会,投机很快成为社会风尚,人们的思维被表面上看似刺激的创新所迷惑。建立于过度乐观之上的过度大众投机吸引大量社会金融资源,受投机冲击的金融资产价格超常规上涨,形成巨大的金融泡沫,金融体系中的大量金融泡沫聚集起来酿成严重的泡沫经济。

四、经济繁荣推动金融泡沫的膨胀

当经济步入繁荣时期时,民众的要求也会随之上升,股票以及房地产的价格也会随之增加,投资者会抓住机遇,购买可以增值的资产,当其获得一定利润之后,自己会再次投资,并会吸引大量的投资者参与其中,从而导致泡沫经济的连续膨胀。历史上有很多在经济繁荣时期产生泡沫的案例,像法国"密西西比泡沫"以及英国"南海泡沫"等,当泡沫产生时,经济周期也会随之发生改变,呈现出持续下降的趋势。

五、货币政策推动金融泡沫的膨胀

当货币政策过于宽松时,市场中的房地产以及股票的价格就会出现较大程度的波动,这时就很容易造成经济泡沫膨胀的现象,在世界历史中,有很多这样的情况发生,最为著名的莫过于20世纪80年代末期日本的股市以及房地产泡沫事件。货币政策对于资产价格会造成直接影响的原因,就是投资者希望能够获得更大的利润,而跟随市场进行了大量的投资,这种投资方式会导致风险溢价的现象产生,会为经济的发展埋下一定的风险。如果政府采用的是扩张性货币政策,货币的供给就会随之上升,这时就会造成无风险利率的下降,而收益率也会随之降低,从而致使股票以及房地产的价格出现上升的情况。如果货币政策造成资产的价格持续升高,投资者会因为获得可观的利润而对投资恢复信心,并会减少对风险的恐惧感,为了获得更大的利润而进行风险性投资,这时风险溢价就会随之降低,收益率也会再次降低,进而造成资产价格的再次上升,致使经济泡沫不断膨胀。

六、国际资本流动推动金融泡沫的膨胀

资本在国际上的流动也是一把"双刃剑"。一方面,它可以为资源在全球范围内的合

理配置提供渠道;另一方面,它可以促进国际游资进入国内,推动资产泡沫膨胀。资本在国际上的流动无非是为了寻找盈利机会,一旦盈利预期导致某国某种资产或集中资产价格上升,就会带来大量的国际投机资本流入,推动价格飙升,形成投机性价格泡沫。东南亚金融危机爆发前,在这些国家资产价格泡沫形成过程中,国际投机资本曾起着推波助澜的作用。

七、金融监管不力推动泡沫膨胀

金融监管不力主要是指监管者对金融机构经营的日常监管不严格。在这样的一个制度安排下,对债务人具有明显的风险激励效应,当中央银行监管不力时,商业银行和借款人就会忽视偿债风险的存在,尽可能地利用中央银行担保这一制度资源,大规模扩大其投资或信贷,力图从高风险行业中赚取高额回报,于是巨额的资金被投入高风险、高收益的股票市场、房地产市场,推动股价和房价的飞涨。这种道德风险的存在,造成资产泡沫持续膨胀,国家乃至中央银行以隐性担保的形式承担了与其收益不对称的风险。1998年东南亚国家泡沫经济破灭后,各国商业银行不良贷款的存在就是道德风险存在的有力证据。

第五节 金融泡沫的特征

一、金融泡沫形成及膨胀过程中的特征

金融泡沫在形成与不断扩大的过程中存在各种非理性特征。

1. 乐观的预期

在金融泡沫形成初期,市场上绝大多数人会预期价格上涨,对未来走势保持乐观态度。对定价过高的预警,总是不感兴趣,甚至表达愤怒。在乐观情绪下,市场存在"自证预言"效应,即人们会不自觉地按促使资产价格升高的预言来行事,最终令预言发生。

2. 大量盲从投资者的涌入

当泡沫膨胀到一定程度时,会吸引社会的不同阶层纷纷成为金融投资者,但是大量的投资者并不了解金融的专业知识,不了解股票背后的企业,成为资本市场的投机者,只追求利润,甘愿冒任何风险,不考虑价值规律的存在。盲从投资者们只要认为所买入的目标会在某种因素的作用下上涨(如炒作),就会坚决买入,以期从中获取利润,而不管其未来的价格是否合理。

3. 价格对价值的严重背离

金融泡沫即金融资产在经历了一个连续的涨价之后,市场价格大于实际价格。泡沫形成时价格的走势稳步上升,但是进入膨胀期时,价格会加速上涨,虽然泡沫最后的持续时间比较短暂,但泡沫的产生、积聚、演化、发展则是一个比较漫长的过程。也就是说,资产价格与价值的偏离可能在长时期内存在。

4. 庞氏骗局

泡沫形成后,由于金融资产的市场价格大于实际价格,就需要用庞氏骗局来维持较高的市场价格,即用后一轮投资者的投资作为投资收益支付给前一轮的投资者,以制造赚钱的假象,进而骗取更多的投资。以此类推,卷入的人和资金越来越多。毕竟投资者和资金是有限的,当投资者和资金难以为继时,庞氏骗局便骤然崩溃。

5. 泡沫破裂和经济冲击

每个泡沫都由两个要素组成:一是现实世界中盛行的一种趋势,二是人们对这种趋势的误读。泡沫从形成到破裂是一个过程,如果市场上出现了一种新趋势,那么它有可能是由某一项技术创新催生的,也有可能纯粹是金融因素导致的。起初,这种趋势可能会悄然发生,没有引起人们的关注。当市场参与者注意到这个趋势之后,他们可能会非常感兴趣,从而导致这个趋势越来越明显,而他们对这种趋势肯定会存在误读。这个趋势有可能受到干扰而出现暂时性中断,这就对人们是否会坚持之前的误读构成了挑战和考验。如果人们看清了之前的误读,这个泡沫就不会恶化。但如果这次考验验证之前的误读具有合理性,那么误读会进一步加强。

随着泡沫逐渐膨胀,市场参与者会发现自己的思维与实际情形相去甚远。当怀疑者的数量超过相信者的数量时,误读就难以为继了。到了泡沫膨胀后期,由于惰性的存在,市场趋势仍然会持续一段时间。即便如此,市场趋势肯定会在某一时刻出现逆转。由于市场上的质疑越来越多,原来的趋势会急速逆转,不断朝着与之前相反的方向变化。由于这个过程往往涉及某种形式的信贷或杠杆,因此泡沫的变化态势呈现出不一致性,即上涨速度慢,而下跌速度快,直至崩盘。在泡沫形成、破裂的过程中,各个阶段的先后顺序是确定的,除此之外都是不确定的。泡沫的规模和持续时间是不可预测的,泡沫可能在任何一个阶段出现破裂。

二、金融泡沫破灭对经济的影响

经济泡沫的运行不能脱离特定的经济环境。从短期来看,由于生产率是波动的,经济增长也呈一种不规则的波动状态;经济系统中对股票和地产收益贴现率有很大影响的利率也处于不停的波动状态;经济中经常出现对股票和地产价格有很大影响的突发性因素。这一切都会导致股票和地产价格大幅波动,甚至造成资产价格增长和经济增长严重背离。但经济增长对资产价格的长期制衡作用还是比较明显的。由于股票、地产价值来源于红利、地租,红利大小及其增长来源于上市公司盈利的增长,上市公司盈利的增长来源于经济增长;地租作为一种经济剩余,地租的增长也来源于经济增长。所以,从总体上来说,股票和地产价格增长肯定会受经济增长的制约。当股票和地产价格严重背离其实际价值,并且实际经济增长再也无法支持资产价格继续攀高,收益再也无法弥补风险时,资产价格必然要向他们的实际价值回归。换句话说,从长期来看,资产泡沫不可能持续膨胀,资产泡沫必然走向破灭。

1. 对微观经济的影响

(1) 对居民的影响:泡沫经济崩溃后,资产价格暴跌造成个人财富缩水,使人们产生持久性收入减少的预期,加上对未来经济不确定性预期增强,居民消费将锐减。

(2) 对企业的影响:泡沫的破灭使企业投资收益下降,经营收益下降,直接融资成本提高,间接融资受阻。在这四个因素的作用下,企业设备投资减少,经营日益困难,甚至不少企业最终走向破产、倒闭。

(3) 对银行的影响:泡沫的破灭使银行出现巨额不良债权,自有资本出现不足,经营风险增大,资金来源减少。以上这些因素会造成部分银行资不抵债而破产,银行的破产又必然使与这些银行有借贷往来的企业倒闭,企业的倒闭又引发其他银行的破产,引起连锁反应,出现一系列的挤兑风潮和破产事件,最终危及整个银行体系。

2. 对宏观经济的影响

金融泡沫破灭对宏观经济的影响主要体现在经济增长停滞和金融风险与危机的形成。泡沫经济由虚假的高盈利预期的投机带动,并不是实际经济增长的结果。它使经济中的虚拟成分高度膨胀,国民经济总量的增长有很高的水分,某些领域和资产价格的迅速膨胀发展扭曲了国民经济的比例结构,直接影响到国民经济的平衡运行。因泡沫经济形成过程中的资金趋利流动,大量资金从社会上以及那些回报率相对偏低的实体经济部门涌向股市、汇市和房地产市场,导致这些市场急剧膨胀和虚假繁荣,社会资金供求出现失衡并直接引起资金价格的大幅上升,实体经济部门的发展往往因融资成本过高而萎缩甚至停滞,这种现象同时也发生在劳动力市场等资源市场,使社会资源配置方式发生扭曲,降低资源配置效率,并直接阻碍实体经济的发展。而实体经济的萎缩和经济泡沫的最终破灭,必将以企业破产倒闭、社会失业率上升、资产严重受损、经济萧条等方式反映。

3. 对世界经济的影响

一国的泡沫经济崩溃酿成的金融危机不仅对本国经济产生巨大的损害,还通过贸易、金融及心理等渠道,对周边国家甚至整个世界经济产生巨大冲击,形成区域性或世界性金融危机,从而对世界金融市场结构和世界经济增长结构产生巨大影响,并影响世界经济增长速度。它带来的直接后果主要有:世界贸易增长大幅减缓,国际金融市场动荡,世界经济增长速度减缓。

基本概念

金融泡沫　有限注意　信息层叠　正反馈交易　声誉效应　风险转嫁　信息传递　社会情绪

思考练习题

1. 什么是金融市场泡沫?历史上有哪些典型案例?
2. 个体行为偏差如何促成金融泡沫的形成?
3. 什么是理性泡沫?什么是非理性泡沫?

4. 试述资产定价的正反馈机制。
5. 委托代理中的风险转嫁如何导致金融泡沫？
6. 社会因素如何推动金融泡沫的形成？
7. 金融泡沫有哪些特征？
8. 金融泡沫破灭对经济有哪些影响？

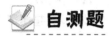

第六章 行为资产组合与定价理论

学习目标

1. 了解资产组合理论的应用及其局限。
2. 掌握资本资产定价模型的内容及其局限。
3. 了解行为资产组合理论的理论基础并掌握其内容。
4. 了解行为资产定价模型的基本假设。
5. 掌握行为资产定价模型的内容及其与 CAPM 模型的区别。

引导案例

巴菲特曾说:"不管什么时候,只要我们能够预期资产的真实价值将会以令人满意的速度增长,我们便希望长期持有股票。当我们进行投资时,我们把自己看成是商业分析师而不是市场分析师或宏观经济分析师,甚至不是证券分析师,就是这样。"

在巴菲特眼中,市场价格来自一名叫"市场先生"的乐于助人的家伙,他每天都会出现并且确定一个价格,虽然这个确定价格与自己的资产或许会具有某些稳定性特征,但市场先生的报价是变幻无穷的。很遗憾,市场先生患有无法治愈的精神疾病,在他感到振奋的时候,他只能看到对资产有利的因素,会确定一个很高的买卖价格,因为他害怕你会占有夺走他的利益。在其他时间里,他会悲观,只能看到摆在资产面前的麻烦,会制定一个极低的价格。但是,他每天都会给你一个新的报价,交易也会严格按照你的选择进行。在这些条件下,他的行为越狂躁、抑郁,你就越可能获益。

那么,为什么巴菲特把自己看成商业分析师而不是证券分析师?这说明什么因素在决定金融资产的价格波动?巴菲特认为"市场先生患有无法治愈的精神疾病",这具体指什么?又是如何产生的呢?

本章将会重点讲解资产组合与定价理论以及通过放松标准金融理论的假设提出的基于行为的资产组合与定价理论。

资产组合与定价理论在金融学中处于核心地位。重点研究投资者如何将财富在各种风险资产之间进行最优分配;投资者如何研究资产市场中风险资产的均衡收益率。标准金融理论中的资产组合与定价理论是以有效市场假说为隐含前提的,建立在数理模型和一系列假设基础之上,不能较好地说明实际投资过程,作为投资决策的依据也存在较大的不足。行为金融学通过放松标准金融理论的假设提出了基于行为的资产组合与定价理论。

第一节 标准资产组合理论及其局限性

资产组合是指投资者将不同的资产按一定比例组合在一起作为投资对象。除常见的股票、债券和其他金融证券外,房地产、收藏品(邮票、古币等)亦可作为投资对象构成资产组合的一部分,但通常所讨论的资产组合,主要指证券资产组合,或证券组合。资产组合理论论述了每项资产的风险与收益和其他资产的风险与收益间的相互关系,以及投资者应如何合理地选择自己的最佳投资组合等问题。

一、资产组合的收益与风险

1. 资产组合的收益

一个证券组合的期望收益率是单个证券期望收益率的加权平均数,所用权数是每一证券在整个组合中所占的价值比例。即

$$E_p = \sum_{i=1}^{n} \omega_i E_i \tag{6.1}$$

式中,E_p 为证券组合的期望收益率;E_i 为证券 i 的期望收益率;ω_i 为证券 i 的价值占整个证券组合价值的比重。

2. 资产组合的风险

由两个证券组成的证券组合的方差为

$$\mathrm{Var}(A+B) = \sigma_{A+B}^2 = W_A^2 \sigma_A^2 + W_B^2 \sigma_B^2 + 2W_A W_B \mathrm{Cov}_{AB} \tag{6.2}$$

式中,W_A、W_B 为证券 A、B 在组合中所占的份额(比例);σ_A^2、σ_B^2 为证券 A、B 的方差;Cov_{AB} 为证券 A、B 的协方差。

协方差 Cov_{AB} 反映了证券 A、B 的收益率变化间的相互影响程度,它又可以写成下述形式:

$$\mathrm{Cov}_{AB} = \rho_{AB} \sigma_A \sigma_B \tag{6.3}$$

式中,ρ_{AB} 为证券 A、B 的相关系数。

证明过程如下。

假定:W_A 为证券组合中 A 证券所占份额;

W_B 为证券组合中 B 证券所占份额;

$E(R_A)$ 为 A 证券的期望收益率;

$E(R_B)$ 为 B 证券的期望收益率;

$E(R_P)$ 为证券组合的期望收益率;

$E(R_{Ai})$ 为 i 状态下 A 证券的期望收益率;

$E(R_{Bi})$ 为 i 状态下 B 证券的期望收益率;

P_i 为 i 状态发生的可能性 $(\sum_{i=1}^{m} P_i = 1)$;

i 为经济环境或状态;

m 为可能出现的经济环境或状态的总数。

可知:

(1) $E(R_A) = \sum P_i E(R_{Ai})$

(2) $E(R_B) = \sum P_i E(R_{Bi})$

(3) $E(R_P) = W_A \cdot E(R_A) + W_B \cdot E(R_B)$

(4) $\text{Cov}_{AB} = \sum P_i [R_{Ai} - E(R_A)][R_{Bi} - E(R_B)]$

(5) $\sigma_A^2 = \sum P_i [R_{Ai} - E(R_A)]^2$

(6) $\sigma_B^2 = \sum P_i [E(R_B) - E(R_B)]^2$

则:

$$\begin{aligned}
\text{Var}(R_P) &= \sigma_P^2 \\
&= \sum_{i=1}^{m} P_i [W_A E(R_{Ai}) + W_B E(R_{Bi}) - E(R_P)]^2 \\
&= \sum_{i=1}^{m} P_i [W_A E(R_{Ai}) + W_B E(R_{Bi}) - W_A E(R_A) - W_B E(R_B)]^2 \\
&= \sum_{i=1}^{m} P_i \{W_A [E(R_{Ai}) - E(R_A)] + W_B [E(R_{Bi}) - E(R_B)]\}^2 \\
&= \sum_{i=1}^{m} P_i \{W_A^2 [E(R_{Ai}) - E(R_A)]^2 + W_B^2 [E(R_{Bi}) - E(R_B)]^2 + \\
&\quad 2 W_A W_B [E(R_{Ai}) - E(R_A)][E(R_{Bi}) - E(R_B)]\} \\
&= W_A^2 \sum_{i=1}^{m} P_i [E(R_{Ai}) - E(R_A)]^2 + W_B^2 \sum_{i=1}^{m} P_i [E(R_{Bi}) - E(R_B)]^2 + \\
&\quad 2 W_A W_B [E(R_{Ai}) - E(R_A)][E(R_{Bi}) - E(R_B)] \\
&= W_A^2 \sigma_A^2 + W_B^2 \sigma_B^2 + 2 W_A W_B \text{Cov}_{AB}
\end{aligned}$$

由 n 个证券组成的证券组合的方差为

$$\text{Var}(R_P) = \sigma_P^2$$

$$= \sum_{i=1}^{n} \sum_{j=1}^{n} W_i W_j \text{Cov}_{i,j} = \sum_{i=1}^{n} W_i^2 \sigma_i^2 + \sum_{i=1}^{n} \sum_{j \neq i}^{n} W_i W_j \text{Cov}_{i,j} \quad (6.4)$$

证明过程略。

二、资产组合的效率边界

1. 仅有风险资产时的效率边界

1) 两项资产构成的资产组合集合的效率边界

假设由两项证券资产 A 和 B 构成一证券组合, A、B 的各项参数为: A 的期望收益率

为 $E(R_A)=5\%$,标准差为 $\sigma_A=20\%$;B 的期望收益率为 $E(R_B)=15\%$,标准差 $\sigma_B=40\%$;A、B 的相关系数为 ρ_{AB},A、B 在组合中的比例分别为 W_A,W_B($W_B=1-W_A$)。证券组合的期望收益率和标准差分别为

$$E(R_P)=W_A E(R_A)+W_B E(R_B)$$

$$\sigma_P=\sqrt{W_A^2 \sigma_A^2 + W_B^2 \sigma_B^2 + 2W_A W_B \rho_{AB} \sigma_A \sigma_B}$$

以组合标准差 σ_P 为横轴,组合期望收益率 $E(R_P)$ 为纵轴画图(图 6.1),给定不同的 ρ_{AB} 和 W_A、W_B,可以得到不同的资产组合集合。

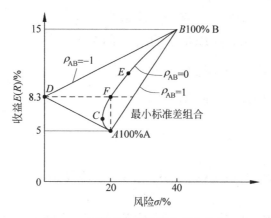

图 6.1 不同条件下的资产组合集合

设 $\rho_{AB}=0$,当赋予 W_A、W_B 不同值时,不同组合的期望收益率与标准差连接成一条曲线 ACFEB,这条曲线就是 $\rho_{AB}=0$ 时所有由 A、B 构成的资产组合的集合。在这一集合中,点 C 所代表的是最小方差(标准差)组合(该点 $W_A=4/5$,$W_B=1/5$,$E(R_P)=7\%$,$\sigma_P=17.9\%$)。

尽管投资者可以在曲线 ACEB 上任意选择投资组合,但因为对应线段 AC 上的每一组合(如点 A),线段 CEB 上都有相应的一个组合(如点 F),其风险程度(标准差)与线段 AC 上的对应组合相同,但期望收益率更高。根据风险回避型投资者追求效用最大化的假设,投资者只会在线段 CEB 上选择其所需要的资产组合。线段 CEB(最小标准差组合与资产 B 之间的全部组合)即为全部资产组合的效率边界,又称有效率资产组合。

若 $\rho_{AB}=1$,A 与 B 完全正相关,则 A、B 构成的资产组合集合为直线 AB,效率边界亦为直线 AB。若 $\rho_{AB}=-1$,A 与 B 完全负相关,A、B 构成的资产组合集合为折线 ADB,点 D 为最小标准差组合,直线 DB 为效率边界。

2) 多项资产构成的资产组合集合的效率边界

分析多项风险资产构成的资产组合的基本方法是马克威茨(Markowitz)模型(两项资产只是多项资产的一个特例)。在用此模型进行分析时,我们必须注意该模型所遵循的以下七个基本假设。

(1) 投资者遵循效用最大化原则。

(2) 投资期为一期。

(3) 投资者是风险回避者,即在收益相等的条件下,投资者选择风险最低的投资

组合。

(4) 投资者根据均值、方差以及斜方差来选择最佳投资组合。

(5) 证券市场是完善的,无交易成本,而且证券可以无限细分(证券可以按任一单位进行交易)。

(6) 资金全部用于投资,但不允许卖空。

(7) 证券间的相关系数都不是-1,不存在无风险证券,而且至少有两个证券的预期收益是不同的。

N 项风险证券资产构成的资产组合的期望收益率是各项资产期望收益率的权重平均:

$$E(R) = \sum_{i=1}^{N} W_i E(R_i) \tag{6.5}$$

式中,$E(R_i)$ 为第 i 项资产的期望收益率;W_i 为第 i 项在资产组合中所占的比例。

这种资产组合的方差为

$$\text{Var}(R) = \sum_{i=1}^{N} W_i^2 \sigma_i^2 + \sum_{i=1}^{N} \sum_{\substack{j=1 \\ j \neq i}}^{N} W_i W_j \rho_{ij} \sigma_i \sigma_j \tag{6.6}$$

式中,σ_i^2 为第 i 项资产的收益率方差;W_i 为第 i 项资产在组合中所占的比例;ρ_{ij} 为第 i 项资产与第 j 项资产的相关系数。

将每个证券的期望收益、标准差以及由单个证券所能构成的全部组合的期望收益、标准差画在以标准差为横轴、以期望收益为纵轴的坐标中,就会生成证券资产组合集合,其基本形状如图 6.2 所示。

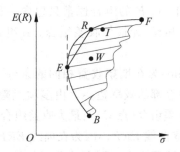

图 6.2 N 项资产的资产组合集合

在区域 $BERF$ 内,包括了全部单个证券与全部组合的风险与收益的坐标点。集合左边界 $BERF$ 一段为最小方差边界,即在相同期望收益的条件下,由投资风险(方差或标准差)最低的资产(证券)组合所组成的曲线。

线段 BF 的下半部 BE 段为无效率边界。因为在这一段,期望收益越高,风险越低,投资者只会选择这一段的最高点,因为在最高点 E 上,资产组合的期望收益最高,而风险却是最低的。

线段 BF 的上半部即 ERF 段为效率边界,它包括全部有效资产组合。有效资产组合的定义为:在相同风险情况下期望收益最大的组合,或者在相同期望收益的情况下风险最低的组合。

效率边界是凸向纵轴的,与效用无差异曲线的形状正好相反,这是协方差效应(covariance effect)的结果。

协方差效应可用图6.1的例子来说明,在该例中,若选择$W_A=2/3$,$W_B=1/3$,则组合的期望收益率为8.3%,与A、B两资产的相关系数ρ_{AB},也即与A、B的协方差Cov_{AB}($Cov_{AB}=\rho_{AB}\sigma_A\sigma_B$)无关。但组合的标准差(风险状况)则与$A$、$B$的相关系数紧密相关。当$\rho_{AB}=1$(完全正相关)时,$\sigma_P=26.7\%$;当$\rho_{AB}=0$(完全独立)时,$\sigma_P=18.8\%$;当$\rho_{AB}=-1$(完全负相关)时,$\sigma_P=0$。这表明,两项资产的相关程度(协方差太小)会使组合的标准差产生向纵轴偏离的倾向。而且,在其他条件不变的情况下,随着二者负相关程度的提高,组合的标准差减少。另外,我们从图6.1还可看出,组合的收益与标准差的坐标点不会落在直线AB的右边。

下面我们继续分析多项资产构成的资产组合的效率边界。

选择效率边界上的任意两点E和R,由于这两点在效率边界上,因此这两点都是有效组合。E和R两个组合又可以构成第三个组合。E和R两个组合的收益将决定第三个组合的收益,而E和R两个组合的风险以及二者的斜方差决定了第三个组合的风险。由于存在协方差效应,因此新的组合不可能落在直线ER的右边,最差的情况是E和R两个组合的相关系数为1,此时第三个组合将落在直线ER上,如果E和R两个组合的相关系数小于1,第三个组合将位于一条弯向左方的曲线(曲线ER)上。

在图6.2中,点E为线EF的顶点,为全球最低方差组合(the global minimum variance portfolio),因为没有别的组合的方差比点E组合的方差更低。点F被称为最大收益组合(the maximum return portfolio),因为没有别的组合的收益比点F组合的收益还高。在不允许卖空的条件下,点F的组合通常只包含一种证券,该证券在全部证券中期望收益最高。点B与点F相反,为最低收益组合。B组合也通常包含一种证券,该证券的期望收益最低。

极端组合(corner portfolio)为在期望收益相同的条件下,风险最低的那个组合。理解了极端组合,也就可以构建全部的效率边界。由多项风险资产构成的资产组合集合的效率边界,就是从全球最低方差组合(点E)至最大收益组合(点F)所有极端组合的集合,也即图6.2中阴影部分的边缘曲线ERF。因为在曲线ERF上的资产组合比起阴影区域内部资产组合,要么在同样风险程度上有更高的期望收益率(如点R相对于点W),要么在同样期望收益率下有更低的风险(如点R相对于点I)。曲线ERF是这一资产组合集合的效率边界。

2. 有无风险资产时的效率边界

前面已经阐述了马克威茨模型,该模型的假设条件之一就是全部证券都存在风险,而托宾模型取消了这一假设,从而发展了资产组合理论。托宾模型继承了马克威茨的非负投资假设,即风险资产不允许卖空,但无风险资产可以按一定的利率借入或借出。无风险资产的卖空等同于按无风险利率借入资金。

在建立投资组合模型时,托宾假设在市场中存在一种证券,该证券可以自由地按一定的利率借入和借出。当无风险证券f与一种风险证券i进行组合时,组合的期望收益为

$$E(R_P)=W_f R_f+(1-W_f)R_i \qquad (6.7)$$

组合的标准差为

$$\sigma_P = \sqrt{W_f^2 \sigma_f^2 + W_i^2 \sigma_i^2 + 2W_f W_i \rho_{ij} \sigma_i \sigma_j} \quad (6.8)$$

由于无风险证券的风险为零,因此,收益的方差为零,即 $\sigma_f = 0$,同时无风险证券与风险证券的协方差也为零,因此,组合的标准差可以简化为

$$\sigma_P = (1 - W_f)\sigma_i$$

整理得到

$$W_f = (\sigma_i - \sigma_P)/\sigma_i \quad (6.9)$$

根据式(6.7)和式(6.9),可以得到

$$E(R_P) = R_f + (R_i - R_f) \cdot \frac{\sigma_P}{\sigma_i} \quad (6.10)$$

式(6.10)表明 $E(R_P)$ 与 σ_P 之间呈线性关系,说明由无风险证券与有风险证券构成的全部组合都处在连接无风险证券与有风险证券两点的直线上。如果 $W_f = 1$,则 $\sigma_P = \sigma_f$,$E(R_P) = R_f(\sigma_P = 0)$。如果 $W_f = 0$,则 $\sigma_P = \sigma_i$,$E(R_P) = R_i$。如果 $0 < W_f < 1$,那么 $0 < \sigma_P < \sigma_i$,$R_f < E(R_P) < R_i$($W_f = 0$ 和 $0 < W_f < 1$ 矛盾)。如果 $R_f < R_i$,并且 $W_f < 0$,即发生卖空无风险证券的情况,那么 $\sigma_P > \sigma_i$,$E(R_P) > R_i$。无风险证券与有风险证券进行组合的线性关系可以用图 6.3 来表示。

由于可以将一个投资组合看作单个资产,因此,前面的分析可以扩展,并应用在马克威茨模型上,如图 6.4 所示。

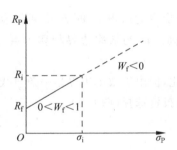

图 6.3 无风险证券与有风险证券进行组合的线性关系

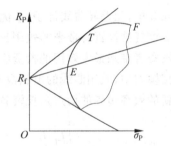

图 6.4 市场组合与无风险证券的新组合

任何一个投资组合都可以与无风险证券进行新的组合,但在众多的组合中,有一个特殊的组合是非常重要的。由于无风险证券与有风险的投资组合进行的新组合都处在连接无风险证券与有风险的那个投资组合两点的直线上,又由于马克威茨模型中的效率边界是凹性的(向纵轴凸出),因此,存在唯一的投资组合,该投资组合与无风险证券进行新的组合所产生的风险与收益给投资者带来最大的效用。这一投资组合是从无风险利率向效率边界画切线时所产生的切点,在图形中表示为点 T。任何一条经过无风险利率点的射线,只要斜率低于那个切线的斜率,就不能带来最佳的收益与风险的匹配,因为在给定风险时,那个切线所带来的收益是最高的,因此给投资者带来的效用也是最大的。任何经过无风险利率点、但斜率高于切线的射线都是不可能的,因为在这样的射线上的点都超过了马克威茨投资集的范围。

当引入无风险证券时,新的效率边界就变成一条直线,在这条直线上,所有的组合都是无风险证券与切点 T 组合而成的新组合。在新的效率边界上,有一点是最佳的,即投资者的效用曲线与效率边界的切点。很明显,该切点可以落在点 T 上,可以落在点 T 的左下方,也可以落在点 T 的右上方。如果切点刚好落在点 T 上,说明投资者的资金全部购买风险证券,无风险证券的持有量为零,也就是说,投资者既不借入资金,也不借出资金;如果切点落在点 T 的左下方,说明投资者的全部投资组合中,既包括风险证券,又包括无风险证券,也就是说,投资者购买的风险证券的量,是其总资金量的一部分,另一部分以无风险证券的形式持有;如果切点落在点 T 的右上方,说明投资者购买的风险证券的量已经超过了他的总资金量,超过的部分是通过借入资金或者说是卖空无风险证券来实现的。

3. 效率边界与投资者的投资选择

对于风险回避的投资者而言,其效用的无差异曲线是凸性的(向纵轴的相反方向凸出)。而前面已经论证了效率边界是凹性的(凸向纵轴)。基于这一特点,产生了效率边界定理,即风险回避者的最佳组合一定位于效率边界上。

由于无差异曲线代表了投资者获得效用的情况,而给投资者带来最大效用的就是最左上方的无差异曲线;而效率边界是凸向纵轴的,即凸向左上方,因此能够与最左上方无差异曲线相切的效率边界的点,一定是给投资者带来最大效用的组合。如图 6.5 所示。

在图 6.5 中,无差异曲线优于 I_2 优于 I_3。投资者为获得 I_3 的效用,可以有多种投资选择,但 I_2 投资给投资者带来的效用比 I_3 投资高。I_2 与效率边界相切于点 Q,Q 组合就成为给投资者带来最大效用的投资组合。

在托宾模型中,效用曲线的形状没有发生变化,但由于效率边界是一条直线,因此,效用曲线与新的效率边界的切点是投资者的最优的投资选择(图 6.6)。

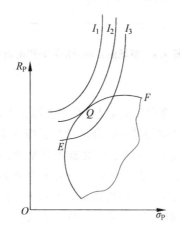 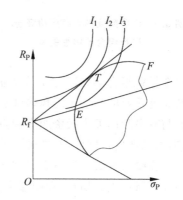

图 6.5　马克威茨效率边界与效用曲线　　图 6.6　托宾效率边界与效用曲线

三、资产组合理论的应用与局限

1. 资产组合理论的应用

资产组合理论对证券投资具有重要的指导意义和实践意义。特别是随着计算机技术的发展,人们可以利用计算机对大量数据进行计算处理,实际计算出有关资产的期望收益率、标准差和相关系数,并构造出资产组合集合。其基本原理是利用过去一段时间内各股票价格变动的历史数据,用回归的办法计算出各股票的期望收益率和标准差,以及每一股票同其他所有股票的相关系数。这样,利用求得的期望收益率,衡量风险的标准差及相关系数,根据一定的模型,就可计算出各资产组合的最低风险,进而构造出资产组合集合的效率。

利用数学模型计算出资产组合的效率边界可以帮助投资者解决如何构造资产组合,实现风险分散等问题,但最终如何选择资产组合,是要靠投资者根据自己的风险承受能力作出决策的。

2. 资产组合理论的局限

资产组合理论在现代投资学中有着重要的影响和广泛的应用,但它的应用存在一些明显的局限。以均值方差模型为核心的资产组合理论至少存在以下三方面的局限。

第一,理性人假设的局限。大量证据表明投资者并不总是理性的。投资者的各种认知偏差在投资决策中发挥重要作用,投资者的情绪与收益之间存在必然联系。

第二,投资者对待风险态度假设的局限。均值方差模型假定投资者是风险厌恶型的,其风险态度始终一致,即保守型的投资者不会同时是冒险型的投资者,它无法解释弗里德曼-萨维奇困惑:为什么购买保险的人常常同时购买彩票。

第三,风险度量的局限。资产组合理论以方差或标准差度量风险,平等处理正离差与负离差,这与投资者对风险的真实心理感受相违背。

资产组合理论的风险观无法解释现实中为什么投资者忽略协方差性,不将与本国股票相关性极低的外国股票纳入股票组合之中,也无法解释为何公司会支付大量现金红利。而基于行为的投资组合理论则运用心理账户对此进行了合理的解释。

第二节 资本资产定价模型及其局限性

一、资本资产定价模型

威廉·夏普于1964年9月在《金融杂志》(*Journal of Finance*)发表了题为"资本资产价格:风险条件下的市场均衡理论"的文章。这篇文章与Lintner和Mossin分别发表于1965年、1966年的文章共同建立了资本资产定价模型,对投资理论的发展起到了巨大的推动作用。

夏普指出,对于想要预测资本市场行为的投资者而言,存在一个难点,这就是缺少在风险条件下的明确的微观经济理论。尽管从传统的无风险条件下的投资理论中可以得到许多有益的启发,但在金融交易中的风险实在是太大了,因此投资者必须考虑风险。由于缺少合适的理论,这些投资者被迫接受那些关于证券价格行为的近似于武断的模型。

关于资本资产价格的一种传统的理论,通常首先阐述均衡的无风险利率的形成过程,该过程一般由投资者的主观偏好与客观条件两个因素共同决定。其次,传统理论断言,风险的市场溢价及资产价格都随着资产风险的大小而变化。在夏普的文章发表之前,没有理论能够说明风险价格受投资者偏好以及资本资产客观特征等因素影响的方式。由于缺少这样的理论,很难描述单个资产的价格与风险的关系。通过投资组合,一种资产中的某些风险可以消除,因此,并不是单个资产的总风险影响其价格,但人们还不能说明,到底是资产风险的哪个部分可以影响甚至决定该资产的价格。

在夏普之前,已经诞生了马克威茨的资产组合理论以及托宾模型等,但这些理论或模型并没有向前发展一步,形成在风险条件下的资产价格的市场均衡理论。而夏普的理论实现了这一步的跨越,其基本结论与传统的金融理论关于风险的市场溢价及资产价格都随着资产风险的大小而变化的断言是一致的。但是夏普的理论特别说明了单个资产的价格与其总风险各个组成部分之间的关系,这一关系被人们称为资本资产定价模型。

1. 资本市场线

资本资产定价模型的基本假定如下。

(1) 投资者根据预期收益和收益的方差来选择投资组合。

(2) 投资者为风险回避者。

(3) 投资期为单期。

(4) 证券市场存在均衡状态(该均衡是局部的,证券市场对生产部门的影响被忽略了)。

(5) 投资是无限可分的,投资规模不管多少都是可行的。

(6) 存在无风险资产,投资者可以按无风险利率借入或借出无风险资产。

(7) 没有交易成本和交易税,或者说交易成本和交易税对全部投资者都相等。

(8) 投资者对每种证券收益和风险的预期都相同,且他们都是价格接受者。

(9) 市场组合包括全部证券种类。

在前面介绍托宾模型时,曾推导出当无风险资产与有风险资产进行组合时,新组合的收益与风险是线性相关的,具体而言:

$$R_P = R_f + (R_i - R_f)\sigma_P/\sigma_i$$

如果将某一特别的单个资产 i 换成市场组合,无风险资产与市场组合再一次组合,新组合的收益与风险的关系为

$$R_P = R_f + (R_m - R_f)\sigma_P/\sigma_m \tag{6.11}$$

式中,R_P 为无风险资产与市场组合构成的新组合的收益;σ_P 为新组合的风险;R_f 为无风险收益率;σ_m 为市场组合的风险。

当加入无风险资产后,并且在无风险资产可以卖空的条件下,效率边界已不再是马克

威茨效率边界曲线 AMB，而是一条直线 R_fMT，这条直线称为资本市场线（capital market line，CML），如图6.7所示。

资本市场线之所以为直线，原因很简单。由于点 M 是切点，因此，曲线 AMB 与线 R_fMT 在该点相重叠，而除点 M 外，曲线 AMB 上任何一点的投资效率都不如线 R_fMT 对应点的投资效率高。例如点 D 在曲线 AMB 上，而点 D' 在直线 R_fMT 上，两点所对应的风险是相同的，但点 D' 的收益要高于点 D 的收益，因此此 D' 要优于点 D。

如果取消无风险资产可以卖空的条件，那么效率边界就是线 R_fMB，是由直线 R_fM 和曲线 MB 构成。

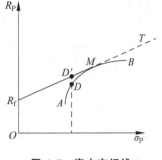

图6.7 资本市场线

效率边界 R_fMT 的斜率是 $(R_m-R_f)/\sigma_m$，该斜率表明单位总风险的市场价格。(R_m-R_f) 代表风险溢价，即风险组合收益率超过无风险收益率的部分。

点 M 所代表的是市场组合，点 M 是唯一的。也就是说，市场上仅有两种资产：一种是无风险资产，另一种是风险资产，而风险资产就是市场组合 M。如果投资者遵从效率原则，那么，任何一个投资者所选择的风险资产都是市场组合。不管投资者的效用函数如何，只要他是风险回避者，他的投资组合中的风险资产就一定包括市场组合。

2. 投资选择的分割定理

那么，效用函数或者效用曲线有什么作用呢？效用函数将决定投资者在效率边界上的具体位置。就是说，效用函数将决定投资者持有无风险资产与市场组合的份额。效用函数的这一作用被称为分割定理（separation theorem）。根据分割定理，投资者的投资决策分为以下两个阶段。

第一阶段是对风险资产的选择。在这一阶段，投资者对每一项风险资产的期望收益和风险状况（标准差 σ_i 或方差 σ_i^2）以及各资产间的相互作用程度（相关系数 ρ_{ij}）进行估计，在此基础上确定风险资产组合集合及其效率。随后，投资者经点 R_f 向风险资产组合的效率边界引切线，切点 M 所代表的资产组合即投资者应当持有的风险资产组合。在这一阶段内，投资者只需考虑每项资产的期望收益、方差和相关系数，即只考虑风险资产本身的特性，而无须考虑自身的风险偏好。因此，不管投资者之间的风险偏好差异多大，只要他们对风险资产的特性的判断相同，他们将选择同样的风险资产组合。

第二阶段是最终资产组合的选择，投资者将选定的风险资产组合 M 与无风险资产相结合，构造出一个新的资产组合集合，即考虑风险资产和无风险资产后的总的资产组合集合的效率边界。在这一效率边界上，投资者根据自己的风险偏好安排所持有的无风险资产与风险资产的比例，选择适当的资产组合。

如果投资者的效用曲线为 U_1，那么，该投资者将同时持有无风险资产与市场组合。效用曲线与效率边界的切点离点 R_f 越近，投资者持有无风险资产的比例就越大；切点离点 R_f 越远，投资者持有风险资产即市场组合的比例就越大。

如果投资者的效用曲线为 U_2，那么投资者将按无风险利率借入资金来购买风险资产——市场组合。在风险回避者中，完全不承受风险的投资者将不持有市场组合，愿意承受较低风险的投资者将同时持有无风险资产和市场组合,而愿意承受更多风险的投资者将借入资金来购买市场组合(图6.8)。

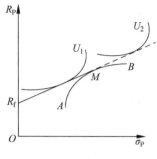

图6.8 市场分割定理与投资者选择

市场组合是每一个愿意承担风险的投资者所必须持有的风险资产,是独立于投资者效用函数的最佳组合。市场组合包括市场中的每一种风险证券,如果有一种风险证券没有被市场组合包括,那么将会产生套利行为。因为没有被市场组合包括的证券的价格将下降,收益率提高,而风险并没有发生变化,因此套利者将这只证券纳入组合后,收益率提高,而组合的风险是既定的。这样,原来的市场组合将不是有效率的组合,这与在效率边界上的点都是有效率的组合的结论不一致。因此,全部的证券都将包括在市场组合中。由于每种证券都包括在市场组合中,而市场组合又只有一个,因此,每种证券在市场组合中的比例就是该证券的市场价值占全部证券的市场价值的比例。也就是说,如果一种证券的市场价值为5,而全部证券的市场价值为100,那么在市场组合中该种证券所占比例就是5%。

如果市场组合不是一点,而是一条线段(夏普就是这样认为的),则每一个市场组合不一定包括全部的风险资产。由于投资者都试图购买市场组合这种风险资产,从而进入市场组合中的证券的价格将上升,收益率将下降,这将降低组合中包含这种证券的趋势,或者说,这种证券有可能被排斥在组合之外;而没有进入市场组合的证券的价格将下降,收益率将上升,这种证券被加进组合的可能性会增加。证券价格的变化,使一些组合更具有吸引力,从而导致投资行为的改变。新的更具吸引力的组合出现,会改变投资者的需求,会重新引起证券间价格的变化,从而会使新的组合更具魅力。这种调整过程是不断的,因此,投资机会线将变得越来越直。如图6.9所示。

点Q向右移动,点G和点H都向左移动,直到生成一组价格,在这样的价格下,每一种资产都至少进入一个落在资本市场线上的组合,资产价格才停止波动。图6.10描述了这样的状态。

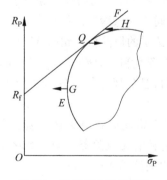

图6.9 投资机会线的变化

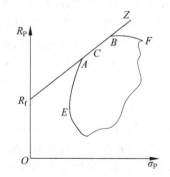

图6.10 效率边界的稳定形式

在图 6.10 中,由风险资产所构成的全部组合都在 EACBF 这种不规则的图形内,而直线 R_fZ 由无风险资产与风险资产组合重新进行组合的点所构成。线段 AB 上的点可以通过多种方式得到。例如,点 A 对应的风险与收益,可以直接通过某一风险资产的组合来获得,也可以间接通过借出资金并持有风险资产组合 C 来实现。

图 6.10 所表明的一个重要特征是,很多的风险资产的组合都是有效率的,这些有效率的组合都落在 R_fZ 上。一方面,这一特征说明,不是所有的投资者都持有相同的风险资产组合。另一方面,该特征也说明,全部有效的组合一定都是完全正相关的,因为这些组合都位于同一条直线上。这一特征有着非常重要的意义,它为分析资本资产价格与不同类型风险之间的关系提供了钥匙。

在市场处于均衡的情况下,组合的收益与风险(标准差)之间是线性相关的,而到目前为止,我们尚未论及单个资产的收益与风险之间的关系。一般情况下,单个资产收益与风险的坐标点应该位于资本市场线下,表明非组合投资是无效率的。而且这些点散布于整个投资集合,其收益与总风险(标准差)之间没有确定的关系。但是,单个资产的期望收益与其系统风险(systematic risk)之间却存在确定的关系。

3. 证券市场线与资本资产定价模型

某单个资产与包含该资产的任意一个有效组合的关系可以用图 6.11 来说明。

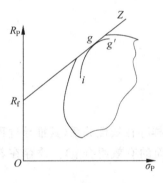

图 6.11 有效组合与任意单个资产的组合

在图 6.11 中,单个资产 i 是有效组合 g 中的一个资产。曲线 igg' 表明资产 i 与组合 g 重新进行组合后收益与风险的关系。假定投资于资产 i 的比例为 a,投资于组合 g 的比例为 $1-a$,则 $a=1$ 表明全部资金都投资于资产 i;而 $a=0$ 表明全部资金都投资于组合 g;而 $a=0.5$,说明投资于资产 i 的比例高于 50%,因为组合中已经包含了资产 i。如果在新的组合中资产 i 为 0,必须令 a 为负值。点 g' 就表明当 a 为负值时的新组合。

曲线 igg' 与资本市场线相切于点 g,这是很正常的,因为在市场均衡的情况下,所有这样的曲线都要与资本市场线相切。单个资产与有效组合的新组合曲线之所以与资本市场线相切,是因为:①这样的曲线是连续的;②这样的曲线一定会接触代表有效组合的那一点。如果不相切,那就意味着与资本市场线相交,但此时,就会有些组合在资本市场线的右上方,这是不可能的,因为资本市场线代表了全部有效率的组合。

曲线 igg' 与资本市场线相切这一特征可以用来推导组合 g 中各单个资产的期望收益与单个资产不同类别风险之间的关系。

资产 i 与组合 g 的新组合的期望收益为
$$R_P = aR_i + (1-a)R_g$$
而资产 i 与组合 g 的新组合的标准差为
$$\sigma_P = \sqrt{a^2\sigma_i^2 + (1-a)^2\sigma_g^2 + 2a(1-a)\text{Cov}_{ig}}$$
由于

$$\frac{dR_P}{d\sigma_P} = \frac{dR_P/da}{d\sigma_P/da}$$

所以

$$\frac{dR_P}{d\sigma_P} = \frac{R_i - R_g}{1/2[a^2\sigma_i^2 + (1-a)^2\sigma_g^2 + 2a(1-a)\text{Cov}_{ig}]^{-1/2}} \times \frac{1}{2a\sigma_i^2 + 2a\sigma_g^2 - 2\sigma_g^2 + 2\text{Cov}_{ig} - 4a\text{Cov}_{ig}}$$

由于组合 g 是有效的组合,且资产 i 已经在组合 g 中,因此,在资产 i 与组合 g 进行重新组合时,a 一定为 0(否则 g 中资产 i 的比例将增加或减少,g 不再是有效组合),所以

$$\frac{dR_P}{d\sigma_P} = \frac{R_i - R_g}{1/2[\sigma_g^2]^{-1/2}} \times \frac{1}{2\text{Cov}_{ig} - 2\sigma_g^2}$$

$$= \frac{R_i - R_g}{1/2\left[\dfrac{1}{\sigma_g}\right][2\text{Cov}_{ig} - 2\sigma_g^2]} = \frac{R_i - R_g}{\text{Cov}_{ig} - \sigma_g^2} \times \sigma_g$$

这是新组合的风险价格,而这一价格一定等于直线 R_fZ 的斜率,即 $(R_g - R_f)/\sigma_g$。

因此 $(R_g - R_f)/\sigma_g = \dfrac{R_i - R_g}{\text{Cov}_{ig} - \sigma_g^2} \times \sigma_g$

等式两边同时乘以 σ_g,
则

$$(R_g - R_f) = \frac{R_i - R_g}{\text{Cov}_{ig} - \sigma_g^2} \times \sigma_g^2$$

$$R_i = R_f + (R_g - R_f)\frac{\text{Cov}_{ig}}{\sigma_g^2}$$

当存在市场组合时,单个资产的收益率与其系统风险同样存在线性关系(其推导过程与上述推导过程完全一样,只不过用市场组合 M 替代了前面的有效组合 g)。故存在着市场组合 m 时,单个资产 i 的收益率与其风险的关系为

$$R_i = R_f + (R_m - R_f)\frac{\text{Cov}_{im}}{\sigma_m^2} \tag{6.12}$$

令 $\beta_i = \dfrac{\text{Cov}_{im}}{\sigma_m^2}$

则

$$R_i = R_f + (R_m - R_f)\beta_i \tag{6.13}$$

式(6.12)和式(6.13)给出的就是资本资产定价模型,又称为证券市场线(security market line,SML)。由此模型可知,单个资产的总风险可以分为两个部分:一部分是市场组合 m 收益变动而使资产 i 收益发生的变动,即 β_i 值,这是系统风险;另一部分即剩余风险,被称为非系统风险。单个资产的价格只与该资产的系统风险的大小有关,而与其非系统风险的大小无关。

如果一只股票的 β 值大于 1,则这种股票被称为进取性股票(aggressive stock),因为该股票收益率的变化大于市场组合收益率的变化。例如,某只股票的 β 值为 1.5,那么,

当市场组合的收益率超过无风险利率的部分,即超额收益为1%时,该股票的超额收益就是1.5%;如果一只股票的β值小于1,则这种股票被称为防守性股票(defensive stock),因为该股票收益率的变化小于市场组合收益率的变化。

即使不存在无风险利率,单个资产的收益率与其β值的线性关系也是存在的。Black在1972年发表的文章中用零β值的组合取代了无风险资产,并论证了上述线性关系的存在。

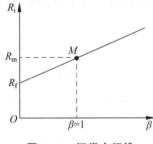

图 6.12 证券市场线

图 6.12 给出的就是证券市场线或资本资产定价模型的图形。在图 6.12 中,收益率高于证券市场线的证券属于价值被低估的证券,这些证券的收益率在相同风险(β值相同)的情况下,比其他证券的收益率高。而收益率低于证券市场线的证券属于价值被高估的证券,这些证券的收益率在相同风险(β值相同)的情况下,比其他证券的收益率低。

市场组合的收益率为

$$R_m = R_f + (R_m - R_f)\frac{\text{Cov}_{mm}}{\sigma_m^2}$$

市场收益率与其自身的协方差Cov_{mm}等于其方差σ_m^2,因此,$R_m = R_m$。

第一,资本市场线表示的是有效组合期望收益与总风险之间的关系,因此在资本市场线上的点就是有效组合;而证券市场线表明的是单个资产或者组合的期望收益与其系统风险之间的关系,因此在证券市场线上的点不一定在资本市场线上。

第二,证券市场线既然表明单个证券的期望收益与其市场风险或系统风险之间的关系,那么在均衡的情况下,所有证券都将落在证券市场线上。

第三,资本市场线实际上是证券市场线的一个特例,当一个证券或一个证券组合是有效率的时候,该证券或证券组合与市场组合的相关系数等于1,此时证券市场线与资本市场线就是相同的。因为

$$R_P = R_f + (R_m - R_f)\frac{\text{Cov}_{pm}}{\sigma_m^2} = R_f + (R_m - R_f)\frac{\rho_{Pm}\sigma_P\sigma_m}{\sigma_m^2}$$

$$= R_f + (R_m - R_f)\frac{\rho_{Pm}\sigma_P}{\sigma_m} = R_f + (R_m - R_f)\frac{\sigma_P}{\sigma_m}$$

而$R_P = R_f + (R_m - R_f)\frac{\sigma_P}{\sigma_m}$,就是资本市场线。

4. 特征线与资本资产价格

公式$R_i = R_f + (R_m - R_f)\beta_i$可以写成

$$R_i - R_f = \beta_i(R_m - R_f) \tag{6.14}$$

式(6.14)被称为特征线(characteristic line)。特征线没有截距,换句话说,某一证券的超额收益是市场组合的超额收益与该证券系统风险(β值)的严格的函数关系,如图 6.13 所示。

如果某一证券与市场组合相互独立,即$\beta_{im} = 0$,那么$(R_i - R_f) = 0$,即$R_i = R_f$。如果

$\beta_{im}>0$,那么该资产将得到风险溢价。

证券市场线与特征线的关系是,在证券市场线的等式中,β 是自变量,市场组合的超额收益是斜率;而在特征线的等式中,β 是斜率。

全部有效定价的证券的特征线都经过原点,所以由这些证券构成的组合的特征线也经过原点。在真实的市场中,即在市场模型中,某些证券的超额收益会高于由图 6.13 所确定的水平,如图 6.14 所示。

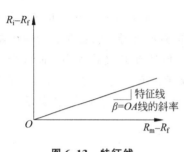

图 6.13 特征线

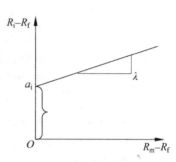

图 6.14 市场模型

此时的市场处于非均衡的状态,但由于套利行为的存在市场将很快恢复均衡。因此,代表一般市场条件的特征线可以写成

$$R_i - R_f = \alpha_i + \lambda_i(R_m - R_f) \tag{6.15}$$

式中,α_i 为非市场相关收益。

严格的特征线是一般特征线的特例,即 $\alpha_i=0$,$\lambda_i=\beta_i$。市场模型的斜率等于 β_i,而 $\beta_i(R_m-R_f)$ 为市场相关收益,而 α_i 为非市场相关收益。α_i 的大小可以用来衡量一个组合投资的管理者的业绩水平,也就是说,管理者能够实现正的非市场相关收益,即 $\alpha_i>0$,则管理者的业绩就是好的;反之,如果组合管理者不能获得正的非市场相关收益,则说明其管理水平较低。

β 系数可用来衡量单个资产相对于市场的波动性。假定证券实现的收益与分布等于投资者期初预计的收益与分布,那么,可以被检验的方程式为

$$\widehat{R}_{ij} = R_f + b_i(R_{mj} - R_f) + \varepsilon_{ij} \tag{6.16}$$

式中,R_f 为无风险资产的收益率;$b_i=\beta_i$,为回归方程的斜率;ε_{ij} 为无法用市场收益率来解释的证券 i 的那部分收益。

$$E(\varepsilon_{ij}) = 0$$
$$\text{Cov}(\varepsilon_{ij}, R_{mj}) = 0$$
$$\text{Cov}(\varepsilon_{ij}, R_{jj}) = 0$$

二、资本资产定价模型的局限

在资本资产定价模型中,所有投资者均被假设为只关心投资回报和投资组合的协方差(风险),二者存在均衡便导出结论。传统的 CAPM 模型缺乏对资本市场价格形成机制和投资者心理因素的探讨,更像是资本市场的收益和风险的关联关系分析模型,从这个意

义上讲,它的解释能力是有限的。

第三节 行为资产组合理论

一、行为资产组合理论的理论基础

1. 安全第一组合理论

Roy(1952)提出了安全第一组合理论。在该理论中,破产是指投资者的期终财富 W 低于他生存水平 s 的情况,而投资者的目标是使其破产的概率 $P(W<s)$ 最小化,从而使资产以"安全第一"为原则进行组合。在安全第一组合理论中,设 P 是一个收益均值为 μ_P、标准差为 δ_P 的任意投资组合。假设市场上不存在无风险证券(对所有的 $P, \delta_P>0$)同时投资者的生存水平较低(对所有的 $P, \delta_P<0$)。在所有组合的收益分布为正态分布的特殊情况下,投资者破产概率的最小化就等同于其生存水平 s 小于投资组合收益均值 μ_P 的数值除以标准差 δ_P 所得到的倍数的最小化。也就是分式 $\dfrac{s-\mu_P}{\delta_P}$ 的最小化。在收益不服从正态分布的情况下切比谢夫不等式目标函数也同样适用。

2. 安全、潜力和期望理论

Lopes(1987)提出了安全、潜力和期望理论(SP/A),该理论是在不确定条件下进行选择的心理学理论,它提供了比资产组合选择理论更为普遍的选择框架。

在 SP/A 理论中,S 代表"安全"(security),P 代表"潜力"(potential),A 代表"期望"(aspiration)。Lopes 对安全的定义与安全第一组合理论中的安全相类似,都是指避免财富降至较低水平。她提出的期望是一种目标,即是对安全第一组合中要达到的给定的目标价值(比如说 s)的概念所作出的归纳。在安全第一组合理论框架中,没有和潜力相类似的概念,潜力则是指一种要达到较高水平财富的愿望。

Lopes 假定风险结果由 $E_h(W)$ 和 $D(A)$ 这两个相关变量来估量。它们同安全第一组合模型中的 $E(W)$ 和 $P(W\leqslant s)$ 相类似。是期望财富 $E(W)$ 受到"害怕"(fear)和"希望"(hope)两种感情因素影响后的结果。另一个相关变量是 $D(A)$,它用 $P(W\leqslant A)$ 表示,是对安全的度量,同时也是对其反面——风险的度量。

Lopes 假设期初为时期 0,期终为时期 1,时期 1 的财富有 n 种状态,用 i 表示(i 从 1 到 n)每种状态的概率 $P_i=P(W_i)$,财富水平由小到大排列($W_1\leqslant W_2\leqslant \cdots \leqslant W_n$)。害怕和希望是通过改变期望财富 $E(W)=\sum p_i W_i$ 中的相对权重 p_i 而对投资者承担风险的意愿产生作用。害怕赋予低财富水平相对大的权重,而希望则赋予高财富水平相对大的权重。Lopes 通过函数 $h(D)$ 定量考察这两种感情因素对 $E(W)$ 的修正。Lopes 将期望财富 $E(W)=\sum p_i W_i$ 转化为 $E(W)=ED_i(W_i-W_{i-1})$ 的形式,其中,$W_0=0$,且 $D(X)=P(W\geqslant x)$。为了体现害怕心理对风险结果的影响,Lopes 利用连续函数 $h_s(D)=D_s^{q_s}$ 来计算 $E(W)$,其中 s 代表安全,$q_s>0$。计算的结果是相对低的财富水平被赋予了较高的权重,而相对高的财富水平的权重则相对较低。希望心理对风险结果的影响用函数

$h_p(D)=1-(1-D)^{1+q_p}$ 来计算，p 代表潜力。该式赋予较高财富水平以较高的权重，较低财富水平以较低的权重。Lopes 认为"害怕"与"希望"往往是同时存在于投资者心中，因此她用前面两式的综合即 $h(D)=\delta h_s(D)+(1-\delta)h_p(D)$ 来反映"害怕"与"希望"同时对结果的影响。这样，对投资者来讲，害怕心理将使其 $E_h(W)$ 变小，而希望心理则会使其 $E_h(W)$ 变大，最后的 $E_h(W)$ 值与投资者心中"害怕"与"希望"的程度和对比有关。在 SP/A 理论中，投资者的目标是最大化函数 $U(E_h(W),D(A))$。

SP/A 理论的结构是对安全第一组合理论的沿用和修正，二者最大的区别在于对变量的解释。SP/A 理论中，以更为普遍的期望水平 A 代替了生存水平 s，用心理因素修正后的 $E_h(W)$ 代替了 $E(W)$。在 $q_s=q_p=0$ 的特殊情况下，$h(D)=D$，Lopes 的模型就简化为安全第一组合理论。

3. 期望理论

Kahneman 和 Tversky(1979)的前景理论构成了行为资产组合理论的第三个理论基础(参见本书第三章相关内容)。

二、行为资产组合理论的内容

行为资产组合理论有两种分析模型，即单一账户资产组合理论(BPT-SA)和多重账户资产组合理论(BPT-MA)。单一账户资产组合理论和均值方差组合理论的投资者都将资产组合视为一个单一的账户，并考虑资产之间的相关性，即它们之间的协方差。而在多重账户资产组合理论中，投资者将资产组合放入了不同的心理账户，并不考虑账户之间的相关性。

1. 单一账户资产组合理论

BPT-SA 关于资产组合的选择在某种程度上类似于均值方差模型中的证券组合选择，只是 BPT-SA 中加入了心理因素对投资组合选择的影响。均值方差理论的核心是 (μ,δ) 平面中的均值方差有效边界。BPT-SA 的核心则是 $(E_h,(W),P(W\leqslant A))$ 平面中的有效边界。关于 BPT-SA，这里有三个定理加以说明。

BPT-SA 中，令 v_i 为取得财富 W_i 所付出的单位价格，p_i 为财富 W_i 发生的概率。BPT-SA 将期终的 n 种状态进行排列以使 v_i 与 p_i 的比率也随 i 增大而减小。令 $r_i=h(D_{i+1})-h(D_i)$，且 r_i 与 p_i 的比率也是随着 i 增大而减小。假设投资者期初的财富为 W_0，他们的目的在于使期终的期望财富 $E_h(W)$ 达到最大化，约束条件是 $\sum v_i W_i$ 不超过 W_0(表明投资者为所缺的财富所付出的价格不能超过期初财富，即投资者不能借钱购买资产组合)。

定理 1：令单一账户证券组合选择模型为

目标：max：$E_h(W)=\sum r_i W_i$ (6.17)

条件：$P(W\leqslant A)\leqslant \alpha$ (6.18)

在此假定下可得其最优解为

$$\begin{cases} W_i = 0, \text{当 } i \text{ 不属于 } T \text{ 时} \\ W_i = A, \text{当 } i \text{ 属于 } T \text{ 时} \\ W_n = (W_0 - \sum v_i W_i)/V_n, \text{当 } W_0 > v_n A \text{ 时} \end{cases},$$

式中的加和从 1 到 $n-1$。T 是一个状态子集,包括第 n 种状态 s_n,且 $P(T) \geqslant \alpha$。

定理 2:在离散状态的例子中,均值方差有效组合具有以下的形式:

$$W_i = 1/b \left\{ 1 - \left[\left(\sum v_j - bW_0 \right) / \sum v_j^2/P_j \right] v_i/p_i \right\} \tag{6.19}$$

式中,b 为一个正的常数。

定理 3:如果在 BPT-SA 有效组合中,至少有 3 种状态都具有正的消费特征,且有 v_i/p_i 独特值,那么,这个组合就不是均值方差有效组合。

由此可以确定单一账户行为组合理论有效边界。它就是在 $P(W \leqslant A) \leqslant \alpha$ 的约束条件下由许多 $P(W \leqslant A)$ 值和对应的最大值 $E_h(W)$ 所构成的有序数对在 $(E_h(W), P(W \leqslant A))$ 平面上绘出的曲线。投资者将通过有效边界最大化函数 $U(E_h(W), D(A))$ 来选择最优证券组合。

从模型解的形式可以看出单一账户行为组合理论有效证券组合收益的分布形式。其收益有三种可能的结果:0,A,高于 A 的值 W_n。这种收益分布类似于由收益为 A 或 0 的无风险债券和收益为 W_n 的彩票所构成的组合的收益分布。这与弗里德曼和萨维奇所观察到的人们同时购买保险与彩票的现象是一致的。这种同时性正是单一账户行为组合理论有效证券组合的表征。

在均值方差模型中,投资者的偏好可以用函数 $\mu - \delta^2/d$ 来表示,d 表示风险容忍度。在这里,对待风险的态度由单一的变数 d 来衡量。而在 SP/A 理论中,风险是多维的,其有效边界受到五个风险度量参数的影响。它们是:

q_δ,用来测量害怕的程度(对安全的需要)。

q_p,用来测量希望的程度(对潜力的需要)。

A,期望水平。

δ,用来决定害怕与希望的相对强弱。

γ,用来决定获取与害怕和希望相关的期望水平的欲望程度。

这五个参数值的变化都将会改变投资者对证券组合的选择。

2. 多重账户资产组合理论

BPT-MA 的基础是期望理论中的心理账户。BPT-MA 认为,在现实中大部分投资者无法通过考虑资产之间的相关性来将注意力集中在整个组合而非单个资产的风险和预期收益上,他们实际构建的资产组合是一种金字塔状的行为资产组合,位于金字塔各层的资产都与特定的目标和风险态度相联系,而各层之间的相关性被忽略了。

Shefrin 和 Statman(2000)提出投资者具有两个心理账户,分别对应高、低两个期望值,代表投资者既想避免贫困、又希望变得富有的愿望。高、低期望值兼而有之的资产组合常常被描述为分层的金字塔,投资者在底层和顶层之间分配财富,底层的财富是为了避免贫困,顶层的财富是为了变得富有。投资者的目标就是将现有财富 W_0 在两个账户间分配以使整体效用达到最大。

假设低期望账户的效用函数为 Cobb-Douglas 函数：

$$U_s = P_s^{1-\gamma} E_h(W_s)^{\gamma} \tag{6.20}$$

式中，P_s 为达不到低期望水平 A_s 的概率；W_s 为财富；γ 为一个非负权重参数。类似地，高期望账户的效用函数为

$$U_r = P_r^{1-\beta} E_h(W_r)^{\beta}$$

其中各参数含义与前式对应。

则可假定投资者的效用函数是低期望账户的效用函数与高期望账户的效用函数的联合体，为

$$U = (1 + K_{dr}[P_r^{1-\beta} E_h(W_r)^{\beta}]) K_{ds}[P_s^{1-\gamma} E_h(W_s)^{\gamma}] \tag{6.21}$$

从投资者效用函数的形式可以看出，当低期望账户的效用为 0 时，投资者的效用也为 0；而当高期望账户的效用为 0 时，投资者的效用却不必为 0。这意味着财富中的一部分将首先分配给低期望账户。如果卖空被允许，投资者在他的高期望账户里可能会持有某些证券的空头，而在低期望账户里相应持有其多头。原因在于两种心理账户之间缺乏统一性，协方差被忽略了。总之，投资者将心理账户与目标相匹配。两个心理账户不统一，最大化投资者整体效用的做法将会使低期望账户中的组合比高期望账户中的组合看起来更像无风险债券，而与之相反，高期望账户里的组合更像彩票。

Shefrin 和 Statman 同时给出了如下结论：若 BPT-MA 组合中至少有五种状态满足正消费，且有 v_i/p_i 独特值，则该组合既不是均值方差有效的，也不是 BPT-MA 有效的。

第四节 行为资产定价理论

两位著名的行为金融学家 Shefrin 和 Statman 基于 Sharpe 等人的传统资本资产定价模型，在 1994 年联合提出了行为资产定价模型(behavioral asset pricing model，BAPM)，该模型一经提出便引起了理论界的瞩目。可以说，BAPM 为 CAPM 理论研究提供了一个崭新的视角，开创了 CAPM 理论研究的新局面。在 CAPM 中，供求仅仅决定于理性趋利特性下的标准贝塔，但行为金融学家认为，投资者的价值观、社会地位、生活方式、情绪波动都可能会影响资产的定价。相对于 CAPM 模型，BAPM 不仅包括了理性趋利特性，而且包括了价值感受特性等诸多因素。

一、行为资产定价模型的基本假设

由 Shefrin 和 Statman(1994)构筑的行为资产定价模型是对标准资本资产定价模型的扩展。与 CAPM 不同的是，在 BAPM 中假设投资者并非都具有相同的理性信念，而是被分为两类：信息交易者和噪声交易者。信息交易者是严格按 CAPM 行事的理性投资者，他们不会受到认知偏差的影响，只关注组合的均值和方差；而噪声交易者通常跳出 CAPM 框架，是那些处于 CAPM 框架之外的投资者，他们往往会犯各种系统性认知错误（如过高估计近期事件的影响，而忽略远期事件的影响），没有严格的对均值方差的偏好，并且追随风潮和狂热。噪声交易者易于对可能影响未来股息的消息作出过度反应，从而使信息交易者占了便宜(De Long，1990)。当市场上的交易主体大部分是信息交易时，市

场是有效率的;而当噪声交易者占据交易的主体地位时,市场是无效率的。在 BAPM 中,证券的预期收益是由其行为贝塔决定的,BAPM 将信息交易者和噪声交易者以及两者在市场上的交互作用同时纳入资产定价框架,实现了主流经济学向理性之外的转向,同时 BAPM 还对在噪声交易者存在的条件下市场组合回报的分布、风险溢价、期限结构、期权定价等问题进行了全面研究。由于 BAPM 模型既考虑了价值表现特征(如情绪),又包含了效用特征(如风险、收益),而传统金融经济学分析框架中的投资者只具有效用特征。因此,BAPM 一方面从无法战胜市场的意义上接受市场的有效性;另一方面,从理性角度出发拒绝市场有效性,这对金融市场研究的未来发展有着深刻的启示,被称为资本资产定价模型的一大创举。

在传统金融理论中,假设证券市场上的价格是有效的,Shefrin 和 Statman 称这种市场为单驱动因素市场,这种市场上由唯一的驱动因素决定均值—方差有效前沿、市场组合收益分布、风险溢价等,这个驱动因素就是推动市场组合收益分布变动的最小必要信息量。而噪声交易者的引入给市场带来第二个驱动因素,并导致价格偏离有效水平。

噪声在行为金融理论里是与信息相对的。噪声被定义为一切能不同程度地使资产价格偏离资产价值的因素和事件。布莱克(Black,1986)把不拥有内部信息却非理性地把噪声当作信息进行交易的人称为"噪声交易者"。通常噪声交易者是乐观的,常常高估盈利和低估风险。由于乐观,他们倾向于购买更多的股票并因此而推动价格上涨。通常可以看到,当别人都买进时噪声交易者也买进,当别人都卖出时噪声交易者也卖出,多数时候,噪声交易者在价格已经很低的时候卖出,而在价格已经很高的时候买进,被看作最差的市场时机选择。噪声交易使金融市场的存在成为可能,但同时又使金融市场无法成为一个完全有效的市场;噪声交易还造成了金融市场资产价格的剧烈波动并且长期偏离均衡值。噪声交易所占的比重越小的市场越成熟,但市场的完全理性是不可能的,同时噪声交易的存在构成了金融产品交易的一部分,对市场的流动性是必不可少的。

二、噪声交易风险

早期的有关噪声交易的资产定价模型认为,没有永久的证券会被错误定价,并认为噪声交易风险具有独立性,这意味着,可以通过分散化投资来消除其风险。其中可被消除的风险没有被 CAPM 定价。可见,噪声交易者经常与信息交易者交易,但是其对证券市场的影响非持续,他们在与信息交易者进行交易时会失败,从而最终被淘汰出局。可见,市场中总存在噪声交易者。这是因为:不断有新的噪声交易者产生,现有的噪声交易者会不断投入资金。正是由于噪声交易者的存在,证券价格继续背离其内在价值。如果套利者的套利时间是有限的,那么,套利消除错误定价的能力将是有限的。

Brown(1999)提出非理性投资者依据噪声信号做出的行为将导致系统性风险。De Long 等(DSSW)证明了噪声交易者可能比理性交易者获利更多。这不是因为他们有更好的交易技巧,而是他们持有更多的风险。噪声交易者所承担的额外风险可以称为"噪声交易风险"(noise trade risk,NTR)。该风险是由噪声交易者强加给市场的。噪声交风险通常是人的非理性因素造成的一种新的不确定性,理性交易者也认识到新的不确定性的存在。不确定性的存在是因为他们不知道噪声交易者会如何行为。DSSW 指出噪声交易者由于承担额外的风险而能赚取更多的钱。

对于理性交易者而言,除了基本风险外,他们必须承受噪声交易者风险。由于噪声交易者的情感是随机的,他们很难对其进行准确的预测。如果噪声交易者对市场看"牛",他们将把价格推高到超出其内在价值,甚至可能使市场变得疯狂。如果套利者与他们对抗,噪声交易者会误将噪声理解为信息而继续买进,这将加剧市场的风险。因此,尽管他们意识到这种风险的存在,但他们无法对其进行定量分析,最终他们在实际风险的基础上增加了一个溢价风险,这个溢价风险就是噪声交易风险。

在行为资产定价模型中,NTR 被定义为资本资产定价模型中的 β 减去行为 β。实际风险是由 BAPM 产生的,而他们增加的那部分增量风险就是 NTR。通过对 NTR 的度量,就可以知道噪声交易者在某一时刻对某种股票的态度与影响力。为估算 NTR,可以构建一个反映噪声交易者过度交易的新的市场指数,来计算行为资产定价模型中的行为 β。

由上可知,CAPM 中的风险(β^C)由两部分构成,即基本风险(β^B)和额外风险(NTR),用公式表示如下:

$$\beta^C = \beta^B + \text{NTR}, \quad 即 \text{NRT} = \beta^C - \beta^B \tag{6.22}$$

三、行为资产定价模型

由于噪声交易者会影响证券价格,在 BAPM 中,证券的预期收益率并不由传统的 CAPM 中的市场贝塔决定,而是由行为贝塔决定,即资产收益率相对于正切均方差有效资产组合的贝塔决定。Shefrin 和 Statman 的 BAPM 可表示为

$$E_\Pi \rho(Z) - 1 = i_1 + \beta(Z)(E_\Pi \rho_{MV} - 1 - i_1)$$

式中,$E_\Pi \rho(Z)$ 为任意证券 Z 的预期总收益率;$E_\Pi \rho_{MV}$ 为均方差有效资产组合的预期总收益率;$\beta(Z)$ 为证券 Z 的均方差有效贝塔,或称为"行为贝塔",$\beta(Z) = \dfrac{\text{Cov}(\rho(Z), \rho_{MV})}{\text{Var}(\rho_{MV})}$;$i_1$ 为无风险利率。

为了进一步清晰地说明 BAPM 和 CAPM 的联系与差异,我们设 ρ^* 是定价有效时的均方差有效因子,称为市场因子,对应于信息交易者的市场组合收益率;$\beta^*(Z)$ 为证券 Z 相对市场因子 ρ^* 衡量的贝塔,称 β^* 为 Z 的市场贝塔。则证券 Z 的预期收益率 $E_\Pi \rho(Z) - 1$ 还可表示为

$$E^* = i_1 + \beta^*(Z)(E_\Pi \rho_{MV} - 1 - i_1) + A(Z) \tag{6.23}$$

式中,E^* 为 $E_\Pi \rho(Z) - 1$ 的期望;$A(Z)$ 为预期非正常收益率。如果价格是有效的,并且我们用 ρ^* 对任意证券风险进行定价,则 $A(Z) = 0$。然而,当价格无效的时候,如果仍然使用 ρ^* 作为唯一的风险定价因子,则一定会出现非零的非正常收益率。事实上,价格无效时的真正定价因子应该是一个均方差有效风险因子 ρ_{MV},而不是 ρ^*。选择一个与市场因子 ρ^* 具有相同标准离差的均方差有效风险因子 ρ_{MV},则使用这两种不同定价因子构建的资

产配置线参见图 6.15。

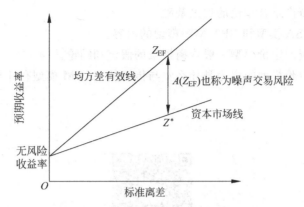

图 6.15　考虑噪声交易风险的资产配置线

为获取证券或证券组合的一个非正常收益率 $A(Z)$ 表达式，可设 $\beta(Z)$ 是任意一个证券组合 Z 相对 ρ_{MV} 的均方差有效贝塔：$\beta(Z)=\dfrac{\mathrm{Cov}(\rho(Z),\rho_{MV})}{\mathrm{Var}(\rho_{MV})}$。而 ρ^* 是市场组合收益率相对均方差有效资产组合收益率 ρ_{MV} 的贝塔：$\beta(\rho^*)=\dfrac{\mathrm{Cov}(\rho^*,\rho_{MV})}{\mathrm{Var}(\rho_{MV})}$。事实上，$\beta(\rho^*)$ 衡量了 ρ^* 有效的程度。因为所选择的 ρ_{MV} 与 ρ^* 具有相同的标准离差，因而 $\beta(\rho^*)\leqslant 1$。当 $\beta(\rho^*)=1$ 时，ρ^* 是均方差有效的。如果 $\beta(\rho^*)=0$，则所有 ρ^* 的风险是不被定价的。

由于市场贝塔 $\beta^*(Z)$ 衡量的是 $\rho(Z)$（包括定价的和未定价的）中的 ρ^* 风险量，而 $\beta(Z)/\beta(\rho^*)$ 反映的是 $\rho(Z)$ 中的所有定价风险与 ρ^* 溢价之比。因而可使用 $\beta(Z)/\beta(\rho^*)-\beta^*(Z)$ 作为市场贝塔的修正，证券或证券组合 Z 的预期非正常收益率表示为

$$A(Z)=[\beta(Z)/\beta(\rho^*)-\beta^*(Z)](E_\Pi\rho^*-1-i_1)$$

当价格有效或者收益率 $\rho(Z)$ 与 ρ^* 完全相关时，$A(Z)=0$。

由以上的分析可以看出，在行为资产定价模型的分析框架中，证券的期望收益由其行为 β 决定，由于噪声交易者的存在，投资者的均值-方差有效组合并不等于市场组合，行为 β 是相切于均值-方差有效前沿的斜率。

基本概念

有效率资产组合　最大收益组合　资本市场线　证券市场线　特征线　噪声交易风险　行为贝塔

思考练习题

1. 资产组合的收益与风险如何计算？
2. 什么是资产组合的效率边界？如何找到投资者的最优投资选择？
3. 什么是资本市场线？什么是证券市场线？

4. 资本资产定价模型有什么局限性？
5. 试述行为资产组合理论的理论基础。
6. 试述 BPT-SA 模型和 BPT-MA 模型的内容。
7. 试述行为资产定价模型一般均衡框架的假定和结论。
8. 行为资产定价模型的内容是什么？与传统的 CAPM 模型有什么区别？

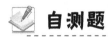 自测题

第七章 行为投资策略与应用

学习目标

1. 掌握投资策略的含义和类型。
2. 了解基本面分析与技术分析的内涵和适用范围。
3. 掌握行为投资策略的类型、动量投资策略和反转投资策略的含义。
4. 了解集中投资策略、小盘股投资策略、成本平均策略和时间分散策略、量化投资策略的含义。
5. 学会分析行为投资策略案例。

引导案例

伯克希尔·哈撒韦公司(Berkshire Hathaway Inc.)是投资大师沃伦·巴菲特属下的公司。观察该公司所持有的股票,几乎每一种股票都是家喻户晓的全球著名企业,包括全球最大的饮料公司可口可乐、全球最大的电池生产商比亚迪有限公司、全球最大的化工产品生产商强生公司等。区别于股票的短期持有,哈撒韦公司一直秉持着巴菲特的投资逻辑,强调投资的同时一贯反对投机,更不相信证券分析师。此外,巴菲特完全不会接受投资风险,只有在确认风险很小的前提下才会出手,他在给股东的年度报告中明确说:"我不会拿你们所拥有和所需要的资金,冒险去追求你们所没有和不需要的金钱。"

哈撒韦公司对股票的选择以及巴菲特的投资理念都体现着价值投资和集中投资的逻辑,强调以内在价值为基础,理智地进行选择和行动,这样才能获得长期稳定的回报。那么,这些投资理念体现的是怎样的投资策略呢?是否只有这一种投资策略是科学正确的?行为投资策略与其又有何区别?

在对证券市场的大量统计研究基础之上,行为金融学家们已获得了关于投资者投资行为的大量实证研究结论,从而为投资者提供了良好的证券投资策略。

第一节 投资策略的含义和类型

一、投资策略的含义

投资在经济学上指的是实物投资,即资本物品的形成,在封闭经济的条件下,一个经济体的总投资恒等于总储蓄;金融学上的"投资"含义与经济学上的个体的"储蓄"行为的含义比较接近,指的是现在流出的一定的现金流量,在未来能够带来一定的回报。

投资策略是投资者明确了自己的投资目标后,进行投资时所运用的一些具体的操作方法。

二、投资策略的类型

随着人们对金融市场认识的深化,投资策略也在不断地演化。

(一) 基本面分析与价值投资

1. 基本面分析与价值投资的基本内涵

根据对于金融市场的未来进行预测的方法不同可以制定出不同的投资策略。对于金融市场的未来进行预测的方法,传统上主要是基本面分析和技术分析。

基本面分析又称基础分析,但是基本面分析不等于基本面。基本面是指一切影响供需的事件。基本面分析则是指对这些基本事件进行归纳总结,最终来确定标的物的内在价值。当标的物的价格高于标的物的价值时,被称为价值高估,在交易中则需减持,反之如果价格低于价值则被称为价值低估,在交易中则需买入。

基本面分析的对象包括宏观经济形势,如国民生产总值及其增长经济周期、利率、汇率、通货膨胀率、失业率、投资、存货水平以及宏观经济政策;也包括行业的形势,如处于行业生命周期的哪个阶段,是朝阳产业还是夕阳产业;最后是企业状况,如在行业中的地位、财务是否稳健、盈利能力、股东情况、股本结构、经营的历史与前景等。价值投资策略就是根据基本面作出的一种比较典型的投资策略。

2. 基本面分析的优缺点及其适用范围

(1) 基本面分析的优点:第一,它注重宏观环境的分析,对长期投资者十分重要。因为宏观环境对股票供求关系的影响是长期的、潜在的,主要影响股票价格的长期趋势。第二,有助于投资者进行个股选择。上市公司的行业状况、利润、资产净值和前景等直接反映了个股情况,对此进行基本分析,有助于投资者进行个股选择。第三,应用起来比较简单。

(2) 基本面分析的缺点:第一,预测的时间跨度相对较长,对把握整个股市的近期走势作用不大。美国华尔街股市老手 Zweig 认为,基本面分析虽然对选股很重要,但却对预测股市近期走势帮助不大。选股时,对基本因素的考虑约占 80%,而在预测股市近期大势时,对基本因素的考虑不超过 5%。第二,预测的精确度相对较低。

(3) 基本面分析的适用范围:基本面分析主要适用于周期相对较长的个别股票价格的预测和相对成熟的股票市场。

3. 代表性指标

可以根据市盈率、市净率、市销率以及红利/股票价格、现金流量/股票价格等比率的不同来划分价值股和成长股。

1) 市盈率

市盈率是评估股票价值的一个较为直观的方法,又称本益比,是股票价格除以每股盈利的比率。市盈率反映了在每股盈利不变的情况下,当派息率为100%且所得股息没有进行再投资的条件下,投资可以通过股息全部收回所需的年限。一般情况下,一只股票市盈率越低,市价相对于股票的盈利能力越低,表明投资回收期越短,投资风险就越小,股票的投资价值就越大;反之则结论相反。

2) 市净率

投资者还常常将股票价格与净资产之间的关系看成测量一种股票高估或低估的手段。市净率指的是股票价格与每股净资产之间的比值,比值越低意味着风险越低。

净资产的多少是由股份公司经营状况决定的,股份公司的经营业绩越好,其资产增值越快,股票净值就越高,因此股东所拥有的权益也越多。一般来说市净率较低的股票,投资价值较高;相反,则投资价值较低。但在判断投资价值时还要考虑当时的市场环境以及公司经营情况、盈利能力等因素。根据每个行业的增长潜力与投资质量,表现出来的价格与净资产的比率在行业之间有显著不同。

罗森伯格、雷德和兰斯坦发现,美国股票的平均收益率与公司市净率成反比关系。根据市净率数值,他们将公司划分成12种投资组合。在1963年到1990年间,市净率最高的一类公司的月平均收益率为0.30%,市净率最低的一类月平均收益率为1.83%。卡保罗、鲁雷和夏普将这一分析扩展到其他国际市场,并得出结论:从1981年到1992年,低市净率股票在每一个被分析的市场上都能获得额外收益。

3) 市销率

公司市值与营业收入的比率,或者股价除以每股销售额就是价格销售比率,简称市销率。这一比率在各行业之间大不相同,是各行业利润边际的一个函数。将1981—1990年纽约证券交易所的股票按照每年年末的数据分成"低估"投资组合(市销率最低,利润边际最高)和"高估"投资组合(市销率最高,利润边际最低)。在这段时间内,低估投资组合的表现超过了高估投资组合,它们获得的收益平均每年比S&P500高出8.28%。

(二) 技术分析

1. 技术分析的基本内涵

技术分析也称图表分析法,技术分析是指以市场行为为研究对象,以判断市场趋势并跟随趋势的周期性变化来进行股票及一切金融衍生物交易决策的方法的总和。

技术分析认为市场行为包容消化一切。其具体含义是:所有的基础事件——经济事件、社会事件、战争、自然灾害等作用于市场的因素都会反映到价格变化中来。所以技术分析认为只要关注价格趋势的变化及成交量的变化就可以找到盈利的线索。

技术分析的目的是寻找买入、卖出、止损信号,并通过资金管理在风险市场中长期稳定获利。技术分析并不关心股价变动的原因和股价绝对水平的变化,认为证券的价格反映一切信息,价格形态会重复。其主要包括形态分析、趋势分析、波浪分析、技术指标分析、量价分析等内容。

2. 技术分析的优缺点及其适用范围

1) 技术分析的优点

第一,简单性。一张价格走势图把各种变量之间的关系及其相互作用的结果清楚地表现出来,把复杂的因果关系变成简单的价格历史地图。以图看势,就很容易把握其变化的趋势。而且在科学技术发达的今天,利用电脑制图、示图、读图十分方便,把各种图表程序变成软件,只要按照程序输入数据,图形就马上可见。

第二,客观性。基本分析的材料、数据虽然是客观的,但预测者在进行价格走势分析时往往带有个人的感情色彩。例如做了多头就会考虑一些利好的因素,甚至把一些不利因素也当作有利因素;做了空头则总是多考虑一些淡市因素,甚至把有利因素也当作不利因素。而技术分析则不同,不管图表出现的是买入信号还是卖出信号,都是客观的,不以交易者的意志为转移,所以技术分析具有客观性。

第三,明确的显示性。短期投资存在相当大的风险,但是风险和机遇总是并存的,要想规避风险而获得利润,就必须紧密关注短期价格走势。技术分析法所运用的各种价格走势图形,特别是典型形态,如双底(双顶)形态、头肩形形态等,可以表明资产价格走势可能在此转势,交易者应该在这个价位上买入或卖出。这就意味着短期投资者可以在证券买卖中获得盈利,幸免损失。

第四,灵活性。技术分析可以适用于任何交易媒介和任何时间尺度,不管是做股票还是做期货或外汇,都能派上用场。正是由于它的灵活性和适用性,可以用它来同时追踪许多种类的商品。例如可以同时分析欧元、英镑、日元等品种,也可以同时分析股票指数及谷物、金属等期货产品。只要调出任何一个产品的走势图,我们就可以猎取有关价格的信息并进行预测。

2) 技术分析的缺点

第一,对于长期走势无能为力。技术分析只是分析证券价格走势的图形变化,但短期价格上涨并不表明长期也是上涨的,短期价格下跌也不表明长期是下跌的。因此,单纯运用技术分析法来准确预测长期价格走势较为困难。

第二,信号的迷惑。买入或卖出信号的出现与最高价或最低价之间往往有段距离,甚至会出现"走势陷阱",这典型地反映了技术分析的缺陷,使投资者不敢贸然从事,否则可能作出错误的决策。

第三,价位和时间不确定。技术分析只是预测将来总的价格走势,不可能指出一定时期内价格的巅峰,也不可能指出低谷,同样更不可能标出每一次上升或下跌的持续时间。

3. K线图——技术分析关键指标

K线图这种图表源于日本德川幕府时代,被当时日本米市的商人用来记录米市的行情与价格波动,后因其细腻独到的标画方式而被引入股市及期货市场。目前,这种图表分析法在我国以至整个东南亚地区尤为流行。由于用这种方法绘制出来的图表形状颇似一根根蜡烛,加上这些蜡烛有黑白之分,因而也叫阴阳线图表。通过K线图,我们能够把每日或某一周期的市况表现完全记录下来,股价经过一段时间的盘档后,在图上即形成一种特殊区域或形态,不同的形态显示出不同意义。我们可以从这些形态的变化中摸索出一些有规律的东西来。K线图形态可分为反转形态、整理形态及缺口和趋向线等。

1) 构成要素

K线图是以每个分析周期的开盘价、最高价、最低价和收盘价绘制而成的。以绘制日K线为例,首先确定开盘和收盘的价格,它们之间的部分画成矩形实体。如果收盘价格高于开盘价格,则K线被称为阳线,用空心的实体表示。反之称为阴线,用黑色实体或白色实体表示。很多软件都可以用彩色实体来表示阴线和阳线,在国内股票和期货市场,通常用红色表示阳线,绿色表示阴线(但涉及欧美股票及外汇市场的投资者应该注意:在这些市场上通常用绿色代表阳线,红色代表阴线,和国内习惯刚好相反)。用较细的线将最高价和最低价分别与实体连接。最高价和实体之间的线被称为上影线,最低价和实体间的线称为下影线。

用同样的方法,如果用一分钟价格数据来绘K线图,就称为一分钟K线。用一个月的数据绘制K线图,就称为月K线图。绘图周期可以根据需要灵活选择,在一些专业的图表软件中还可以看到2分钟、3分钟等周期的K线。

2) 形态指标

(1) 小阳星。全日中股价波动很小,开盘价与收盘价极其接近,收盘价略高于开盘价。小阳星出现,表明行情正处于混乱不明的阶段,后市的涨跌无法预测,此时要根据其前期K线组合的形状以及当时所处的价位区域综合判断。

(2) 小阴星。小阴星的分时走势图与小阳星相似,只是收盘价格略低于开盘价格。表明行情疲软,发展方向不明。

(3) 小阳线。其波动范围较小阳星增大,多头稍占上风,但上攻乏力,表明行情发展扑朔迷离。

(4) 上吊阳线。如果在低价位区域出现上吊阳线,股价表现出探底过程中成交量萎缩,随着股价的逐步攀高,成交量呈均匀放大势态,并最终以阳线报收,预示后市股价看涨。

如果在高价位区域出现上吊阳线,则有可能是主力在拉高出货,需要留心。

(5) 下影阳线。它的出现,表明多空交战中多方的攻击沉稳有力,股价先跌后涨,行情有进一步上涨的潜力。

(6) 上影阳线。显示多方攻击时上方抛压沉重。这种图形常见于主力的试盘动作,说明此时浮动筹码较多,涨势不强。

(7) 穿头破脚阳线。股价走出该图形说明多方已占据优势,并出现逐波上攻行情,股价在成交量的配合下稳步升高,预示后市看涨。

同样为穿头破脚阳线,股价走势若表现出在全日多数时间内横盘或者盘跌而尾市突然拉高,预示次日可能跳空高开后低走。

还有一种情况,股价走势若表现为全日宽幅振荡,尾市放量拉升收阳,可能是当日主力通过振荡洗盘驱赶坐轿客,然后轻松拉高,后市可能继续看涨。

(8) 光头阳线。光头阳线若出现在低价位区域,在分时走势图上表现为股价探底后逐浪走高且成交量同时放大,预示一轮上升行情的开始。如果出现在上升行情途中,表明后市继续看好。

(9) 光脚阳线。这种线型表示上升势头很强,但在高价位处多空双方有分歧,购买时应谨慎。

(10) 上影阴线。这种线型说明上档抛压严重,行情疲软,股价有反转下跌的可能;如果出现在中价位区的上升途中,则表明后市仍有上升空间。

(11) 下影阴线、下影十字星、T形线。这三种线型中的任何一种出现在低价位区时,都说明下档承接力较强,股价有反弹的可能。

(12)变盘十字星。这种线型无论出现在高价位区或低价位区,都可视为顶部或底部信号,预示大势即将改变原来的走向。

(13)大阴线。股价横盘一日,尾盘突然放量下攻,表明空方在一日交战中最终占据了主导优势,次日低开的可能性较大。如果股价走出逐波下跌的行情,则说明空方已占尽优势,多方无力抵抗,股价被逐步打低,后市看淡。

(三)积极投资策略和消极投资策略

根据有效市场理论,投资者应该考虑消极投资策略。这是与积极投资策略相反的一种投资策略。

积极投资策略是指投资者在进行投资时,要花费大量的时间和费用来研究分析公司的经营与股价的前景,挑选最有增长潜力的股票作为投资对象的策略。而消极投资策略通常是指持有代表市场的资产组合的投资策略,这些投资者并不是要智取市场,而是希望获得相当于市场平均收益的收益。

前文中的基本面分析者和技术分析者都是积极投资策略的实践者;而根据有效市场理论,积极的投资策略是无效的,而且还会导致过高的交易成本,因此应该选取与市场组合一致的资产组合,避免频繁交易,典型代表就是指数基金。

(四)行为投资策略

随着行为金融学的兴起,行为投资策略开始在投资领域表现出较好的效果。市场行为具有明显的趋势,而且趋势会持续相当长的时期,不过向一个方向运动的趋势最终会结束,并且最终转向相反方向运动。

第二节 行为投资策略研究

行为投资策略,简单地说,就是以行为金融学理论做指导的投资策略。基于行为金融理论的投资策略,其实早在行为金融这一名词产生之前就存在,只是那时人们尚未认识到或归因于行为金融而已。

投资者心理会对投资行为有重大影响,投资者心理导致投资者行为存在重大偏差。如果证券市场上多数投资者都犯同一种偏差,证券市场上就出现了所谓系统性偏差,这个时候,资产就会出现错误定价。行为投资策略的目的就是:在大多数投资者认识到这些证券定价错误之前,投资于这些证券,而后当大多数投资者意识到这些错误并投资时,卖出这些证券。这种策略寻求并确定投资者可能对新信息反应过度或反应迟钝的市场情形,这也就是行为投资策略产生的根源。据估计,美国超过 700 亿美元的投资都是运用行为金融学原理进行管理的,甚至连主流的基金经理人也开始采用行为投资策略。行为金融大师 Richard Thaler 既是理论家,又是实践者,他与 Russell J. Fuller 在加州圣马提欧共同创办富勒-泰索勒资产管理公司,该资产管理公司管理着 15 亿美元资产。

针对市场的非理性表现,行为投资策略主要包括动量投资策略(momentum trading

strategy)、反转投资策略(contrarian strategy)、集中投资策略、小盘股投资策略(small company investment strategy)、成本平均策略(dollar cost averaging strategy)和时间分散策略(time diversification strategy)、量化投资策略。

一、动量投资策略

(一)动量投资策略的定义

"动量"是金融学中英文"momentum"一词的中文翻译,也可根据含义译为"惯性",它属于资产定价理论研究中异常现象的一种,一般指在过去较短时期内(因市场不同而有所差异,美国市场上是 3~12 个月)收益率较高的股票,未来的中短期收益也较高;反之则相反。

根据 Rouwenhorst(1998)的分析,动量现象又分为两种:一种是价格动量(price momentum),另一种是盈余动量(earnings momentum)。盈余动量是指具有正的意外盈利(earnings surprise)的公司在第二年会获得比具有负的意外盈利的公司更加显著的收益。但学术界的研究和讨论更多集中在价格动量上。根据以上现象形成的动量投资策略就是指买入过去的强势股,卖出过去的弱势股,也有学者称之为相对强势策略(relative strength strategy)。

行为金融意义上的动量投资策略的提出,源于对股市中股票价格中期(intermediate-horizon)收益延续性(return continuation)的研究。

在实践中,动量投资策略早已得到广泛的应用。运用动量投资策略进行投资,要了解证券市场上大多数人对后市的看法,跟随大众的操作方式操作,顺势而为;但要在股市即将反转前高位出局或在低位建仓,把握出货和建仓的时机,从而可以最大限度地规避风险和降低成本。

(二)动量投资策略的操作方法

(1)确定目标证券市场作为交易对象的范围。

(2)选定一个时间长度作为证券业绩评价期,通常称为投资组合的形成期或排名期。

(3)计算形成期各样本证券的收益率。

(4)根据形成期各样本证券的收益率的大小,对目标市场所有样本证券进行升序、降序排列,然后等分成若干组,其中收益率最大的一组称为赢家组合,收益率最小的一组称为输家组合。

(5)形成期之后或间隔一段时间后,再选一个时间长度,作为买进赢家组合和卖出输家组合后的持有期限。

(6)连续或间隔一段时期,不断重复(2)~(5)行为。

(7)业绩评价。计算动量策略各持有期的回报率均值及 t 统计值,如果 t 统计值表明动量/反转策略的收益率显著大于 0,实业界则称动量策略成功,学术界称存在动量现象,反之则反。

（三）动量投资策略的实证研究

Jegadeesh 和 Titman(1993)最早全面研究了这一异象,在文献综述中已有述及。他们对美国证券市场1965—1989年的数据进行实证研究发现:以前3～12个月内收益率最高的股票(赢家组合)在接下来3～12个月内的收益率依然较高,相反,以前3～12个月内收益率最低的股票(输家组合)在接下来3～12个月内的收益率依然较低。依照这一异象他们构建了买入赢家组合、卖出输家组合的投资策略,实现了年平均12%的超额收益,这一零成本的投资策略就运用了动量投资策略。

就美国股市而言,动量投资策略在持有一个月至一年(中长期)是可获利的,而在持有短期和长期时,反转投资策略是可获利的。Conrad 和 Kaul(1998)再度确认了以上的结果,并推测股票报酬的时间数列模式影响着投资策略的绩效,且发现每只股票期望报酬的横断面变异扮演着很重要的角色,而且在短期时,股票报酬呈正相关,但至长期时却变成负相关。

Rouwenhors(1998)在其他12个国家发现了类似的中期价格动量效应,表明这种效应并非来自数据采样偏差。事实上,动量投资策略在实践中早在这些研究之前就已被广泛地应用,如美国的价值线排名(value line ranking)的利用等,目前更是似乎找到了能够"理直气壮"的理论依据。

Fama 和 French(1996)曾经试图用三因素模型来对动量投资策略的赢家组合和输家组合收益率进行风险调整,结果发现前者的收益率依然显著地大于后者,说明赢家组合和输家组合所承担的风险与其收益仍不相匹配,因此动量投资策略的超额收益不能用风险溢价来解释。Chan、Jegadeesh 和 Lakonishok(1996)为了检验在意外信息公布后,投资者是否因改变固有观念的速度缓慢而导致对意外信息反应不足,构造了盈余动量投资策略,即买入意外盈利较大的股票组合,卖出意外亏损较大的股票组合,他们发现在盈余公布后一年内,这种投资策略可以获得年均7.5%的超额收益。动量交易策略的超额收益在一定程度上证明了股票价格并非随机游走的,而是由于投资者对信息的非理性反应而有向同一方向持续变化的动量。

二、反转投资策略

（一）反转投资策略的定义

反转投资策略是行为金融学发展至今较为成熟,同时也是最受关注的论点之一。它是基于股票市场反应过度现象提出的,是人们对信息反应过度的结果。

所谓反转投资策略,就是指购买过去市场表现较差或者公司经营状况较差的股票,同时卖出过去市场表现较好或者公司经营状况较好的股票。其中,市场表现是指股票的收益,公司经营状况是指一些财务指标的表现。

行为金融学理论认为,由于投资者在实际投资决策中,往往过分注重上市公司近期表现的结果,从而对公司近期业绩情况作出持续过度反应,形成对绩差公司股价的过分低估和对绩优公司股价的过分高估现象。这就为投资者利用反转投资策略提供了套利的机会。投资者应当密切关注证券市场上各种股票的价格走势,并将其价格与基本价值进行比较,寻找价格远远偏离价值的股票,构建投资组合,等价格回归价值时获得收益。

在实际的证券交易中,投资者可以选择低市盈率的股票、低市净率的股票、历史收益率低的股票、鲜有人问津的股票,这些股票由于长期不被投资者看好,价格的负泡沫现象比较严重,其未来的走势就可能是价值回归。特别是当股市走熊时,市场往往对具有较大潜力的成长股关注不够,投资者应该努力挖掘这类成长型股票并提前介入,等待市场走好,价值回归时就可以出售获利。

(二) 反转投资策略的实证研究

反转投资策略最初是基于 De Bondt 和 Thaler(1985)对股市反应过度的实证研究而提出的,他们认为好股票会由于市场的反应过度而导致股价被高估,所以好股票的股价会向下修正,反之,差的股票会向上调整。因此他们构造了反转投资策略投资组合,即买进输家股票并且卖出相等金额的赢家股票,结果发现反转投资策略之所以能获利是因为赢家和输家的股票报酬成负自相关。

对此,行为金融学理论认为,这是由于投资者在实际投资决策中,往往过分注重上市公司的近期表现,通过一种幼稚策略(naive strategy),也就是简单外推的方法,根据公司的近期表现对其未来进行预测,从而导致对公司近期业绩情况作出持续反应过度,形成对业绩差的公司股价的过分低估和对绩优公司股价的过分高估现象,最终为反转投资策略提供了套利的机会。

Lo 和 MacKinlay(1990)发现当股票报酬间存在有规律的领先或落后关系时,即使股票报酬并不存在负自相关,采用反转投资策略仍可获得正的收益率。而且赢家和输家股票的负自相关并不能保证反转投资策略获利。若将反转投资策略获利分解成三部分:每只股票期望报酬的截面变异、个别股票报酬的自相关、股票报酬截面自相关。他们发现当股票报酬间存在有规律的领先或落后关系时,即使股票报酬并不存在负自相关,采取反转投资策略仍可获得正的利润。他们利用周资料证实反转投资策略获得正的利润,他们也发现反转投资策略的利润并不意味着股市反应过度,其中 50% 以上的反转投资策略利润来自股票间截面的自相关,而来自个别股票的负自相关(市场反应过度)的利润是低于 50% 的。

三、集中投资策略

(一) 集中投资策略的定义

集中投资策略的思想最初来源于英国经济学家凯恩斯。1934 年凯恩斯在写给商业同行的一封信中谈到:过分分散投资于那些自己知之甚少的公司股票,以为这样可以分散投资风险的观点是错误的,反而集中投资于熟悉的、经过深入研究的企业股票更可能产生超过平均水平而长期的收益。

集中投资策略即基于价值投资的理论基础,选择少数几种可以在长期拉锯战中收益高于平均水平的股票,将大部分资本集中在这些股票上,不管股市短期跌升,都坚持集中持股,长期持有,这也是巴菲特惯用的投资策略。

集中投资策略重视公司基本面和成长性分析,即找出对投资者而言相对熟悉的公司,然后将大部分资金押上。采用这种策略的投资组合中股票种类通常不超过 10 种。

(二) 集中投资策略的原理

利用其他投资者的认识偏差或锚定效应等心理特点来实施集中投资策略。一般的投资者受传统分散投资理念的影响,注重投资选择的多样化和时间的间隔化来分散风险,从而不敢于在机会到来时集中资金进行投资,导致收益随着风险的分散也同时分散。而采用集中投资策略的投资者则是在捕捉到市场价格被错误定价的股票后,将资金集中起来进行集中投资,以获取更大的收益。

(三) 集中投资策略的操作方法

首先,选择几家(10～15 家)在过去投资回报高于一般水平的公司。相信这些公司有很高的成功率,而且,能够继续将过去的优秀业绩保持到未来。其次,将投资基金按比例分配,将大部分资金押在高概率的股票上。最后,只要股票走势不是很差,保持股本原封不动至少 5 年。

四、小盘股投资策略

(一) 小盘股投资策略的定义

小盘股投资策略即选择流通股本数量较小的价值型股票进行投资。在低价时买进,高价时卖出。由于小盘股流通盘子小,股价极易波动,投资者极易采用波段操作方法获得收益。换言之,小盘股投资策略就是利用小公司效应,对小盘股进行投资的一种策略。小公司效应是指小盘股比大盘股的收益率高,又因小公司效应大部分集中在 1 月,这种现象被称为小公司一月效应。

(二) 小盘股投资策略的原理

根据行为金融学有关观点,在某种条件下,投资者在处理信息的过程中会犯系统性的精神和心理错误。这些精神和心理错误是投资者出现代表性偏差和框定依赖偏差等认知偏差的根源。由于代表性偏差或框定依赖偏差的存在,投资者对当前的负面信息会存在过度反应。

利用投资者的过度反应,投资者要找到那些在长期内业绩被低估的小公司股票,这些公司股票价值将被恢复的信息由于投资者的行为偏差而被忽视。但随着时间的延长,这种公司的投资价值会逐渐显现,当大家都认识到这种公司的价值时,行为投资经理则可以抽身离开。通过这种策略可以获得较好的投资收益。

(三) 小盘股投资策略的操作方法

首次,选中易受一系列的令人失望的消息影响的公司,这些消息能导致股价长期下降。对于这些公司,投资者对其管理失去信心,并将业绩不好的表现类推到未来,预期将会有更多的坏消息产生,从而忽略公司得到改善的信号。

其次,决定是否会有公司价值改善的信号发生,如内部股票购买或公司股份回购等信号。

再次,分析公司价值改进信号的力量和质量,管理层乐观预期的合理理由,导致结果改善的潜在的催化剂是什么。

最后,当股票有下列情形时卖出:①当前股票价格已经反映公司价值的改进基础。②相对于同类或历史范围卖出已经有溢价收入。③来自管理层导向表明不再有好的市场预期。④有来自管理层的负面信息。⑤公司发行股票。⑥内部抛售股票。⑦潜在的催化剂因素对公司无影响。⑧管理层对公司预期前景是错误的。⑨经营基础没有得到改善。

五、成本平均策略和时间分散策略

成本平均策略是指投资者将现金投资于股票时,通常总是按照预定计划根据不同的价格分批进行,以备不测时分摊成本,从而达到规避一次性投入可能造成较大风险的策略。分批投资可以使投资者投资成本得以平均化,而避免可能带来较高的损失。成本平均策略与投资者的有限理性、损失厌恶及心理账户有关。

时间分散化策略是指投资者承担股票投资风险的能力将随着年龄的增长而降低。投资者在年轻时应将其资产组合中的较大比例用于投资股票,随着年龄的增长则采取逐渐减少股票投资比例、增加债券投资比例的策略。

两种策略体现了投资者的感受和偏好对投资决策的影响,属于行为控制策略。由于投资者并不总是风险规避的,在损失时所感受到的痛苦通常又远大于盈利时所获得的愉悦,因此采用这两种投资策略的投资者在进行股票投资时,会事先制订一个计划,在不同的时间根据不同的价格分批投资,以减少风险和降低成本。

六、量化投资策略

(一)量化投资策略的定义

量化投资是最近10年来在国际投资界兴起的一个新方法,和基本面分析、技术分析并称为三大主流方法。基本面分析和技术分析可以看作传统的证券分析理论,而量化投资则是结合了现代数学理论和金融数据的一种全新的分析方式,是现代化的证券分析方法。与传统的基本面分析和技术分析比较起来,量化投资最大的特点就是定量化和精确化。

量化投资策略就是利用量化的方法,进行金融市场的分析、判断和交易的策略、算法的总称。

(二)量化投资策略的类型

1. 趋势判断型量化投资策略

趋势判断型是一种高风险的投资方式,通过对大盘或者个股的趋势判断,进行相应的投资操作。如果判断趋势向上则做多,如果判断趋势向下则做空,如果判断趋势盘整,则进行高抛低吸。这种方式的优点是收益率高,缺点是风险大。其具体又分为以下两种类型。

(1) 量化选股:利用数量化的方法选择股票组合,期望该股票组合能够获得超越基准收益率的投资行为。

(2) 量化择时:利用数量化的方法,通过对各种宏观微观指标的量化分析,试图找到影响大盘走势的关键信息,并且对未来走势进行预测。

2. 波动率判断型量化投资策略

波动率判断型投资方法,本质上是试图消除系统性风险,赚取稳健的收益。这种方法的主要投资方式是套利,即对一个或者 N 个品种,进行买入并同时卖出另外一个或 N 个品种的操作,这也叫作对冲交易。这种方法无论大盘向哪个方向波动,都可以获得一个比较稳定的收益。其具体又可以分为以下几种类型。

(1) 股指期货套利:利用股指期货市场存在的不合理价格,同时参与股指期货与股票现货市场交易,或者同时进行不同期限、不同(但相近)类别股票指数合约交易,以赚取差价的行为。股指期货套利分为期现套利、跨期套利、跨市场套利和跨品种套利。

(2) 商品期货套利:在买入或卖出某种期货合约的同时,卖出或买入相关的另一种合约,并在某个时间同时将两种合约平仓。商品期货套利主要有期现套利、跨期套利、跨市场套利和跨品种套利四种。

(3) 统计套利:利用证券价格的历史统计规律进行套利,是一种风险套利,其风险在于这种历史统计规律在未来一段时间内是否继续存在。统计套利的主要内容包括股票配对交易、股指对冲、融券对冲和外汇对冲交易。

(4) 期权套利:利用看涨看跌期权或者牛熊证进行各种配对,规避系统性风险后赚取波动差的投资方式。由于期权的高杠杆性,期权套利可以获得比其他套利方式更高的收益率。期权套利的主要内容包括股票-期权对冲、转换套利、跨式套利、宽跨式套利、蝶式套利、飞鹰式套利。

(5) 算法套利:研究如何利用各种下单方法,尽可能降低冲击成本的交易策略。其分为主动式交易和被动式交易两类。

第三节 行为投资策略的应用案例

乔治·索罗斯是美国最成功的投资经理人,著名国际金融专家,量子基金的创始人。他可称是当今世界上最富有传奇色彩、最具个人魅力的超级金融大亨。截至 2015 年,他纵横全球金融市场,操作避险基金,狙击英镑、泰铢、港元,进出各国股市,斩获甚丰。

索罗斯提出的第一个哲学原则是"易错性"(fallibility)。第二个哲学原则是"反身性"(reflexivity)。易错性是指我们并不真正了解我们所处的这个世界,人类获取的知识并不足以指引其行动,因此,在指导行为方面,就会出现错误。反身性是指我们对世界的误解、我们对世界的错误看法其实反而会改变历史。

20 世纪 90 年代初,英国经济日益衰退,英国政府需要贬值英镑,刺激出口,但英国政府却受到欧洲汇率体系的限制,必须勉力维持英镑对马克的汇价。

1992年夏,英国首相梅杰和财政大臣虽然在各种公开场合一再重申坚持现有政策不变,英国有能力将英镑留在欧洲汇率体系内,但索罗斯却深信英国不能保住它在欧洲汇率体系中的地位,英国政府只是虚张声势罢了。

英镑对马克的比价在不断地下跌,从2.95跌至2.7964。英国政府为了防止投机者使英镑对马克的比价低于欧洲汇率体系中所规定的下限2.7780,已下令英格兰银行购入33亿英镑来干预市场。但政府的干预并未产生好的预期,这使得索罗斯更加坚信自己以前的判断,他决定在危机凸显时出击。

1992年9月,投机者开始进攻欧洲汇率体系中那些疲软的货币,其中包括英镑、意大利里拉等。索罗斯及一些长期进行套汇经营的共同基金和跨国公司在市场上抛售疲软的欧洲货币,使得这些国家的中央银行不得不斥巨资来支持各自的货币价值。

索罗斯是这场"赌局"最大的赌徒。下完赌注,索罗斯开始等待。1992年9月中旬,危机终于爆发。9月13日,意大利里拉贬值7%,虽然仍在欧洲汇率体系限定的浮动范围内,但情况看起来却很悲观。这使索罗斯有充足的理由相信欧洲汇率体系的一些成员国最终将不会允许欧洲汇率体系来决定本国货币的价值,这些国家将退出欧洲汇率体系。

1992年9月15日,索罗斯决定大量做空英镑。英镑对马克的比价一路下跌,虽有消息说英格兰银行购入30亿英镑,但仍未能挡住英镑的跌势。到傍晚收市时,英镑对马克的比价差不多已跌至欧洲汇率体系规定的下限。英镑已处于退出欧洲汇率体系的边缘。英国财政大臣采取了各种措施来应付这场危机,但最终还是遭受惨败,英国被迫退出欧洲汇率体系。

索罗斯却是这场袭击英镑行动中最大的赢家,从英镑空头交易中获利接近10亿美元,在英国、法国和德国的利率期货上的多头和意大利里拉上的空头交易使他的总利润高达20亿美元,其中索罗斯个人收入为1/3。在这一年,索罗斯的基金增长了67.5%。

"反身理论"是索罗斯的核心投资理念,也是他狙击英镑制胜的关键。在易错性的影响下,人们无法对当前的事实形成正确的知识;错误的知识形成了错误的偏见,进而影响事情的进展。"反身理论"在金融市场就体现为由流行的趋势和流行的偏见导致了暴涨暴跌。

基本概念

投资策略 行为投资策略 基本面分析 技术分析 积极投资策略 消极投资策略 动量投资策略 反转投资策略 集中投资策略 小盘股投资策略 成本平均策略 时间分散策略 量化投资策略

思考练习题

1. 基本面分析与技术分析的优缺点分别有哪些?
2. 基本面分析的代表性指标有哪些?

3. 消极投资策略与积极投资策略的区别是什么？
4. 行为投资策略有哪些类型？
5. 动量投资策略的操作方法是什么？
6. 在反转投资策略中，投资者倾向于选择哪种类型的股票？
7. 巴菲特惯用的投资策略是哪种投资策略？
8. 什么是小公司一月效应？
9. 集中策略投资者与传统投资者存在哪些不同之处？
10. 波动率判断型量化投资策略有哪些类型？

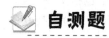 自测题

第八章 行为金融学研究的前沿动态

学习目标

1. 了解行为公司金融的概念及研究范畴。
2. 了解公司管理者非理性对公司资本配置的影响。
3. 了解投资者非理性对公司资本配置及公司融资的影响。
4. 了解行为金融学研究方法的拓展。
5. 了解行为金融学与其他学科的融合及未来发展趋势。

引导案例

1713年,大学教授丹尼尔·伯努利提出了一个有趣的掷硬币得奖金游戏:设定掷出正面(或者反面)为成功,倘若游戏者第一次便投掷成功,则得到奖金2元,游戏结束;第一次若不成功,继续投掷,第二次成功会得到奖金4元,游戏结束;如果不成功就继续投掷,直到成功,在第 N 次成功时,可以得到 2^N 元奖金,游戏结束。

按照概率期望值的计算方法,将每一个可能结果的奖金值乘以该结果发生的概率即可以得到该游戏的期望值。在游戏中,每一个结果的期望值均为1,总期望为正无穷大,按照预期效用理论,人们理应愿意付出很大的赌金来参与这一游戏,然而在现实生活中,绝大多数人愿意付出的赌金是很少的,几乎都不超过10元,理论结果与实际选额之间产生了重大差异,这是为什么呢?

在面对巨额的不确定性很大的预期收益时,人们只愿意付出很小的成本,这是经典的预期效用理论无法进行完美解释的,会有心理因素、环境因素等各类条件的影响,本章也将重点讲解行为金融学的各类研究方法,以及行为金融与其他学科的融合。

第一节 行为公司金融

标准公司金融理论认为,资本市场资源配置的有效性体现为支配公司资源的管理者以股东价值最大化为准则理性配置资本,也就是说投资于净现值大于零的项目。这种基于价值的管理假设主要基于三个条件:一是理性投资者;二是资本资产定价模型;三是有效市场。

Shefrin(2001)认为,心理方面影响因素极大地影响了以上三个条件成立:首先,心理偏差使得决策者难以按照理性的方式行事;其次,证券市场的风险溢价并不完全决定于证券的 β 值;最后,股票价格通常偏离股票的基本价值。

按照 Shefrin(2001)的分类方法,行为公司金融主要从两个角度分析非理性行为对公司资本配置行为及其绩效的影响:资本市场投资者非理性和公司管理者非理性。表 8.1 中的 Ⅰ 象限表示的是以投资者理性及管理者理性为基本假设的标准公司金融研究范畴,而 Ⅱ、Ⅲ 和 Ⅳ 象限则属于行为公司金融的研究范畴。

表 8.1　投资者和上市公司管理者的理性组合

	投资者理性	投资者非理性
公司管理者理性	Ⅰ(理想状态)	Ⅱ(投资者非理性,管理者理性)
公司管理者非理性	Ⅲ(投资者理性,管理者非理性)	Ⅳ(投资者非理性,管理者非理性)

一、管理者非理性与公司金融行为

尽管公司治理结构以及各种激励措施可以在一定程度上使得管理者按照公司价值最大化的目标进行管理和决策,但行为公司金融认为管理者的偏误并不仅仅是代理问题所产生的,更主要的原因在于管理者自身是非理性的。在这种情况下,尽管管理者仍然采取基于价值的管理,但自身难以避免的认知偏差和情绪影响使得他们难以达到"真正的理性"。近年来,越来越多的研究关注公司管理者本身的非理性对兼并收购、投融资等行为的影响。

(一)公司资本配置行为

公司资本配置行为通俗地说就是投资活动,包括与主业相关的投资、多元化经营、兼并收购等。

1. 公司投资决策行为

De Bondt 和 Thaler(1995)认为,过度自信是关于判断心理方面最为稳固的心理特性,是最经得起考验的发现,也是被用来解释资本市场上的各种投资行为及投资现象的最为广泛的概念。因此,有关公司内部管理者非理性对企业投资行为影响的国内外研究更多地集中在管理者过度自信方面。

有大量事实证明,建立企业时的启动企业投资决策伴随着过分自信和乐观情绪。Cooper、Woo 和 Dunkelberg(1998)发现 68% 的企业认为它们启动的投资决策相对于同行业竞争对手来说会更成功,而仅仅有 5% 的企业认为它们自己的表现会更差,同时更有约 1/3 的企业认为它们新建立的企业是一定会成功的。Landier 和 Thesmar(2004)发现了类似的结果,大多数企业低估了启动投资后的任务的艰巨性:约有 56% 的企业认为未来一段时间事业是比较好的,只有 6% 的企业认为会非常困难。如果事实并非如它们所想象的那样,启动投资后的实际表现更应该令它们清醒。然而,Landier 和 Thesmar 发现当它们建立企业 3 年之后,仍有 38% 的企业认为未来一段日子里事业会比较好,有 17%

的企业认为将会非常困难。更重要的是,只有大约一半的企业生存期超过3年。

除了建立企业时的启动投资所产生的过分自信现象以外,乐观情绪和过度自信在成熟的大企业里也会出现并影响它们的投资策略。Merrow、Phillips 和 Myers(1981)对能源行业的投资预测和实际成本做了比较。与实际成本相比,对项目成本预测有明显的乐观偏差。Malmendier 和 Tate(2004)在一个更大样本的截面中验证了这种乐观偏差。他们建立了一个描述财务管理者的乐观程度的代理变量:管理者愿意持有公司期权的意愿。对此的认知是,因为首席执行官(CEO)能力已经包括在企业风险中了,那么自愿持有公司的期权就会被看作一个乐观的表现。通过这个代理变量,他们对1984—1994年的美国公司进行分析,发现乐观的管理者的投资决策对现金流的敏感程度比较高。对于依赖权益融资的企业来说,敏感度更是特别的高。这是因为对财务管理者的财务约束比较大。

Shefrin 和 Hersh(2001)举了一个索尼公司的例子,进一步说明管理者过度自信对企业投资决策的影响。1961年3月,Ibuka 和 Morita 参加了在纽约举行的由电子工程师协会发起的贸易展示会。在那儿他们见识到了彩色荧屏。Morita 与对方进行技术许可方面的协商,用彩管生产彩电接收器。Ibuka 用两年的时间开发了商用样品和处理技术并宣布彩管将成为索尼的重点产品。他在这条生产线配备了150名工作人员。但在生产过程中,每生产1 000个彩管,仅有2个或3个可用。彩色电视机彩管的零售价为550美元,但是生产成本比这个数的两倍还要多。索尼领导层对于这一生产过程的态度发生了严重的分歧。Morita 希望停止彩管项目,然而,遭到了 Ibuka 的拒绝。索尼继续生产和出售彩管,最终销售了13 000套,每套的单位利润都为负。1966年11月,索尼公司的财务主管宣布索尼即将破产。到这时 Ibuka 才同意终止彩管项目。在这个彩管故事中存在的行为因素——过度自信,主要体现在 Ibuka 在其工程师给出彩管有效的批量生产成本之前就让索尼投入了批量生产。

Shefrin(2001)认为,公司的管理决策者存在过度自信等认知偏差。过度自信的管理者容易低估投资项目收益的风险,选择高风险的项目甚至选择净现值为负的项目,而且可能采用比较激进的财务政策,即以债务融资支持投资,在增加财务杠杆的同时采取消极的风险管理措施,这无疑增加了公司陷入财务危机的可能性。Heaton(2002)指出,过度乐观使得管理者对现金流的预测产生系统性的向上偏差并高估公司的投资机会,因而当面临实际净现值为负的投资项目时,过度乐观的管理者可能高估其盈利前景,仍然使用自由现金流进行投资,从而引发过度投资。Malmendier 和 Tate(2005)对《福布斯》500强公司经理人进行研究发现,在内源资金相似情况下,过度自信的CEO投资更为频繁。他们还发现,过度自信的经理人往往高估投资项目质量,认为市场低估本企业价值,因而以留存收益作为项目资金首要来源;公司留存收益越高,则投资项目越多。Glaser、Schafers 和 Weber(2008)发现管理者过度自信对公司的投资现金流敏感性有正向影响,并对公司价值产生不利影响。验证了 Malmendier 和 Tate 的结论。他们还考察了拥有过度乐观的CEO的公司,其投资与现金流之间是否表现出更强的敏感性。他们发现,拥有这类CEO的公司的投资确实比其他公司对现金流的敏感性更强。而这种投资和现金流之间的高度相关性可以用经理人"乐观主义"加以解释:当现金流很小时,经理人不愿意进行外源市场融资,这意味着他们放弃了异常多的项目,从而导致投资不足。反之,当现金流很大时,则会出现过度投资。Heaton(2002)也分析了管理者的过度乐观(经理人高估他们公司未来表现的概率)对公司的影响。他认为这可以解释优序融资(pecking order)理论,即企业融资的顺序是先内源融资,后外源融资。由于经理人比资本市场更乐观,他们相信他们公司的股权是被低估的。于是,除非经理人用尽了内源资金或债务资金,他们是不愿意发行股票的。由于自我归因的倾向,管理者容易将企业成功归因于自己的能力、知识、对环境等不确定性的良好的把握等,他们在作出决策的时候更相信自己对整个事件的认识判断并相信自己能掌控一切(Odean,2000)。过度自信的管理者可能更加倾向于进行投资活动,而理性的投资者可能在进行投资决策时更加谨慎,这样,过度自信的管理者进行了更多的投资活动且承担了更大的投资风险。因此管理者可能因为过度自信而高估投资项目未来的净现金流入,而实际上该投资项目的净现值是小于零的,这时就导致了投资过度的问题。

郝颖、刘星、林朝南(2005)对我国上市公司经理人过度自信的现实表现和企业投资决策的关系进行了理论分析与实证检验。潘智勇(2005)对房地产项目投资决策中的代表性偏向、心理账户问题、共同判断和分别判断偏差进行了研究,发现这种非理性投资决策是非常普遍的,同时也是很有规律的。艾明晔、齐中英(2006)从有限理性人的认知偏差视角,从心理和组织因素方面探讨了R&D项目的恶性增资行为。研究发现,当决策者面对项目是否需要中止这样的复杂决策时,往往会受到感情等非理性因素的影响而使得失败项目无法及时中止。王霞等(2008)以我国非金融类A股上市公司为研究样本,考察管理者过度自信与企业投资行为的关系。研究发现,过度自信的管理者倾向于过度投资。汪德华和周晓艳(2007)构建了一个从管理者过度自信角度解释企业投资不足与投资过度现象的模型。叶蓓和袁建国(2008)建立联立方程模型,发现管理者信心、企业投资与企业价值之间存在显著的反馈关系。

2. 公司并购

Roll(1986)最早指出了管理者非理性行为问题,提出了狂妄自大假说来解释并购中收购方出价偏高的现象。Roll认为,管理者过度乐观和自信导致兼并收购活动过度,并且并购出价过高,就像个人投资者的过度自信导致过度交易一样。表现在公布并购消息时,目标公司股价上升,被并购公司股价下跌相应的量,兼并公司和目标公司总和收益为零。尽管管理者考虑是否兼并另一家公司时,会聘请财务顾问对目标公司进行估价,并考虑协同互补效益,但并购实证研究结果表明,大多数并购没有为兼并方增加收益。

Roll还研究了并购如何影响并购者、目标公司和联合实体的市场价值,发现并购者在研究潜在并购目标的时候,首先考虑目标公司的市场价值,接着独自对目标公司进行评估。如果其股价低于当前目标公司的市场价值,就认为目标公司被高估,不会出价;但如果高于目标公司的市场价值,就会出价。因为并购者仅在估计太高时才收购目标公司,这就使它容易遭受灾难,即它支付给目标公司的过多,而使自己股东的利益减少。如果公司宣布了没有被市场所预料到的收购意图,就将导致目标公司股价上升。但在强式有效市场当中,这种收购没有价值。由于存在直接接管成本,联合实体比部分之和的价值更少,理性投资者就会压低收购公司的股价。如果收购公司放弃出价,其股价就会恢复;但如果出价被证明是成功的,目标公司价格会进一步上升,而收购公司的股价会下降得更多。

Malmendier 和 Tate(2002)用自己设计的 CEO 乐观情绪代理变量去进行检测,发现有很多现象与乐观和过分自信的理论相一致。过度自信的管理者进行的并购活动比理性的管理者频繁,特别是公司现金充裕或并购并不能创造价值时。

(二)公司融资行为

在融资行为方面,Heaton(2002)、Hackbarth(2002)认为,由于过度乐观和自信的管理者比外部投资者更乐观其公司的投资项目,低估投资项目收益的波动幅度和风险,更容易认为股票市场低估了公司内在价值,以及股票融资成本太高。如果过度乐观和自信的管理者融资行为理性,不情愿通过外部融资支持投资,更可能遵循先内部资金、其次债务融资、最后股票融资的选择顺序。

在公司管理者过度乐观和自信对资本配置绩效的影响方面,Gervais、Heaton 和 Odean(2000)也认为,风险厌恶的理性管理者倾向于投资风险较小的项目,除非激励合适,否则他们会放弃风险较大、但可能增加企业价值的项目。而过度自信的管理者会选择风险比较大、但实际上可以增加企业价值的项目。

在产品市场竞争和资本市场不完美条件下,如投资者组合能力有限,并且风险回避,通过过度乐观和自信的管理层非理性的投资行为及理性的融资行为,可以看到,由于过度乐观和自信的管理者对其公司的投资项目比外部投资者更乐观,低估投资项目收益的波动幅度和风险,一方面选择风险高的项目或净现值实际上为负的项目,另一方面更可能采用比较激进的财务政策,即以债务融资支持投资,增加财务杠杆,并且消极采取风险管理措施,无疑将增加公司财务危机的可能性。或者公司管理者因认为外部股权融资成本高,不情愿通过外部股权融资支持投资,则公司投资规模与自身现金流状况高度相关,导致公司被迫放弃必要的投资,出现公司投资不足。两种行为都将降低公司产品市场竞争地位,有损公司长期健康发展和真实价值,并且违背看重公司长期真实价值的投资者的意愿。

二、投资者非理性与公司金融行为

(一)公司资本配置行为

1. 公司实际投资决策行为

目前,行为公司金融研究基于管理者非理性假定和投资者非理性假定两大分支展开。除了假定管理者是理性的,研究资本市场管理者非理性行为或市场情绪对公司财务决策的影响外,还有研究假设投资者是理性的,证券市场价格如实反映上市公司的价值,研究投资者非理性对上市公司财务决策的影响。

Stein 提出的市场时机模型认为,在投资者的行为非理性的情况下,上市公司的股价往往会被错误定价。从迎合投资者的角度来讲,如果投资者的行为非理性,交易频繁,并且不打算长期持有证券,那么管理者为最大化股东财富,用较低的折现率贴现项目,就可能接受增加短期市场价值的项目而牺牲有益于公司长期价值增加的项目,短期内使股价上涨。由于存在市场时机问题,投资者非理性往往会导致上市公司被错误定价。当投资者具有乐观倾向时,公司价值往往被高估,此时公司管理者往往会发行新股,但该资金只能用于投资者偏好的项目,否则公司将面临股价下跌的风险,因而易导致资金流向效益不好的项目,导致过度投资;当投资者具有悲观倾向时,公司价值被低估,公司融资能力降低,不得不放弃一些好的投资机会,导致投资不足。对于这一问题,以 Stein (1996)的基准模型为例,在该模型中,经理人是理性的,而且是以公司的真实价值最大化为目标的。非理性的投资者可能影响到企业证券发行的时机,但他们不会影响公司的投资行为。

然而,一旦离开这一简单的基准模型,则会出现投资者情绪可能影响企业投资的情况。首先,上述模型的假定仅适用于非股权依赖型公司,即那些有足够的内部资金和借款能力使得它们不需要依赖股权市场的融资来支持其边际投资的公司。相对的,对于那些股权依赖型的上市公司来说,投资者情绪,尤其是投资者的过度悲观,将可能扭曲投资。即当投资者过度悲观时,这些公司将不得不放弃一些有吸引力的投资项目,因为用被低估的股权为这些投资项目融资的成本过高。投资者对一家公司前景过度乐观的情形下,如果经理认为投资者知道他们所不知道的一些事情,那么经理人就可能将投资者过于乐观的情绪误认为有客观基础的乐观,从而投资于一些具有负净现值的项目。

已有许多研究结果确认投资者非理性在很大的程度上影响公司投资行为。Polk 和 Sapienza(2001)发现价值被高估的公司确实比其他公司投资更多,而这间接地表明了投资者情绪会影响到企业的投资决策。进一步证据还来自 Baker、Stein 和 Wurgler(2001)对于一个证券横截面预测模式——股权依赖型公司比非股权依赖型公司对股价的变动更加敏感——的检验。不同于其他度量指标,他们采用低现金账户识别股权依赖型公司。他们发现这些公司的投资对股价的敏感性大约是非股权依赖型公司的 3 倍。这项研究为投资者情绪可能扭曲某些公司的投资行为提供了初步的证据,并且这种扭曲是通过股权依赖途径进行的。从上面的研究中可以看出,投资者的非理性行为确实能够影响公司的资本配置。行为金融学指出,投资者通常会有过度自信、盲目从众和损失厌恶等情绪,其中对于投资者过度自信的研究最为深入。有研究指出,过度自信对投资者处理信息的过程有很大的影响。一方面投资者会过分依赖自己的信息而忽视公司基本面的状况或其他投资者的信息;另一方面投资者在观察信息时,会有意重视那些能够增强他们自信的信息,而忽视那些明显同他们的信念不同的信息。Alpert(1982)认为过度自信会导致投资者主动承担更大风险,从而产生非理性行为。Odean(1998a)认为过度自信是投资者将投资失败归结为运气,而将投资成功归结为自己的能力,而非运气。Polk 和 Sapienza (2001)发现股价被高估的公司往往比其他公司投资更多就是一个非常有力的证据。过度自信还往往受到外部环境的影响,一般来讲,牛市会导致比熊市更多的自信。在投资者的整个投资者周期中,投资成功的经验积累会增加个人的过度自信程度。但随着过度自信程度的上升,成功的投资经验又会显得太少,不足以支持过高的过度自信,从而过度自信就会在投资后期有所下降。

2. 公司并购

企业的并购行为是企业的外部扩张,本质上也是一种投资行为。当市场表现出不完全理性时,企业的并购行为同有效市场下的行为有何区别是研究者们关注的问题。

在非有效市场前提下,Shleifer 和 Vishny(2003)提出了一个并购的市场时机模型。他们假设并购者高估股价,并购的目的并不是获得协同效应,而是为收购企业的长期持股者保留目前被高估的利益:用高估的股票收购被低估的公司,被高估的收购者可以通过持有实物资产而减少因高估的股票价格下跌带来的损失。如果通过这样的并购,新企业的股价整体来说仍然是被高估的,那么这个并购就会有一个长期的正效应。

Shleifer 和 Vishny(2003)的市场时机模型有助于解释并购和股价时间序列之间的关系(Golbe 和 White,1988),并且他们的模型认为,现金收购在长期中获得正的收益,而股票收购在长期中获得的回报为负,这与 Loughran 和 Vijh(1997)、Rau 和 Vermaelen(1998)的研究结论相一致。

近年的研究进一步发现了更多并购市场时机的证据。Dong、Hirshleifer、Richardson 和 Teoh(2003),Ang 和 Cheng(2003)发现错误定价的代理变量和并购量呈正相关。同时,并购公司的股价相对于并购目标企业的股价来说更倾向于被高估。Bouwman、Fuller 和 Nain(2003)发现公司收购存在对投资者短期迎合现象。在高估时期,证券市场投资者欢迎并购消息,但是在这种情况下并购者的回报率是最差的。Baker、Foley 和 Wurgler(2004)发现跨国并购引起的外国直接投资的流动与市场状况有关:随着并购者当前股票的市盈率的增大而扩大;随着接下来的市场回报率的减少而收缩。以上事实都与因股价被高估而发动并购的事实一致。

在 Shieifer 和 Vishny 提出的模型中有一个问题没有解决,那就是,为什么在市场时机一样的情况下,相对于发行股票来说,财务经理会更喜欢对股票进行并购呢?一种可能的解释是并购者要在证券市场投资者面前避免暴露他们的市场时机策略。由于并购者是为了保留长期持股者在目前股票高估时的利益而进行并购,如果发行股票筹集所需资金,则市场可能迅速消化内在消息,股价迅速下跌,长期持股者利益无法得以保障。

Baker、Coval 和 Stein(2004)则考虑了另外的一种可能。一方面,并购企业面临一条下降的股票需求曲线;另一方面,一些投资者会选择所谓的"最小阻力"路径(path of least resistance),积极地接受并购者的股份。尽管如此,这些都只是可能的解释。

3. 多元化与集中化

传统理论认为企业多元化有助于通过内部市场解决代理问题、提升协同利益(如提供税盾)等;而企业集中化则反映了公司治理的胜利。行为金融理论则认为,多元化与集中化可能也是企业迎合投资者不同阶段偏好的结果。在美国,投资者对于企业集团的热情在 20 世纪 60 年代末达到了顶峰,1965 年至 1968 年 3 年间最大 13 家企业集团的平均股票收益达到 385%,远超过同期 S&P 425 的收益水平(34%);与其他并购相比,市场此时对于多元化并购公告的反应极为热烈。在这种估价激励下,集团化并购在 1967 年迅速上升并于 1968 年达到了顶峰。然而从 1968 年中开始,市场对于多元化行为的估价迅速跌落,随后一年间上述样本股价下跌了 68%,3 倍于同期的 S&P 425 指数跌幅。此时市场对于多元化并购公告的反应开始趋向平淡,80年代后甚至出现负面反应。可能正是出于迎合投资者对多元化态度的转变,许多企业开始剥离无关产业部门,进行战略重组。

(二) 公司融资行为

除了公司的投资行为,投资者的非理性所导致的股票价格偏离真实价值为理性管理者利用合适的时机开展融资活动提供了可能,极大地影响着公司的融资行为。

1. 股票发行和回购

Stein(1996)指出,在股票市场非理性时,理性管理者可能采取的融资行为是:当公司股价被过分高估时,理性的管理者应该发行更多的股票以利用投资者的过度热情。相反,当股票价格被过分低估时,应该回购股票。该模型被称为企业融资市场时机假说(market timing hypothesis)。

迄今为止,公司证券发行的实证结果与Stein的理论模型非常吻合。有证据表明过高的证券价格刺激了股票发行。Graham和Harvey(2001)匿名调查了上市公司的CFO(首席财务官),2/3的CFO表示股票价格被低估和高估的数量是其发行股票时的一个很重要的考虑因素。总的来说,在发行普通股的决策中,股价被看作最重要的因素,在发行可转股债中也是最重要的五个因素之一。

从实证分析看,股票发行与事先的股价高估是正相关的。Loughran、Ritter和Rydqvist(1994)发现在世界范围内,首次公开发行(IPO)的总量和股票市场的价值是高度相关的。Pagano、Panetta和Zingales(1998)研究了意大利私营公司在1982—1992年决定进行股票首次公开发行的情况。他们发现在同一产业中,这些公司通常参照同行业其他公司的市值-账面价值比率确定IPO时机。Opler和Titman(2001)发现美国上市公司增发股票(SEO)和股价显著正相关。但另外的证据表明,这种情况下发行的股票的回报率都很低。实证研究表明,如果以S&P500指数为参照标准,1975—1992年IPO股票的平均收益大大小于S&P500指数。对于股票增发来说,新发行股票和增长缓慢的公司股票价格很可能被高估了。Baker和Wurgler(2000)指出,股票增发是对未来股票投资回报的可靠预测指标:股票增发价格高代表未来较低的、有时甚至是负的股票投资回报。这与公司管理者选择市场时机恰好在股价跌回实际估价水平之前的高点增发股票的行为一致。

Loughran和Ritter(1995)对1970—1990年的4 753个IPO案例与3 702个SEO案件进行研究发现,在IPO后的5年内,IPO的平均回报比同规模的公司低30%,而SEO则低31%。同时,他们两人认为IPO和SEO之后的不良表现,往往是因为随后的盈利公告并不令人满意。公司盈利公告的发布与股票发行的时间、人们的预期以及对其投资的收益之间的配合,足以证明公司在有意推动并利用股价高估来筹集资本。投资者也过分重视初始的好消息,导致股价反应过度;而在长期,投资者逐渐认识到公司盈利状况并不像最初所看到的那样,股价就会逐渐下降。

股价过高是发行股票的重要原因之一,反过来,股价低估也就是回购的重要动因。Brav、Graham、Harvey和Michaely(2004)对384位CFO进行的调查表明,86.8%的被调查者认为价格低估是证券回购的重要动机。公司通过回购得到正的超常回报,这表明财务管理者在回购时机上把握得很好。Ikenberry、Lakonishok 和 Vermaelen(1995)研究了 1980—1990 年的 1 239 个公开回购。在接下来的 4 年里,回购的股票的平均报酬率达到了 12%,比同规模和账面-市值比的公司要高得多。Ikenberry、Lakonishok 和 Vermaelen(2000)发现加拿大的公司也有类似的结果。

总体说来,当整个股票市场价格水平被高估时,在所有新发行证券中,普通股增发价格最高。就单个公司来说,公司账面-市值比是新股是否发行在横截面上的良好预测指标。账面-市值比低的公司将增发股票,而比例高的公司将回购股票。

2. 发行债券

关于债务融资是否存在市场时机问题,目前的研究相对较少,初步证据倾向于支持市场时机理论。Graham 和 Harvey(2001)进行的调查中,大部分 CFO 选择利率水平作为其债务融资决策重要因素。当 CFO 们感到"利率十分低"的时候就会发行债券。对未来收益曲线的期望也会影响新债的期限的选择。CFO 通常在感觉短期利率较长期利率更低,或等待长期利率进一步下降时选择借入短期债务。由此可见,经典理论中不同期限债务成本相同的观点并未得到实务工作者的认同。调查中 CFO 否认自己会利用关于企业信用质量的内部信息,反而特别强调整个债务市场的状况。Marsh 以美国企业为样本,发现债务/权益融资方式的选择确与利率水平有关;Guedes 和 Opler 检验了收益率曲线对于债务融资的影响,发现 7 369 家美国企业在 1982 年至 1993 年间(这一时期美国不同期限债务利率的差异波动十分剧烈)的债务期限选择与此期间不同债务期限的利率差异显著负相关。

Baker、Greenwood 和 Wurgler 则以美国 1953 年至 2000 年的数据为基础,证实了这一债务期限与不同期限利率差异的负向关系。另外,有学者在研究中发现,债务证券发行过后企业的股票回报通常较低。这种现象的形成可能是由于此前的股价高估降低了市场对企业的债务风险评价,从而有助于债务利率降低;也可能是由于管理者自身的情绪会受到投资者影响,当股价高估从而资本成本降低时,管理者会变得过度乐观,将任何渠道筹集的资金都尽可能多地进行投资;此外还有可能是由于股价高估造成权益资本升值,减缓了企业的杠杆约束,创造出更大的举债能力。不过从第三种解释看,要进行债务市场时机的选择几乎是不可能的。

3. 海外融资

市场时机在企业海外融资上表现得同样显著。由于全球资本市场的分割,即便是在美国、英国这样流动性很强的证券市场上,同一家企业的证券都可能存在相对的错误定价。根据 Graham 和 Harvey 的调查,在海外举债的美国企业当中,约 44% 的 CFO 表示海外市场相对较低的利率是其决策的主要原因(由于美国企业的股票几乎都是在本土发行的,其调查未涉及海外发股问题)。由于目前美国和英国是世界最大的海外融资市场,Henderson、Jegadeesh 和 Weisbach 等研究了这两大市场的外国公司筹资量与其后市场平均收益的联系,发现以相应的 GDP(国内生产总值)为参照,每当这些市场出现大量的外国公司融资行为时,市场的随后平均收益趋向于下降,特别是与筹资企业母国市场相比更为显著。这一发现从另一个角度证实了海外融资决策的市场时机假说。

4. 资本结构

金融经济学家进一步提出了基于市场时机假说的资本结构理论。按照市场时机模型,公司资本结构只是一段时间内财务决策行为的结果。假设两家公司在规模、盈利能力、固定资产构成、现阶段市值与账面值比等传统上认为会影响资本结构的因素方面大体类似,假设过去一段时间内 A 公司的市值与账面值比例比 B 公司高很多,根据市场时机理论,那时刻 A 公司的管理者必定已经利用市场可能高估的时机增发了股票,所以在 A 公司目前的资本结构中,必将有更多的股权资本。

市场时机假说的实践意义在于:市场时机对企业资本结构具有显著和持久的影响。随着股票市场价格水平高低变化,公司存在最佳融资时机(timing)或融资窗口机会(window of opportunity)。公司一般选择在股票市场上涨阶段实施增发。股票被低估的公司倾向于延迟增发股票,直到股价上涨到合理水平。而且在股票市场行情上涨时增发遭受到的负面反应比市场行情下跌时要小。公司往往在股票市场高估其价值时发行股票,低估时回购股票。公司股票价值普遍被股票市场高估使股票市场形成公司股票发行热,而普遍低估则形成公司股票回购热。

(三)股利政策

股利政策也是公司金融的基本问题。公司为什么要支付现金股利或股票股利?公司股利政策为什么出现时间上的总体特征变化?公司如何决定股利政策?

自 Miller 和 Modigliani(1961)提出在理想条件下(无税、信息完备、完全合约、无交易成本和资本市场理性有效)股利与公司股票价格不相关的命题以来,金融经济学者陆续对 Miller 和 Modigliani 模型中的无税、信息完备、完全合约、无交易成本假设进行了修正,提出了多种股利行为理论模型,包括税收影响模型、信息不对称与信号模型、不完全合约模型、法律等制度约束模型以及交易成本模型等。这些理论模型都有大量实证检验。

行为公司金融则试图对 Miller 和 Modigliani 的资本市场理性有效假设进行修正。行为公司金融认为,投资者对股利的偏好驱动了公司股利政策,或者说公司管理者迎合投资者的股利偏好制定股利政策。Lintner(1956)最早对美国 28 家上市公司财务主管就如何制定股利政策进行了访谈,提出了股利行为模型。Lintner 认为,由于公司管理者认为稳定支付现金股利的公司将受投资者欢迎,存在现金股利溢价,投资者对公司增加和减少现金股利的态度具有不对称性。因此,公司尽可能稳定现金股利支付水平,不轻易提高或降低。

此外,财务管理者只注意短期股价的这种现象也有助于解释股利政策。Long(1978)对这方面有初步的研究。他发现即使在公司章程规定现金股利和股票股利必须价值相等的情况下,某些公司的股票持有者,特别是像城市公共交通运输公司这类公用事业的股票持有者对现金股利的偏好仍要优先于股票股利。这个著名的现象就意味着证券市场投资者可能将每股现金股利看作一个突出的特征,从而就会提高公司财务管理者发放股利以满足这种心态的可能性。

Baker 和 Wurgler(2004)对股利的这种迎合短期利益最大化的理论进行了检验。美国 1963 年至 2000 年累积的数据显示,在发放股利的公司和没有发放股利公司之间交易股票的时候会获得升水,如果没有股利则要有折扣。为了量度它们之间的相对价格,Baker和Wurgler用发放股利公司和没有发放股利公司的平均市场账面比的差来测量,并称之为"股利升水"。他们还通过历史数据来研究回报率,发现当支付股利的行为增加时,发放股利公司股票的期货价格要低于没有发放股利公司。这也与当发放股利公司的股价相对高估的时候,企业就会发放股利的结论相一致。满足短期股价的行为也可以解释"股利消失"。

Shefrin和Statman(1985)从投资者自我控制角度提出了一个模型,解释为什么投资者偏好现金股利。他们认为,首先,现金股利可以使投资者克服自我控制问题。通过股利,投资者可以防止过度消费自己的财富,一个很自然的规则是仅仅消费股利,而不运用投资组合中的资本本金。其次,公司支付现金股利有利于投资者从心理上区分公司盈亏状况,避免后悔心理,增加投资者的主观效用。如果公司没有支付股利,为了支持消费,投资者必须卖出股票。此后,如果股票价格上升,投资者会感到很后悔,因此他会很容易地想到如果能够以股利支持其消费,股价上升就不会导致那么多的后悔。为了改善状况,他本该把这些股利再投资,但实际上没有这样做。Shefrin和Statman的理论可以说明公司支付现金股利实际上是迎合投资者偏好。

Fama和French(2001)的文章指出,发放股利的企业所占的百分比从1978年的67%下降到1999年的21%。同期,只有很少一部分企业是由于规模变小、利润减少和需要维持成长而不愿发放股利。Baker和Wurgler(2004)指出股利升水从正到1978年开始变为负的,并一直持续到1999年。这些事实表明因为作为股利支付者的公司的股票持续低价,所以其不愿意继续支付股利,以至于股利在一定程度上消失了。对更早的1963—1977年的数据分析也支持这一结论。股利在这段时间的出现和再出现与股利升水的提高幅度相对应,而股利在这段时间的消失也与股利升水的幅度下降乃至为0,甚至为负的变化相对应。

(四)管理者与投资者均为非理性

股票市场投资者和分析家过度乐观将导致公司股票价格更可能严重背离公司内在价值,同时,还诱导非理性的公司管理者进一步加剧过度乐观和自信,更加低估投资风险,高估投资价值,更积极地进行实际上高风险的投资扩张活动,包括兼并收购。公司治理问题比较严重时,非理性的管理者可以利用股票市场投资者及分析家的非理性,谋求自身利益最大化,从事迎合股票市场短期积极评价、但有损公司长期健康发展和真实价值的资本配置行为,包括投资净现值为负的项目和短期投资行为。因此,公司管理者与投资者行为都非理性时,更可能加速和加剧股市泡沫的形成与破灭。

第二节 行为金融学研究方法的拓展

一、计算机模拟法

用计算机来模拟自适应的主体参与的金融市场,开拓行为金融学计算金融

(computational finance)的新据点。这种新方法正在以日新月异的速度展示它的优势。在金融市场中的主体都具备自我调整和学习的能力,基于主体的计算模型都将互动和学习纳入模拟基础中,刻画价格和市场信息的形成机理。

Holland(1997)曾指出,金融系统在本质上并不是一个简单系统,而是由大量具有适应性并相互交互的个体组成的、系统结构具有内生演化性的复杂系统。正是由于金融系统的复杂性,金融学经典理论中的完全信息、完全理性个体与无摩擦完美市场等假设,与金融市场的实际情况发生背离,出现金融异象,本书前面章节运用行为金融学框架理论对部分标准金融框架下无法解释的异象进行了合理的解释。伴随着信息和计算技术的快速发展,人类利用计算机获得了强大的计算能力,计算机模拟方法成为与"实验""实证"和"数理分析"并驾齐驱的第四种科学研究手段。计算机处理问题能力的增强为计算成为金融研究的手段提供了可能。

计算机模拟方法将金融市场视为包含多个异质参与主体的复杂系统,运用信息和计算技术来模拟给定的市场交易结构、市场微观层次的行为,进而揭示由此"涌现"出来的金融市场(如股票市场、外汇市场、期货市场等)动态特性及其成因。

与传统金融研究方法相比,利用计算机模拟技术来对行为金融问题进行仿真模拟研究,其结果更贴合实际,其研究计算过程更加简单。传统金融研究更注重利用数学推导,通过求解方程的方法来得到结论,求解过程十分复杂烦琐;计算机模拟方法则是借助计算机进行模拟仿真,通过数值逼近的方法为结论提供决策支持,更为快捷和科学。

二、实验室实验法

实验室实验法通常指在实验室内,借助各种实验仪器设备,严格控制实验条件,主动创造条件,用给定的刺激,引起一定行为反应,在这种条件下研究心理的原因、特点和规律的方法。实验室实验法逐渐被更多的金融学者所运用。与以往纯心理学实验不同的是,将金融情境引入实验室,为研究现实金融市场和契约环境提供可控环境,有效解决了实证研究中代理变量和因素控制的难题。

实验室实验法严格地控制实验条件,可以在金融情境下,尽可能排除无关因素干扰而引起的误差,得到的数据比较精确;不仅可以观察到被试者的外部反应如谈话、表情和行为,还可借助各种仪器精确测量和记录其内部生理反应;在实验中由实验者主动控制、创造研究条件,引起需要研究的心理现象,可以反复进行实验。例如研究者可以通过改变金融情境中的某些条件,而使另一些条件保持不变,以发现或揭示心理现象的原因。或者是通过控制条件,使某些心理现象在同一被试者或不同被试者身上重复出现,以判断被试者的心理现象的典型性和偶然性。但实验室实验法耗资大,实验室的使用率大多不高;并且通过这种方法得出的结论常常受人质疑。因为实验室的条件带有很大的人为性,常常只有把复杂的行为金融问题简单化才能做到精确设置所需环境,其得出的结果就与真实的生活有差距。因为现实生活中的行为金融学现象会受许多内部因素和外部因素的影响,而实验室却尽量控制多变量,使变量单一化。因此,其实验设计越精密,离真实社会金融环境差距就越远,其研究结论能否应用于解释社会金融生活中的心理现象也就越成问题。

三、实地实验法

由于在实验室环境中，受试者非常清楚地意识到自己在做实验，可能存在某种暗示效应，大大减弱了实验结果的真实性，而实地实验恰好弥补了这个缺陷。行为金融学采用的实地实验方法以实地调研为主，实地调研是相对于案头调研而言的，是对在实地进行市场调研活动的统称。在一些情况下，案头调研无法达到调研目的，收集资料不够及时准确时，就需要适时地进行实地调研来解决问题，取得第一手的资料和情报，使调研工作有效顺利地开展。所谓实地调研，就是指对第一手资料的调查活动。随着社会经济的发展和营销活动的深入开展，现场收集信息的方法越来越多。

四、社会调查法

社会调查方法是研究性学习专题研究中常用的基本研究方法，在行为金融学研究过程中，社会调查方法综合运用历史研究法、观察研究法等方法以及谈话、问卷、个案研究、测验或实验等科学方式，对有关金融现象进行有计划的、周密的、系统的了解，并对调查收集到的大量资料进行分析、综合、比较、归纳，借以发现存在的金融问题，探索有关金融规律。

社会调查方法的主要目的在于收集充分的一手数据以解决研究的问题。研究方法服从和服务于理论研究，针对不同的研究问题，应该采取不同的研究方法。一个比较完整的研究方法体系包括定性研究与定量研究，它们可以解决不同的问题，但有时候由于研究问题的复杂性，则很可能同时结合这两种方法进行研究。

五、行为博弈论

传统博弈论与信息经济学一直以"理性人"为理论基础，通过精美的数学模型搭建起公理化的完美理论体系。然而，心理学和行为金融学的研究结果表明，人类在作出决策时总是存在系统的推理误差。博弈论科学家试图结合心理学和行为科学对于人类行为的研究成果，将个人的心理偏差和偏好等行为因素引入博弈论，由此兴起了行为博弈理论(behaviroal game theory，BGT)。与传统博弈论相对，行为博弈论考虑人类非理性因素，研究参与人实际上做出什么行动。

根据Einstein对理论方法的定义，作为研究不同信息条件下行为人如何进行互动决策的经济理论，博弈论应当尽可能准确地预言和解释经济现实活动；当经济现实与理论模型的结论不一致时，研究者的工作方向就是改造模型，提高其实证效用。这一思潮引致了行为博弈论的出现，其最初的研究对象就是现实行为人对标准博弈论预测的背离现象(Camerer，1989)。标准博弈理论的经济理性假设假定了现实行为主体能力以外的复杂思维过程，假设所有博弈参与者都符合三个条件：其一，策略思考(strategic thinking)，即在对其他参与者将如何行动的分析基础上形成信念(beliefs)；其二，最优化(optimization)，即对于给定信念选择最优反应；其三，均衡(equilibrium)，即参与者调整信念和最优反应至达成相互一致。但是，现实的博弈参与者并不都是经济理性的，并且，由于博弈参与者是相互影响的,即使只有极少数的博弈参与者违背经济理性,其他理性参与者的行为也会随之改变,理想化均衡也同样无法实现。因此,经济现实并不能满足标准博弈论对博弈参与者的假定条件。为了延伸博弈论对现实活动的解释,应当在有限理性的前提下重构标准博弈论。如果说,标准博弈论提供了有关经济理性的行为人如何行动的理论,那么,行为博弈论就试图探讨行为人如何在理想的经济理性和现实的有限理性之间进行折中,以求达到准确解读有限理性的行为人在现实约束中如何行动的目的。

第三节 行为金融学与其他学科的融合

行为金融学的发展趋势是与对传统经济学和金融学的特征进行反思与批评分不开的。澳大利亚华裔经济学家黄有光认为传统经济学和金融学的特征是严格的数理分析,集中于分析消费者和生产者的理性最大化下的资源配置与相互行为的均衡。其优点在于抓住了经济行为的重要方面,分析严谨,有限最大化和均衡工具能被扩展开并覆盖非传统性因素,这在将来也同样重要。黄有光还认为许多经济学家很狭隘,把简单的模型看作是接近完美的,特别是大部分的经济学家忽视无知和不完美理性。那些能用简单数学得出的或者不用数学方法便可确信的结果,应使用更为简单的方法。学术杂志不断印刷出版精密论文的趋势培育了过度形式主义的倾向。简单模型的不完美应用意味着经济学家将从其他领域的知识中受益,特别是从心理学、生物学、社会学研究中受益。同过度形式主义相连的是专业化增长的倾向,因为专业人员只知道除了狭小专业领域之外的很少的东西。这就引发了一个经济学培训的问题。经济学家应当学习更多而不仅仅是少部分高度专业化的模型。行为金融学的发展确实表明金融学家和经济学家可以从心理学、脑神经学、社会学等学科知识中获得启示,而不应该仅仅局限于经济学的传统模型和方法之中。

一、与脑神经学的融合

经济学学科在过去的半个世纪中所获得的进步,很大程度上要归功于形式及自然科学在经济分析中的运用,这些学科主要有数学(及统计学)、物理学和进化生物学等。金融作为经济学的一个重要分支也经历了和经济学类似的发展,产生了诸多重要的理论,而这些标准理论又被新的科学力量不断修改甚至推翻。

随着行为金融学对有效市场假说这一标准金融理论的质疑,并在之后的30年中渐渐发展,许多有关人类经济和金融决策的重要理论产生。而随着行为金融学研究的深入,许多学者希望能够进一步探索个体决策背后的心理机制,而神经科学(neuroscience)的科学研究手段发展使得这种更深层次的探索成为可能。

十几年以来,神经学家和经济学家开始相互涉足对方所熟知的领域,研究决策背后的神经机制(neural mechanism),提出新的经济学以及金融学决策模型,这一跨领域的学科也被正式命名为"神经经济学"(neuroeconomics)。

神经金融(neurofinance)是一个还没有被学界广泛使用的术语,相对来说,神经经济学则已经是一门正式的学问。不过正如金融学与经济学的关系,神经金融作为神经经济学的附属学科也越来越受到学界的关注。简略地说，神经金融通过神经科学的研究手段（如造影、脑成像等）研究金融市场参与者交易行为背后的神经机制，主要集中在对于参与者脑部兴奋(brain activation)的研究，也包含对于交易者生理学特征(如心率、汗液分泌、血压、眼球转动等)的研究。通过联系这些生理学变量和金融变量，神经金融可以找出影响和决定市场参与者行为的生理学甚至生物学因素，以此提出相关的理论，并帮助学界和实务界更好地理解金融市场的运作机理。

行为金融学和神经金融存在十分紧密的理论联系，但是这两者在研究哲学上也具有一定区别。行为金融学是以现有的心理学理论为基础，用心理学的理论去解释和预测人们的金融决策；而神经金融则是从人们的金融决策行为出发，通过神经学研究手段解释为什么这些行为会发生。我们可以这样理解：行为金融学是认知心理学在金融中的应用；而神经金融实验研究本质上依旧是神经科学研究，只不过研究的对象是金融决策问题。

二、与社会学的融合

传统主流经济学，包括传统的金融学，从未停止过排斥行为经济学和行为金融学，认为它们更像是"过家家"游戏，它们的奇特和引人注目正是因为其作为理论的不成熟：①就理论模式而言，传统经济学和金融学重在立论，用规范化的模式去赢得它的统治地位，在这点上传统经济学和金融学是在打阵地战；行为经济学和金融学重在破论，用描述可控实验的方式发现传统经济学和金融学的理论漏洞，从而找到自己的立足点，在这点上行为经济学和金融学像是在打游击战。②主流经济学认为行为经济学和金融学反驳自己的理由不够充分，而行为经济学和金融学自身的假设或理论太随意了，仅几个实验说服力有限。因为实验本身就带有很多人为因素，尤其是经济学等社会科学的实验，很难控制理想的实验条件。③就分析工具而言，行为经济学和金融学显得稚嫩青涩，缺乏精巧的模型构造和深厚的数学功底，而过多地借助于心理学，这在分析经济问题上欠缺力度。④就理论的系统性而言，行为经济学和金融学的理论分散零碎，缺乏完整的理论体系。

经济学属于社会科学，社会科学的一大特点就是相互联系紧密，你几乎找不到可以完全隔绝的两门社会科学学科。因此社会科学就无法像自然科学那样精确，这是社会科学的天性，不精确并不是什么耻辱。经济学研究的范畴涉及社会科学和自然科学的方方面面，它的博大本该是它骄傲的原因，而行为金融学的研究逐渐转向基于社会心理学的群体行为研究，因为金融市场参与主体不仅是经济人和行为人，同时也是社会人。在研究金融市场中的非理性行为时，社会经验和社会互动是两个核心的内容。

三、与法学的融合

行为金融学和法学的融合可以将行为金融学与现实社会联系得更加紧密。上市公司的监管环境、法律的完备程度、伦理环境决定的个人对于正义与得失的态度，直接决定着投融资决策、股利政策、盈余管理、并购等行为与中小股东的利益关系，无一不涉及法律环境以及伦理道德基础的约束力量。

法和金融学是自 20 世纪 70 年代兴起的法和经济学（law and economics）的延伸，Rowley(1989)把法和经济学定义为"应用经济理论和计量经济学方法考察法律和法律制度的形成、结构、程序和影响"，法和经济学强调法学的"效益"，即要求任何法律的制定和执行都要有利于资源配置的效益并促使其最大化。金融学和法学相融合有两大研究方向：一是结合法律制度来研究金融学问题，也就是以金融学为中心，同时研究涉及的法律问题，强调法律这一制度性因素对金融主体行为的影响。二是利用金融学的研究方法来研究法学问题，如金融立法和监管的经济学分析。

在此基础上，未来行为金融学与法学的融合趋势对中国的金融创新和司法改革意义尤为深远。这门学科在我国尚属空白，学术界的研究还停留在概念引进阶段，其对实际工作和教学科研的意义尚未显露。换言之，行为金融学与法学融合由概念诠释到实务操作、教学普及直至学科发展的跃升，学界仍需付出巨大努力，从头做起。

四、与其他学科的融合

随着行为金融研究的不断深入，它与许多边缘学科如气象学、地理学、环境学等相融合，为解释金融市场中的各种现象、剖析其背后的形成机理提供不同的研究角度。

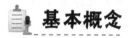

管理者非理性　投资者非理性　计算机模拟方法　行为博弈论　神经金融

1. 标准公司金融理论的价值管理假设有哪些条件？
2. 试述行为公司金融的概念及其研究范畴。
3. 行为公司金融从哪些角度分析非理性行为对公司资本配置行为及其绩效的影响？
4. 公司管理者非理性如何影响公司资本配置？
5. 投资者非理性如何影响公司资本配置及公司融资决策？
6. 行为金融学研究方法有哪些拓展？
7. 行为金融学未来可能与哪些学科融合？
8. 你对行为金融学的前景有哪些展望？

参 考 文 献

[1] 史莱佛.并非有效的市场——行为金融学导论[M].赵英军,译.北京:中国人民大学出版社,2003.
[2] 陈收,陈立波.中国上市公司"规模效应"的实证研究[J].中国管理科学,2002(6):8-12.
[3] 崔巍.行为金融学[M].北京:中国发展出版社,2008.
[4] 曹凤岐,刘力,姚长辉.证券投资学[M].北京:北京大学出版社,2000.
[5] 郭晔.行为金融理论发展评介[J].经济科学,2003(3):91-97.
[6] 李心丹,王冀宁,傅浩.中国个体证券投资者交易行为的实证研究[J].经济研究,2002(11):54-63.
[7] 李心丹.行为金融学——理论及中国的证据[M].上海:上海三联书店,2004.
[8] 饶育蕾,刘达锋.行为金融学[M].上海:上海财经大学出版社,2003.
[9] 饶育蕾,彭叠峰,盛虎.行为金融学[M].北京:机械工业出版社,2018.
[10] 宋军,吴冲锋.从有效市场假设到行为金融理论[J].世界经济,2001(10):74-80.
[11] 苏同华.行为金融学教程[M].北京:中国金融出版社,2006.
[12] 周业安.行为经济学是对西方主流经济学的革命吗[J].中国人民大学学报,2004(2).
[13] 朱宝宪,何治国.中国股市小公司效应的实证研究[J].经济管理,2001(10):77-81.
[14] 朱战宇,吴冲锋,王承炜.不同检验周期下中国股市价格动量的盈利性研究[J].世界经济,2008(8):62-68.
[15] 董志勇.行为金融学[M].北京:北京大学出版社,2009.
[16] 陆剑清.行为金融学[M].北京:清华大学出版社,2017.
[17] 薛求知,黄佩燕,鲁直,等.行为经济学——理论与应用[M].上海:复旦大学出版社,2003.
[18] 谭小芬,林雨菲.中国A股市场动量效应和反转效应:实证研究及其理论解释[J].金融评论,2012(1):93-102.
[19] 阮文娟,黄国良.封闭式基金折价之谜的行为金融学解释[J].商业研究,2007(11):205-207.
[20] 黄长青,陈伟忠.沪深股市指数效应的行为金融学解释[J].同济大学学报(自然科学版),2005(2):269-274.
[21] 石善冲,齐安甜.行为金融学与证券投资博弈[M].北京:清华大学出版社,2006.
[22] 孙秀娟.金融泡沫的形成机理——基于行为金融理论的分析[J].经济视角(上旬刊),2015(1):38-40.
[23] 余永定.美国次贷危机:背景、原因与发展[J].当代亚太,2008(5):14-32.
[24] 彭叠峰,饶育蕾,王建新.有限注意、投资者行为与资产定价——一个研究评述[J].中南大学学报(社会科学版),2012,18(3):116-122.
[25] 杨春鹏,吴冲锋.过度自信与正反馈交易行为[J].管理评论,2005(11):21-26,65.
[26] 陈庆伟,高丽嵩.我国证券市场羊群效应产生原因及其对策[J].当代经济,2010(4):122-123.
[27] 蔡庆丰.金融投资中介化与资产泡沫研究[J].财经研究,2004(7):35-43.
[28] 汤凌冰,彭品,周雅倩.计算金融学课程特色与教学[J].时代金融,2015(15):20-21.
[29] 袁艺,李宗卉.博弈论的新发展:行为博弈论[J].生产力研究,2009(2):7-9,13.
[30] 徐浩峰,朱松.机构投资者与股市泡沫的形成[J].中国管理科学,2012,20(4):18-26.
[31] 刘洋.金融泡沫的形成机理分析及相关问题阐述[J].商场现代化,2016(22):250-251.
[32] 韩业.金融泡沫的形成机理及发展趋势——理论与实证研究[J].时代金融,2010(11):27-30.
[33] 权小锋,尹洪英.投资者注意力、资产定价与内部人自利择机[J].外国经济与管理,2015,37(4):29-40.
[34] BENOS A V. Overconfidence speculators in call markets: trade patterns and survival[J]. Journal of financial markets, 1998(1):353-383.

[35] BAKER M, STEIN J. Market liquidity as a sentiment indicator[J]. Journal of financial markets, 2004(7): 271-299.

[36] BANZ R. The relation between return and market value of common stocks[J]. Journal of financial economics, 1981(9): 3-18.

[37] BARBER B M, ODEAN T. Trading is hazardous to your wealth: the common stock performance of individual investors[J]. Journal of finance, 2000(55): 773-806.

[38] BARBERIS N, HUANG M, SANTOS T. Prospect theory and asset prices[J]. Quarterly journal of economics, 2001(116): 1-53.

[39] BARBERIS N, HUANG M. Mental accounting, loss aversion, and individual stock returns[J]. Journal of finance, 2001, 56(4): 1247-1292.

[40] BARBERIS N, SHLEIFER A, VISHNY R. A model of investor sentiment[J]. Journal of financial economics, 1998(49): 307-345.

[41] BENARTZI S, THALER R. Myopic loss aversion and the equity premium puzzle[J]. Quarterly journal of economics, 1995(110): 75-92.

[42] BLACK F. Noise[J]. The journal of finance, 1986(41): 3529-3543.

[43] COOPER A, WOO C, DUNKELBERG W. Entrepreneurs' perceived chances for success[J]. Journal of business venturing, 1988(3): 97-108.

[44] DANIEL K, HIRSHLEIFER D, SUBRAHMANYAM A. Investor psychology and security market under-and overreactions[J]. Journal of finance, 1998(53): 1839-1886.

[45] DE LONG J B, SHLEIFER A, SUMMERS L, et al. Noise trader risk in financial markets[J]. Journal of political economy, 1990(98): 703-738.

[46] DE LONG J B, SHLEIFER A, SUMMERS L, et al. The survival of noise traders in financial markets[J]. Journal of business, 1991(64): 1-19.

[47] DEBONDT R T. Does the stock market overreact[J]. Journal of finance, 1985, 40(3): 793-805.

[48] FAMA E, FRENCH K. The cross-section of expected stock returns[J]. Journal of finance, 1992(47): 427-65.

[49] FAMA E, FRENCH K. Value vs. growth: the international evidence[J]. Journal of finance, 1998(53): 1975-1999.

[50] FISHER K, STATMAN M. Investor sentiment and stock returns[J]. Financial analysts journal, 2000(34): 16-23.

[51] FROOT A, SCHARFSTEIN D, STEIN J. Herd on the street: informational inefficiencies in a market with short-term speculation[J]. Journal of finance, 1992(47): 1461-1484.

[52] HONG H, STEIN J. A unified theory of underreaction, momentum trading and overreaction in asset markets[J]. Journal of finance, 1999(54): 2143-2184.

[53] JEGADEESH N, TITMAN S. Returns to buying winners and selling losers: implications for stock market efficiency[J]. Journal of finance, 1993(48): 65-91.

[54] KAHNEMAN D, RIEPE W. Aspects of investor psychology[J]. Journal of portfolio management, 1998(24): 52-65.

[55] LAKNER P. Utility maximization with partial information[J]. Stochastic process and their applications, 1995(56): 247-273.

[56] LAKONISHOK J, SHLEIFER A, VISHNY R. The impact of institutional trade on stock prices[J]. Journal of financial economics, 1992(82): 23-43.

[57] LJUNGQVIST A P, NANDA V, SINGH R. Hot markets, investor sentiment, and IPO pricing[J]. Journal of financial economics, 2004(15): 177-203.

[58] LOUGHRAN T, RITTER J R, RYDQVIST K. Initial public offerings: international insights [J]. Pacific-Basin finance journal, 1994(2): 165-199.

[59] LOUGHRAN T, RITTER J. The new issues puzzle[J]. Journal of finance, 1995(50): 23-51.

[60] MOSSIN J. Equilibrium in a capital asset market[J]. Econometrica, 1966(34): 768-783.

[61] NARAYANAN M. On the resolution of agency problems by complex financial instruments: a comment[J]. Journal of finance, 1987(42): 1083-1090.

[62] ODEAN T. Are investors reluctant to realize their losses[J]. Journal of finance, 1998(53): 1775-1798.

[63] ODEAN T. Volume, volatility, price and profit when all traders are above average [J]. Journal of finance, 1998(53): 1887-1934.

[64] ODEAN T. Do investors trade too much? [J]. American economic review, 2002 (89): 1279-1298.

[65] RABIN M. Inference by believers in the law of small numbers[J]. Quarterly journal of economics, 2002(117): 775-816.

[66] RITTER J. The long-run performance of initial public offerings[J]. Journal of finance, 1991(46): 3-27.

[67] ROCK K. Why new issues are underpriced [J]. Journal of financial economics, 1986 (15): 187-212.

[68] SHEFIN H, STATMAN M. The disposition to sell winners too early and ride losers too long[J]. Journal of finance, 1985(40): 777-790.

[69] SHEFRIN H, STATMAN M. Explaining investor preference for cash dividends[J]. Journal of financial economics, 1984(13): 253-282.

[70] SHEFRIN H. Do investors expect higher returns from safer stocks than from riskier stocks[J]. Journal of psychology and financial markets, 2001(4): 176-181.

[71] SHILLER R J. Do stock prices move too much to be justified by subsequent changes in dividends [J]. American economic review, 1981(71): 421-98.

[72] STATMAN M. Behavioral finance: past battles and future engagements[J]. Financial analysts journal, 1999(55): 18-27.

[73] STEIN J. Rational capital budgeting in an irrational world[J]. Journal of business, 1996(69): 429-455.

[74] THALER R H, JOHNSON E J. Gambling with the house money and trying to break even: the effects of prior outcomes on risky choice [J]. Management science, 1990, 36(6): 643-660.

[75] TVERSKY A, KAHNEMAN D. Advances in prospect theory: cumulative representation of uncertainty [J]. Journal of risk and uncertainty, 1992, 5(4): 297-323.

教师服务

感谢您选用清华大学出版社的教材！为了更好地服务教学，我们为授课教师提供本书的教学辅助资源，以及本学科重点教材信息。请您扫码获取。

≫ 教辅获取

本书教辅资源，授课教师扫码获取

≫ 样书赠送

财政与金融类重点教材，教师扫码获取样书

 清华大学出版社

E-mail: tupfuwu@163.com
电话: 010-83470332 / 83470142
地址: 北京市海淀区双清路学研大厦 B 座 509

网址: https://www.tup.com.cn/
传真: 8610-83470107
邮编: 100084